KATHARINA VON SIENA
ENGAGIERT AUS GLAUBEN

REIHE
KLASSIKER DER MEDITATION

KATHARINA VON SIENA

ENGAGIERT AUS GLAUBEN

BRIEFE

Übersetzt und eingeleitet von Ferdinand Strobel

BENZIGER VERLAG

Gekürzter und leicht veränderter Nachdruck
der 1944 unter dem Titel «Politische Briefe»
in der Reihe «Menschen der Kirche»
erschienenen Ausgabe.

Umschlaggestaltung: Peter Kunz, Bülach/Zürich
ISBN 3 545 20516 9

INHALT

EINFÜHRUNG

Katharina wird nach der Überlieferung am Palmsonntag (25. März) 1347[1] geboren, ein Jahr vor dem furchtbarsten Ansturm der Pest, den Europa je durchmachen mußte. Mit etwa 17 Jahren tritt sie der Laiengenossenschaft des Dominikanerordens bei, um lange Jahre ganz ihren mystischen Betrachtungen zu leben. Um 1370 erlebt sie den «mystischen Tod», um von ihrem geliebten Meister die Sendung zum neuen Leben des Apostolats zu empfangen. Es beginnt nun ein Leben aufopfernder Tätigkeit im Dienst der Caritas. Katharina stiftet Frieden zwischen den rivalisierenden Adelsfamilien, bekehrt Sünder und wirkt Wunder um Wunder. 1374 wird sie deshalb zur Prüfung vor das Generalkapitel des Ordens in Florenz geladen und erhält dort öffentliche Anerkennung. Bald wenden sich Bischöfe und Fürsten an das Wundermädchen von Siena oder, was öfters geschieht, sie selbst schreibt kühn aus eigenem Antrieb an die hohen Herren, um ihnen ins Gewissen zu reden oder für ihre religiös-kirchlichen Ideale zu werben. 1375 reist sie für mehrere Monate nach Pisa und wirkt von dort aus für den Kreuzzug. 1376 beginnt sie den Briefwechsel mit Papst Gregor XI., geht nach Florenz und Avignon, um für den italienischen Frieden, die Rückkehr des Papsttums nach Rom und die Sittenreform der Kirche zu wirken. Gregor kehrt im gleichen Jahr noch nach Italien zurück. Der Friede in Italien kommt 1378 unter beständiger Mitwirkung Katharinas endlich zustande, kurz nach der neuen Papstwahl und kurz vor dem Ausbruch des Großen

[1] 1347, als ihr Geburtsjahr hat Anstoß erregt, insofern es sie zu jung eine große Rolle spielen zu lassen schien. Der französische Forscher Fawtier hat die These aufgestellt, Raimund von Capua habe seine Heldin um rund 14 Jahre jünger gemacht. Als Geburtsjahr müsse 1333 oder 1334 angenommen werden (I, 146f.). In seiner Hyperkritik ist Fawtier aber zu weit gegangen. Nachfolger seiner These hat er nicht gefunden. Man wird also Katharina ihre 33 Jahre lassen müssen und sie nicht älter machen dürfen, wenn es auch immer erstaunlich bleibt, Alter und Einfluß in solchem Mißverhältnis bei ihr zu sehen.

Schismas. Während der zwei letzten Lebensjahre führt Katharina von Rom aus einen unentwegten Kampf für die Rechtmäßigkeit des römischen Papstes Urban VI., wird zum eigentlichen Rückgrat der Urbanistenpartei, um aber bald unter dem seelischen Schmerz über die Zerfleischung der Kirche zusammenzubrechen; sie stirbt am 29. April 1380. 1461 wurde sie durch den Sienesen Pius II. heiliggesprochen und 1940 zur Patronin Italiens erhoben, zusammen mit Franz von Assisi.

Katharina Benincasa ist der letzte Sproß einer erstaunlich großen Familie. Nach 22 Kindern wurden Jakob und Lapa Benincasa endlich noch mit Zwillingstöchtern beglückt, deren eine die einfache Bürgerfamilie von Siena für alle Zeiten berühmt machen sollte. Der Vater war Meister der Färberzunft, wohlhabend trotz seiner zwei Dutzend Kinder. Erst nach seinem Tod 1368 verarmte die Familie. Die steigende Berühmtheit der jüngsten Tochter hat dem nie Abhilfe geschaffen. Benincasa gehörte zu den Führern der Volkspartei, der Popolani, die in stets neuen Putschen gegen die Adelspartei zeitweise das Regiment in der Stadt besaßen.

Katharina war zeit ihres Lebens ein Kind des Volkes, eine Popolana. Und etwas von ihrem Bürgerstolz gegen die hohen Herren mag ihr geblieben sein. In ihren späteren Briefen an die politischen Größen kommt dieser demokratische Freimut oft zu erfrischendem Ausdruck. Sie ist vor den Hohen dieser Welt nie gekrochen, hat sie vielmehr oft in erstaunlichen Worten angefahren. Und noch etwas anderes bekam die «beata popolana» als Kind des Handwerkerstandes mit auf den Lebensweg: ihre strenge Kirchlichkeit. Seit den Tagen des Einsetzens der Pataria und dann vollends seit denen Gregors VII. waren die Volksmassen der Städte oft der Rückhalt der Kirche und des Papsttums in Italien, bis hinauf in die Zeit des Großen Schismas. Urbans treueste Anhänger werden immer die Popolani Roms sein und die der andern italienischen Städte, selbst der Städte seiner Gegner, wie etwa Neapels.

Katharina ist vor allem durch ihren Kampf für Urban zur Volksheiligen Italiens geworden, weil sie wie keine andere den Volksgeist der italienischen Städte verkörpert.

Man stellt die beiden gern zusammen: den Poverello und die Popolana, als die beiden Heiligen, welche die Italianität wohl am reinsten vertreten. I santi italianissimi! Franz von Assisi, dieser kindliche und strahlende Mensch: er ist der Typ des liebenswürdigen, unbekümmerten, natur- und gottverbundenen Italieners, der sich nicht ängstlich um das Morgen sorgt, weil der himmlische Vater in seiner Güte ja schon sorgen wird. Katharina ist in vielem das Gegenstück zum Bruder Franz: der andere italienische Typ des städtischen Bürgers, der gerne revoltiert und aufbegehrt und dem das Messer in seinem Zorn locker sitzt. Mit ihrem beständigen, echt weiblichen «io voglio», ich will, ist sie der gerade Gegensatz zum armen, demütigen Franz. Fast wie die toskanische Kunst eines Giotto und des Trecento gegenüber der fröhlich-gütigen Malerei Umbriens streng und herrscherlich wirkt. Katharina ist eine rätselhafte Heilige, die uns bisweilen zum Widerspruch reizt.

Es ist eine harte, kantige Zeit, dieses Jahrhundert der hl. Katharina, und ernste Züge trägt auch das Bild Katharinas selbst. Durch ihre früheste Jugend rast der Schwarze Tod, der die Menschen in Extreme jagt, wie es so anschaulich Boccaccio in der Einleitung zu seinem Decamerone schildert: die einen entflammt er zur äußersten Entsagung, die andern zum Ausschöpfen der Sinnlichkeit bis zur Neige. Diese Schrecken zittern lange nach. Die vier Apokalyptischen Reiter folgen einander im damaligen Italien. Empörung und Krieg überall. Die starke Zweieinheit von Papst und Kaiser, die trotz ständiger Spannungen der Christenheit vom 10. bis zum 13. Jahrhundert ein festes Gerüst verliehen hatte, bricht auseinander. Das Gemüt der Zeit ist erregt und erschüttert. Und während die Flagellanten durch Burgund und Süddeutschland ziehen, geißelt sich auch die kleine Sechsjährige den Rücken und versammelt in abgelegenen Winkeln ihre Altersgenossinnen zu gemeinsamer Buße.

Katharina war nie ein Kind wie die andern. Kaum ist sie zum Gebrauch der Vernunft gelangt, als ihr der Herr erscheint, angetan mit den päpstlichen Gewändern und mit der Tiara gekrönt. Segnend streckt er die Hand nach ihr aus. Unauslöschlich prägt sich dieses Bild der Einheit von Christus und Kirche in ihr Herz, im Papst sieht sie fortan die Erscheinung des «Christus auf Erden».

Von Jugend auf ist sie von Gott gezeichnet. Sie gehört nicht zu den Heiligen mit innerer Entwicklung und Bekehrung. Man hat den Eindruck, daß sie von Anfang an «fertig» dasteht. Seit dem sechsten Altersjahr lebt sie in Ekstasen, mit sieben Jahren opfert sie Gott ihre Jungfräulichkeit, sie lebt seit dem Erwachen ihrer Vernunft im Zustand gleichsam eingegossener Vollkommenheit. Sie möchte ein Mann sein, um für Gott in der Welt wirken zu können, und denkt daran, unter Verbergung ihres Geschlechtes in den Dominikanerorden einzutreten. Wäre Katharina keine zum Dienst der Kirche Auserwählte gewesen, sie wäre vielleicht so etwas wie eine Nationalheldin, eine Patriotin und Führerin Italiens geworden wie etwa die Signora Cairoli im 19. Jahrhundert.

An den Dominikanern hängt sie seit frühester Jugend und setzt es gegen langjährigen Widerstand der Eltern durch, sich ganz Gott weihen und der Laiengenossenschaft des Ordens anschließen zu dürfen. Schon Dominikus soll neben dem männlichen und weiblichen Zweig nach dem Vorgang des andern Bettelordens noch eine dritte Genossenschaft für die Laien beiderlei Geschlechtes gegründet haben, eine Art Militia Christi, Brüder und Schwestern «von der Buße», wie sie später genannt wurden. In einigen italienischen Städten schlossen sich solche Schwestern der Buße, gewöhnlich Witwen, enger zusammen, erhielten 1285 vom Ordensgeneral eine eigene Regel ohne öffentliche Gelübde und klösterliches Zusammenleben und trugen das dominikanische Ordensgewand: ein weißes wollenes Kleid und darüber einen schwarzen Mantel. Vom Volk wurden sie Mantellaten genannt. Auch in Siena bestand diese Genossenschaft unter einer eigenen Priorin. Katharinas glühender Wunsch war, sich diesen Schwestern von der Buße anschließen zu dürfen. Nach manchen Schwierigkeiten wurde die Aufnahme von der Genossenschaft gestattet, wahrscheinlich im Jahr 1364. Katharina wird von da ab während der zweiten Hälfte ihres Lebens zu den Mantellaten gehören, die keine Ordensfrauen im strengen Sinn sind. Sie lebte nie in einem Kloster, sondern zu Hause in ihrer Zimmerzelle, ohne Ordensgelübde, ohne Klausur; – was ihr später ihre politische Tätigkeit und ihre großen Reisen sehr erleichterte. Erst in der Folge taten sich vielfach die Mantellaten zu gemeinschaftlichem Leben mit Klausur und Gelübden zusammen.

Nach ihrer Einkleidung lebt sie in ihrem Zimmer in strengstem Fasten, in Gebet und Abtötung, vollständig abgeschlossen von ihrer Familie. Drei Jahre lang verläßt sie ihre Zelle nur, um in die nahe Dominikanerkirche zu gehen. Im übrigen lebt sie der Anbetung ihres Herrn, mit dem sie die mystische Vermählung erleben darf, ja selbst den Austausch ihres Herzens mit dem Herzen Jesu. Es ist die rein *mystische Periode* ihrer Jugend, gipfelnd im mystischen Tod, dem großen Wendepunkt ihres Lebens. Vier Stunden lang hält man sie für tot. Während dieser Zeit zeigt ihr der Herr die Herrlichkeit der Heiligen, die Hölle und das Fegfeuer und läßt ihre Seele dann wieder in das Leben zurückkehren mit dem neuen Sendungsauftrag: «Das Heil vieler verlangt deine Rückkehr. Du wirst nicht mehr die Lebensweise führen, die du bisher geführt hast. Du wirst dich nicht mehr in eine Zelle einsperren. Du mußt sogar um des Heiles der Seelen willen deine Geburtsstadt verlassen und von Stadt zu Stadt wandern, so wie ich es dir auftragen werde, aber ich werde überall mit dir sein. Du wirst unter der großen Menge leben, indem du die Ehre meines Namens vor die Kleinen und Großen, vor die

Laien wie vor die Kleriker und Ordensleute trägst. ... Ich werde dich den Päpsten vorstellen, denen, die die Kirche leiten. Denn ich will meiner Gewohnheit gemäß mit dem, was schwach ist, den Stolz der Starken zuschanden machen.» So schildert Raimund von Capua fünfzehn Jahre nach ihrem Tod den Angelpunkt ihres Lebens.

Der mystische Tod und die neue Sendung zum Apostolat sind nach ihm etwa im Oktober 1370 erfolgt. Nur mit Schaudern empfängt sie diese Sendung, die ihre Kräfte bei weitem zu übersteigen scheint. Ihr Apostolat nach außen beschränkt sich zunächst auf caritative Tätigkeit in der Vaterstadt. Durch ihre Visionen und Ekstasen war sie schon seit einiger Zeit in ganz Siena bekannt. Ihre oft heroische Nächstenliebe läßt jetzt den Ruf der Santa noch höher steigen. Bald schlossen sich ihr einige Frauen und Mädchen an. Es bildet sich eine «geistliche Familie» um sie, zu der auch Jünger gehören, vor allem einige junge Männer aus dem Adel Sienas, im Volksmund die Caterinati genannt.

Man unterhält sich über Katharina in den Botteghe, auf den Straßen, in den Klöstern und flüstert sich gegenseitig von der Ekstase zu, bei der man sie am Morgen in S. Domenico überraschte, oder man preist ihre Wunder der Liebe. Sie wird zum Gegenstand der Neugierde in den besten Familien, vor allem bei den Frauen. Zahlreiche wunderbare Begebenheiten machen die Runde. Der Einfluß der demütigen Ekstatischen auf Wüstlinge und Verbrecher ist einzigartig. Unter den zwingenden Augen dieser Frau bekehren sie sich. Sie besitzt eine durchdringende Herzenskunde, wie so viele andere mystisch Begnadete. Sie ist die Hoffnung der Bedrängten. Selbst in den vornehmsten Palazzi wünscht man sie zu sehen, damit sie unter den entzweiten Adelsfamilien der Republik Frieden stifte. Tausende aus dem einfachen Volk wallen zu ihr, um Trost bei ihr zu holen. Doch das Gedränge berührt sie nicht. Mitten darin lebt sie in ihrem mystischen Gebet fort. Aber ihr allzu außergewöhnliches Leben, ihre wachsende

Tätigkeit in der sienesischen Öffentlichkeit läßt die Gegnerschaft unter ihren Mitschwestern und in der Stadt bedrohlich anwachsen. Auch viele Predigerbrüder wenden sich gegen sie. Der Streit zwischen Anhängern und Gegnern nimmt von Jahr zu Jahr zu, bis er 1374 vor dem Generalkapitel des Ordens in Florenz mit der Rechtfertigung der jungen Mantellata seinen Abschluß findet.

Über die Gründe der aufsehenerregenden Berufung nach Florenz schweigen sich die biographischen Quellen Raimunds und der andern aus, ja sie kennen nicht einmal ihre Anwesenheit in Florenz. Nur der anonyme Verfasser der Miracoli weiß von dem Schritt des damaligen Ordensgenerals Elias von Toulouse, der die Visionärin von Siena vor das Kapitel berief. Leider sind die Akten des Kapitels nicht mehr vorhanden. Man geht aber nicht fehl mit der Annahme, daß man auf dem Kapitel recht hitzig disputierte, was man von den Visionen, den berichteten Wundern und überhaupt von dem anstößigen Leben der kaum 27jährigen mit ihrem ärgerlich ungebundenen Leben zur Ehre Gottes und zum Heil der Seelen zu halten habe. Das wird auch der Grund sein, warum die biographischen Quellen sich über diesen inneren Hauszwist fast gänzlich ausschweigen.

Dieses Jahr 1374 wird zu einem neuen Wendepunkt ihres äußeren Lebens. Die bisherigen 27 Jahre waren nur das Vorspiel. Die öffentliche Anerkennung und Rechtfertigung durch den Ordenssenat bereitete den Boden für die «politische» Heilige. Die Sendung zum Apostolat nach ihrem mystischen Tod war die innere Vorbereitung gewesen für ihre kommende Weltsendung. Nach ihrer Rückkehr aus Florenz wird sie in Siena einen neuen Seelenführer finden, der ihr die konkreten Bahnen für ihre sechs letzten Lebensjahre weist. Seit der Begegnung mit ihm, dem später heiliggesprochenen Raimund von Capua, werden in ihrem Leben ein bestimmter Wille und klare politische Zielsetzungen sichtbar.

Als Katharina ihren ersten berühmten Papstbrief anfangs

1376 schrieb, zeigte sich die 29jährige Mantellata schon vollständig vertraut mit den kirchenpolitischen Fragen ihrer Zeit. Wer hat sie in den Wirrwarr der großen Politik eingeführt? Ihre ersten Biographen, die sie noch gekannt hatten, schildern mehr ihre übernatürlichen Gaben und Erscheinungen. Daneben hören wir kaum etwas von einer inneren Entwicklung zur «politischen» Persönlichkeit, sondern nur von der bedeutsamen Wandlung ihrer Geistes- und Willensrichtung vom beschaulichen zum tätigen Leben für die Ehre Gottes und das Heil der Seelen. Sie wird zur Mystikerin des Apostolats. Die dominikanische Geistesrichtung ihrer Beichtväter konnte sie in dieser Entwicklung nur bestärken.

Mit dem Jahr 1375 erhält nun dieser schon vorhandene Strom mit seiner bis jetzt allgemeinen Richtung und Zielsetzung eine bestimmte Form. Das formende Prinzip sind einerseits die bestimmten historischen Verhältnisse des damaligen Italien und der Kirche, anderseits der Ruf Gottes zum Wirken für die bedrängte Kirche und sicher auch die Seelenführung des von kirchenpolitischen Idealen erfüllten Raimund von Capua.

Der *Kreuzzug* ist das erste konkrete politische Ideal Katharinas. Verschiedene Gründe haben mitgewirkt: Einmal der Einfluß Raimunds, der in Katharina die Gottgesandte sah, um die laue Christenheit und ihre Fürsten für das Kreuzzugsideal zu begeistern. Dann war da der Notschrei aus dem Osten! Das kleine christliche Königreich Zypern stand vor dem Untergang. Gerade in diesem Sommer 1375, als Katharina in Pisa weilte, kam der Gesandte der Königin von Zypern, um beim Papst und den abendländischen Fürsten Hilfe zu holen. Bei der Zwischenlandung in Pisa traf er mit Katharina zusammen und legte ihr die Notlage ans Herz. Die Begeisterung für die «Heilige Fahrt» hatte sie schon in ihrer Jugend erfaßt, denn die einfachen Volksschichten der italienischen Städte waren schon immer Anhänger der Kreuzzugsidee gewesen. Die besonderen Umstände des Pisaner Sommers ließen aber das glimmende Feuer in ihrem Herzen aufflammen. Der Funke mußte um so mehr zünden, als es für Katharina mit ihrer Kreuzesmystik ein unerträglicher Gedanke war, Golgotha und das Heilige Land in den Händen der Ungläubigen zu wissen. Hier lag ihre Aufgabe! Hier war der Wille Gottes! Die erste Begeisterung des ausgehenden 11. Jahrhunderts mit seinem «Gott will es» lebt in Katharina wieder auf. Wie weit der sich offenbarende Wille Gottes und ihre eigene Sehnsucht sich hier miteinander vermischen, ist kaum zu entscheiden. «Gott will es, und ich will es», wird sie immer wieder in ihren Werbebriefen schreiben.

Für Katharina ist das Kreuzzugsunternehmen keine politische Angelegenheit. Sie umfaßt es im religiösen Enthusiasmus der ersten Kreuzzugszeit, der im späten Mittelalter weithin abgeflaut war: die heiligen Stätten zu befreien und den Ungläubigen das «Blut» zu bringen, die Erlösung Christi. In ihrem Kreuzzugseifer hofft sie, selbst mit einer Schar von Frauen am heiligen Zug teilnehmen und das Leben für Christus hingeben zu dürfen. Sie schreibt auch an andere einfache Frauen weltlichen und geistlichen Standes, um sie für den «santo passaggio» zu gewinnen. Es ist uns noch ein köstliches Brieflein erhalten, das der Einsiedler von Vallumbrosa, Giovanni delle Celle, der im Ruf der Heiligkeit stand, an die Florentinerin Domitilla schrieb: «Du wirst mir vielleicht sagen, die Jungfrau Katharina predige, über das Meer zu gehen. Ich sage dir aber, wenn sie es dir rät, um Christus zu finden, so bestreite ich das und alle Heiligen mit mir. Das Reich Gottes ist in euch, sagt der Herr ... Wenn du lieber deiner heiligen Katharina glauben willst als den Kirchenlehrern, so frage sie, auf welche Weise sie ihre Vollkommenheit erlangt hat. Und sie wird dir antworten: auf dem Weg des Gebetes und des Stillschweigens.» Welch hinreißende Kraft muß doch von Katharina ausgegangen sein, daß es fast zu einem Kreuzzug der Frauen gekommen wäre!

Aber nicht nur bei Frauen und einfachen Leuten wirbt sie in diesem Jahr 1375 von Pisa aus für den Kreuzzug. Kühn schreibt sie an Fürsten, Regierungen und Kardinäle. Da ergehen Briefe an den Herzog von Mailand, an die Condottieri Hawkwood und Smeducci, an die Königinnen von Neapel und Ungarn, an den Herzog von Anjou, an die Signorien von Florenz, Siena und Lucca, an mächtige Politiker wie Nikolaus Soderini, an Bischöfe wie Ricasoli von Florenz und an die Kardinäle Orsini und Corsini, an den König von Frankreich. Eine geradezu erstaunliche Propagandatätigkeit, die weit in das Jahr 1376 hineinreicht.

Die scheinbaren Zusagen Hawkwoods und der Königin von Neapel lassen ihr das Ziel schon recht nahe erscheinen. Aber noch im gleichen Sommer 1375 kommt die große Enttäuschung. Florenz und Mailand tun sich zu einer Liga gegen den Papst zusammen. Die großen Städte des Kirchenstaates und ganz Mittelitaliens schließen sich an. War das nicht das Ende aller Kreuzzugspläne? Katharina läßt sich aber nicht beirren. Sie wirbt weiter. Es bedurfte noch der großen Katastrophe nach dem Tod Gregors XI., des Großen Schismas, um Katharina die Unmöglichkeit eines Kreuzzuges bewußt werden und diese Idee aus ihren Briefen für immer verschwinden zu lassen.

Katharinas Werbezug für das Kreuz und der neue Krieg in Italien brachten sie nun auch in Verkehr mit Gregor XI. Ohne eine Rückkehr des Papsttums nach Italien war dort keine dauernde Befriedigung möglich und damit auch kein Kreuzzug. So sieht sie ein neues, konkretes Ziel vor sich, die eigentliche Sendung ihres Lebens. Schon vor sechs Jahren, beim mystischen Tod, hatte ihr Christus vorausgesagt, daß er sie vor Päpste und Fürsten stellen werde. Die Zeit ist nun gekommen, da Gott sie zu ihrer *dreifachen* kirchlichen *Sendung* ruft: Heimholung des Papsttums aus dem Exil, sittlich-religiöse Reform der Kirche und Kampf gegen das zuletzt ausbrechende Große Schisma.

An dieser Stelle soll zunächst noch nicht das rein Historische dieser dreifachen Sendung Katharinas zur Sprache kommen, es soll vielmehr den letzten Quellengründen und Motiven der «politischen» Heiligen nachgegangen werden.

Es bleibt eines der erstaunlichsten Ereignisse in der an Paradoxen wahrlich nicht armen Kirchengeschichte, wie diese ungebildete Frau, die bisher in stillem Gebet gelebt hat, plötzlich ins große politische Leben eingreift: Sie beginnt auf den Schlössern des toskanischen Adels Frieden zu stiften; wagt sich ein paar Jahre später nach Pisa und Florenz und an den glänzend-weltlichen Hof der Päpste in Avignon, um den hohen Prälaten den Kreuzzug und sittliche Umkehr zu predigen und den Papst wieder nach Rom zurückzubringen. Unerhört ist dieses scheinbar gegensätzliche Leben, das hin und her pendelt zwischen der beschaulichen Zelle und der großen Welt. Aber es gibt darin keine Risse. Dieses Leben wird getragen von einer wunderbaren Einheit, von *einem* Quell gespeist und von *einem* Ideal und Ziel durchdrungen: Katharina tritt heraus aus ihrer mystischen Beschauung, um in letzter Stunde den göttlich-irdischen Ordo, wie ihn das hohe Mittelalter als Civitas Dei errichtet sah, zu stützen und zu erhalten. Christus und seine Kirche bilden den Schlüssel zum Verständnis dieses Lebens.

Man wird sich also das eine klar machen müssen: Katharina ist immer und zuerst die begnadete Mystikerin, die von der Gnade und dem Willen Gottes erfüllt ist. Nur von daher wird man ihre politischen Missionen verstehen können. Sie handelt immer «im Auftrag des Gekreuzigten». Weil sie nichts von routinierter Politik versteht, erliegt sie in ihrer naiven Leichtgläubigkeit auch immer wieder raffinierten Täuschungen. Die Florentiner mißbrauchen sie bewußt bei ihrer Sendung nach Avignon. Sie weiß eben nichts von den Schlichen und Ränken einer längst vor Machiavelli machiavellistischen Renaissancepolitik.

Katharina ist auch nicht eine politische Heilige im Sinn einer Jeanne d'Arc, deren göttliche Sendung auf politische und nationale Ziele geht. In ihrem Denken spielen Staat und Volk und Nation eine untergeordnete Rolle. «Der übernatürlichen Bestimmung nach sind ja alle gleich», schreibt sie einmal an die italienischen Kardinäle (Brief 25). Auch sie kennt gewiß nationale Motive. Aber mehr als etwas verschämte Mittel zum Zweck, und zwar zu einem religiös-kirchlichen Zweck, sind sie ihr nicht. Irdische Ziele gibt es für sie nicht. Sie kämpft um etwas ganz anderes: um den «Garten» der Seelen, um die *Kirche* Christi.

Die «süße Braut Christi», die Kirche, steht so ausschließlich im Mittelpunkt ihres späteren öffentlichen Lebens und Wirkens, daß man von Politik und politischen Briefen dieser Frau eigentlich nur mit Vorbehalt reden kann. *Quellgrund* und *Ziel* dieses Wirkens ist so ganz ins Religiöse getaucht, daß man Katharina, davon losgelöst, völlig mißverstände. Sie kämpft ein Jahr lang für die Rückkehr des Papstes nach Rom. Es geht ihr aber nicht darum, wie einem Dante und Petrarca, den Italienern aus nationalen Gründen das Papsttum zu erhalten. Avignon ist ihr vielmehr der Inbegriff der Verweltlichung der Kirche, die tiefste Ursache für den Verfall der Religion und der Sitten in der italienischen Heimat, ein Hindernis für das Zustandekommen des Kreuzzuges, ein Verrat an den Gräbern der heiligen Apostelfürsten. «Da seht, wie sie hausen, die avignonesischen Legaten, diese stinkenden Blumen im Garten der Kirche! Durch ihre Unsittlichkeit und Habgier verpesten sie den Leib der Kirche und bringen sie in Gefahr. Großes Unheil für die Kirche in Italien steht bevor. Um Gottes willen, kommen Sie zurück, Heiliger Vater!» Dies etwa ist ihr «politischer» Gedankengang. Und so ist es bei all ihren anderen politischen Anliegen. Sie drehen sich immer um die Kirche Gottes und sind religiös begründet.

Katharinas Schau der Kirche ist wahrhaft groß. Sie ist davon so ergriffen, daß keine noch so verzerrende Wirklichkeit sie je darin erschüttern konnte. Gewiß, sie findet Ausdrücke schärfster Kritik an den kirchlichen Zuständen. Sie tritt in einer Art und Weise Päpsten und Kardinälen entgegen, die heute kaum mehr denkbar ist. Sie ist auch nicht frei von Übertreibungen. Ihre Kritik zerstört aber nicht, weil sie nie damit vor die Öffentlichkeit tritt, im Unterschied etwa zu Savonarola, ihrem großen Ordensbruder in Florenz, hundert Jahre später. Ihre Kritik ist immer nur direkte persönliche Ermahnung und kennt keine enthüllende Propaganda. Ihren geistlichen Briefempfängern, die Päpste nicht ausgenommen, erspart sie selbst schärfste Ausdrücke nicht. In den Briefen an die politischen Gegner der Kirche kennt sie aber nur mehr Verteidigung von Papsttum und Hierarchie.

In Katharinas Schau der Kirche liegt es auch begründet, daß sie nie an ihr zerbrochen ist, obwohl die Kirchengestalt ihrer Zeit dazu angetan war, zum Ärgernis zu werden. Auch Katharina leidet um die Kirche, und sie möchte oft tausendmal ihr Leben für sie hingeben. Es ist aber völlig undenkbar, daß sie deshalb zur Gegnerin der Papstkirche, zur Revolutionärin geworden wäre. Und es ist völlig abwegig, in ihr eine Vorläuferin der kommenden Kirchenspaltung durch Luther sehen zu wollen. Gewiß, sie will Reform der Kirche, aber nie eine dogmatische, sondern immer nur eine sittliche. Die Kirche ist nur «blaß» geworden, die «Farbe des gesunden Lebens» ist aus ihrem Antlitz gewichen (Br. 3). Und diese wird sie wieder erhalten durch sittlich-religiöse Erneuerung von Haupt und Gliedern. Katharina predigt nie die Revolution, sondern immer die Buße. Ihr geht es einzig und allein um die Glieder der Kirche, um ihre innere Umkehr, um ihre Rettung, ihr ewiges Heil. Alles andere hat nur diesem Ziel zu dienen.

Warum wirbt sie ihr Leben lang für den Kreuzzug? Um den Ungläubigen das «Blut» zu bringen, das Ewige Heil. Warum kämpft sie gegen Avignon und für die Rückkehr des Papsttums nach Rom? Um des Heiles der Seelen willen. Denn

Avignon bedeutet sittlichen Zerfall von Kirche und Hierarchie, bedeutet eine Bedrohung des «Blutes Christi». Warum müht sie sich jahrelang ab für den Frieden zwischen den papstfeindlichen italienischen Staaten und dem Heiligen Stuhl? Weil sie zittert angesichts des Interdiktes, das über so viele Städte gekommen ist und die Seelen in tiefste Not stürzt. Sie sieht zwar eine teilweise Erfüllung ihrer Sehnsucht, um am Ende ihres Lebens das Furchtbarste erleben zu müssen, die Zerreißung der Kirche durch das Große Schisma. Die schrecklichen Folgen für die Kirche und die Seelen griffen ihr ans Lebensmark. Sie steht wahrhaftig nicht aus politischen Gründen hinter Urban VI. wie so manche Urbanisten. Für sie ist er der rechtmäßige «Christus auf Erden», der einzige «Zugang zum Blut Christi», ohne das uns kein Heil wird. Der Abfall Westeuropas und Süditaliens zum Gegenpapst bedeutet ihr eine Gefährdung von unzähligen Seelen. Darum ihr unermüdlicher Kampf gegen den «Antichrist».

In einer solchen Seele hat das Weltlich-Politische keinen Platz, mögen von ihr noch so sehr politische Wirkungen ausgegangen sein. Katharinas Ringen und Kämpfen und Leiden ist rein religiös. Sie ist ein «religiöses, kein politisches Genie» (Hase). So müssen diese «politischen» Briefe gesehen werden. Wir klugen, modernen Menschen sind vielleicht versucht zu lächeln über ihre politische Naivität, die sich kaum je verleugnen kann. Aber Katharina denkt eben nicht in irdischen Kategorien. Ihr ganzes Denken ist auf Gott und das Reich Gottes ausgerichtet. In jedem Brief ist der religiöse Teil der beherrschende, der politische nur Ausfluß davon, eine Schlußfolgerung. Die Briefe an die Mächtigen dieser Welt sind mit einer souveränen Weltverachtung geschrieben, sind so gar nicht dem Denken und Empfinden der Empfänger angepaßt! Ja sie stehen in einem radikalen Gegensatz zu allen Werten, an denen die Adressaten hängen. Katharina kennt keine Kompromisse, keine Captatio benevolentiae und keine Anbiederungen. Sie sagt ihren göttlichen Auftrag nackt heraus. Sonderbar mag der Einfluß dieser so ganz und gar weltfremden Briefe erscheinen, die heute bei manchen in den Papierkorb wandern würden! Oder spüren wir auch jetzt noch, wie die damaligen Renaissance-Weltmenschen, daß uns hier jemand anspricht aus einer ganz anderen Welt, von der wir zutiefst doch gestehen müssen, daß sie allein die Wirklichkeit ist?

Ja, Katharinas Briefe sind das schreibende Gewissen jener Zeit: daß Christentum und Welt unvereinbare Gegensätze sind, daß die Welt erlöst werden muß, nicht mit billigen Kompromissen besänftigt und gestreichelt werden darf. Viele Empfänger der Briefe Katharinas waren gewiß keine Heiligen, waren ganz verstrickt in diese Welt und fühlten sich darin behaglich. Aber das seelische Schmerzempfindungsvermögen hatten sie meist noch nicht verloren. Ihr Bewußtsein von einer anderen Welt, von einer jenseitigen Bestimmung, von einem Gott und Vergelter war noch wach oder doch zu wecken. Darum vermochte Katharina zu wirken und wurde nicht verhöhnt, sondern heimlich gefürchtet.

Wie für viele Heilige und Mystiker so hat man auch für Katharina tiefenpsychologische Erklärungen des Außergewöhnlichen in ihrem Leben und Charakter versucht. Mit wenig Erfolg, weil gerade das Eigentliche, das Übernatürliche, von jeder noch so treffsicheren Analyse der bloß natürlichen Seelenzustände verfehlt wird. Zweifellos bestehen gewisse Analogien zwischen pathologischen und mystischen Äußerungen und Zuständen. Aber die Unterschiede bleiben durchaus bestehen, die Grenzen verwischen sich nicht, höchstens für eine im letzten oberflächliche, äußerliche Betrachtungsweise. Man kann vielleicht sagen, daß mystische Begnadung gelegentlich an eine bestimmt veranlagte Natur anknüpft. Solche Menschen sind wohl feinfühliger, empfänglicher und abgestimmter für höhere Gnaden, sind der vorbereitete Boden für die göttliche Auserwählung. Die Mystiker sind dann keine «normalen» Menschen, wenn man psychische Normalität mit braver Mittelmäßigkeit gleichsetzen will.

Auch die kritische Sonde des Historikers wird manches an der «politischen» Heiligen auszusetzen haben. Er wird vielleicht sagen, daß man ihre politische Bedeutung überschätzt habe, daß ihre Kreuzzugsbegeisterung verpuffte Energie gewesen sei, daß die Rückkehr Gregors XI. auch ohne sie zustande gekommen wäre. Er wird vor allem sagen, daß ihre Stellungnahme zum Schisma eine einseitige gewesen sei, wird vielleicht behaupten, daß ohne die Rückkehr Gregors nach Rom es nie zu einem Schisma gekommen wäre, und dergleichen mehr.

Das mag alles richtig sein! Das Wesentliche bei Katharina wird damit aber nicht berührt. Auch Heilige können irren, sogar in dem, was sie für den Willen Gottes erachten. Die Bedeutung Katharinas liegt schließlich viel tiefer: in ihrer Wirkung als Heilige. Sie hat Tausende zu einem besseren und höheren Leben entflammt, hat Unzählige zu Gott zurückgeführt. Sie hat einer Welt der beginnenden politischen Zweckvergottung handgreiflich vorgelebt, daß es etwas Höheres gibt, daß da noch ein Gott lebt, vor dem man Rechenschaft wird ablegen müssen. Sie hat einer dekadenten kirchlichen Hierarchie, die in Politik und Diesseitskultur zu versinken drohte, unablässig vom Wesentlichen der Kirche gepredigt. Sie hat in einer Zeit, in der die Kirche fast nur mehr als politische Machtinstitution angesehen wurde, die Wahrheit laut hinausgerufen, daß das nur ein äußeres, sehr brüchiges Gewand sei, daß die Braut Christi und das Papsttum etwas Heiliges, Überweltliches, das «Blut» in sich berge, ohne das der Mensch sein Heil nicht wirken kann. Mit dieser *ihrer* Kirchenpolitik hat Katharina ihre gottgewollte Sendung vollbracht. Und sie hat, sogar äußerlich gesehen, viel erreicht. Mag vielfach der augenblickliche Erfolg auch ausgeblieben sein, ihr ist es jedenfalls mitzuverdanken, daß es in Italien nicht zum Bruch mit der Papstkirche kam, daß man nicht eine sektiererische unsichtbare Kirche neben die sichtbare Kirche Roms stellte. Die Gefahr einer solchen Aufspaltung war gerade in Italien riesengroß zu einer Zeit, in der man beständig mit dem Papst stritt. Für Katharina gibt es eine so ausgeklügelte Unterscheidung nicht.

So also sehen wir die eigentliche, die tiefe und bleibende Sendung Katharinas in ihren «politischen» Briefen: den Zeitgenossen das Antlitz der Kirche Christi unter all den oft recht schmutzigen Hüllen zu zeigen; ihnen immer wieder ins Bewußtsein zu rufen, daß unter all den trüben Wassern in der Kirche etwas Unvergängliches und Unumgängliches strömt, das erlösende Blut. Die Idee des Blutes Christi in der Kirche nimmt eine zentrale Stelle in Katharinas Briefen ein. Jeden ihrer Briefe schreibt sie «im kostbaren Blut Jesu Christi». Ohne dieses Blut gibt es keine Erlösung, und Christus hat es seiner Kirche anvertraut. Durch sie allein und den «Kellermeister des Blutes», den Papst, gelangt es zu uns, um uns einzugliedern in Christi Leib. Aus diesem erhabenen Kirchenbegriff Katharinas ergibt sich von selbst, daß für eine solche Kirche kein Opfer zu groß sein kann, daß es für einen Christen undenkbar sein muß, wider sie und den «Christus auf Erden» aufzustehen. Hier heißt es alles opfern, nicht nur sein Leben, sondern auch seine vermeintlichen Rechte. «Beim Gedanken daran müßte das Geschöpf eher Hunger und Durst und jegliche Not, selbst den Tod erdulden, als sich empören und gegen seinen Stellvertreter vorgehen, durch den uns die Früchte des Blutes Christi allererst geschenkt sind».

Solche Worte haben Katharina zu dem gemacht, als was sie durch die Jahrhunderte weiterlebt: Zur Heiligen der Kirche!

ZU DEN BRIEFEN

Katharina konnte selber nicht schreiben. Erst in ihren letzten Lebensjahren hat sie es notdürftig etwas gelernt. Sämtliche

Briefe hat sie diktiert. Ihre geistliche Familie zählte immer einige, die schreiben konnten. Von diesen Original-Diktatbriefen sind bis heute erst sechs entdeckt worden. Alle andern Briefe sind nur aus späteren Briefsammlungen bekannt, die in 27 vollständigen und 28 unvollständigen Handschriften erhalten sind. Die ursprüngliche Sprache Katharinas ist großenteils verlorengegangen. Sie muß reich an einheimischen Ausdrücken gewesen sein. Die Briefe sind aber in Hochitalienisch erhalten. – Die Briefsammlungen stammen nicht von Katharina selbst, sondern wurden erst nach ihrem Tod von ihren Jüngern mit vieler Mühe zusammengestellt. Soweit möglich versuchten sie die Originale zu bekommen, um sie abzuschreiben. Wenn das nicht gelang, versuchte man sie nach vorhandenen Konzepten zu rekonstruieren.

Die Briefe wurden ferner zu erbaulichen Zwecken gesammelt, nicht zu biographischen und historischen, und deshalb auch ohne besondere Sorgsamkeit, Genauigkeit und Treue, was Text und Chronologie angeht. Die Sammler ließen sogar Textstücke aus, die sie als uninteressant für fromme Leser erachteten.

Können trotzdem die Briefe Katharinas, wie wir sie heute besitzen, noch als *authentisch* angesehen werden? Die neueste kritische Forschung bejaht es:

1. weil Katharinas Schreiber bei ihrer hohen Verehrung für sie das Diktierte sicher nicht absichtlich veränderten, da sie darin eine Offenbarung Gottes erblickten. Sie verbesserten höchstens grammatikalisch. (Größer sind die Schwierigkeiten bei Briefen, die in der Ekstase diktiert wurden; hier mußte vieles rasch gehen und manches unverständlich bleiben; der Brief ist dann vielfach eine Rekonstruktion. Ob Katharina die Briefe nachgeprüft hat, wissen wir nicht.)

2. weil es sehr wahrscheinlich ist, daß eine Art von katharinischer Kanzlei bestand, in der vermutlich Kopien der Briefe oder wenigstens ein Auszugsregister aufbewahrt

wurden. Zu den nach ihrem Tod unternommenen Briefsammlungen konnten die Sammler z. T. die Originale zurückerhalten. Sonst benützten sie eben das Material der Kanzlei zu ihren Rekonstruktionen.

Die Überlieferung der Briefe ist also kompliziert, aber im großen und ganzen doch glaubwürdig. – Von den *Deckbriefen* sind keine bekannt. Die fünf an Katharina gerichteten Briefe, die noch erhalten sind, stehen nicht in Beziehung zu ihren heute bekannten Schreiben.

Wann hat Katharina ihre *ersten politischen* Briefe geschrieben? Schon immer haben sich die Katharinaforscher um diese Frage bemüht. Man war bisher geneigt, diesen Beginn sehr früh anzusetzen. Nach einzelnen Forschern sind ihre ersten politischen Briefe ins Jahr 1370 oder noch früher zu setzen, so die beiden Briefe an Kardinal Peter d'Estaing und das Schreiben an Bischof Ricasoli (Brief 10). Das wäre ein sehr früher Beginn, der aber mit ihrer inneren Entwicklung kaum übereinstimmt. Man erinnere sich, daß ihr «mystischer Tod» in den Oktober 1370 fällt. Erst mit ihm beginnt ja die neue Wendung zur apostolischen Tätigkeit, die sich in den nächsten Jahren wohl ziemlich sicher auf Siena und seine Umgebung beschränkt. Der neueste Herausgeber ihrer Briefe, Dupré-Theseider, bricht gründlich mit der früheren Anschauung. Er setzt sämtliche Briefe an politische Persönlichkeiten erst in die Zeit nach dem Kapitel von Florenz (Mai 1374). Abschließend kann man wohl sagen, daß Katharinas politischer Briefwechsel erst im Herbst 1374 mit dem Brief an Gambacorta (Brief 9) beginnt.

Der *Aufbau der Briefe* setzt sich zusammen aus der stereotypen Eingangsformel, dem Briefcorpus und der konstanten Schlußformel.

Die *Eingangsformel* ist in Anlehnung an den mittelalterlichen Urkundenstil gebildet:

a) Adressat: verschieden.

b) Invocatio: konstant «Al nome di Gesù Cristo crocifisso e di Maria dolce».

c) Intitulation (Anrede): verschieden.

d) Arenga (Einleitungssatz): fast immer konstant, nur mit seltenen, geringfügigen Abweichungen: «Ich, Katharina, Dienerin und Magd der Diener Jesu Christi, schreibe Ihnen in Seinem kostbaren Blut.»

e) Publikation (Zwecksatz des Briefes): Eine Ankündigung dessen, was sie mit ihrem Brief will; beginnt konstant mit: «con desiderio di vedervi...»

Die *Schlußformel* ist kürzer und einfacher: «Non dico più. Permanete nella santa e dolce dilectione di Dio. Gesù dolce, Gesù amore.» Zwischen diese Sätzchen schieben sich hie und da noch ein paar andere Wendungen, je nach dem Empfänger und dem Anlaß. – *Datum* und *Ort* fehlen fast immer.

Die nicht übermäßig gehäuften *Zitate aus der Heiligen Schrift* im Corpus der Briefe erfolgen fast nie wörtlich, sondern dem Sinn nach, oft sehr frei, wie es in einer Zeit möglich war, welche noch im lebendigen biblischen Gedankengut und Sprachgefühl lebte und ebendarum nicht sklavisch am Buchstaben zu kleben brauchte.

I. BRIEFE ZUR ZEIT GREGORS XI.

1

AN UNSERN HERRN, DEN PAPST GREGOR XI.

Anfangs März 1376

Gregor hatte nach einem ersten Mahnbrief Katharinas sich persönlich um die italienischen Dinge bemüht, statt sie einfach seinen Legaten zu überlassen. Auf seine Bitte hin unternahmen die Königin von Neapel und der Doge von Venedig Vermittlungsversuche, um zu einer friedlichen Lösung zu gelangen. Florenz lehnte ab. Anfangs Februar waren die Verhandlungen aussichtslos geworden. Am 11. Februar begann der kirchliche Prozeß gegen Florenz in Avignon. Der Republik wurde das Interdikt angedroht, die Regierung auf den 31. März (an dem dann das Interdikt auch ergehen sollte) nach Avignon zur Verantwortung vor den Papst geladen. In Florenz helle Empörung!

In dieser Zeit, also etwa anfangs März, erging der 2. Brief Katharinas an den Papst. Sie ist bestürzt über die Entwicklung der Dinge. Der Brief ist ein einziger Appell zur Milde und zum Frieden. Wenn sie auch die Schuld der Aufrührer zugibt, fühlt man doch heraus, daß ihre Sympathie auf seiten ihrer Landsleute steht. Sie verlangt Milde, Liebe, Versöhnlichkeit. Wieder weist sie hin auf die von den päpstlichen Legaten, diesen «eingefleischten Teufeln», begangenen Untaten. Die Empörung der Städte sei so groß gewesen, daß die Regierenden fürchten müßten, ihre Stellen zu verlieren, wenn sie ihr nicht Rechnung trügen. Der Papst möge das berücksichtigen und nachgiebig sein. Am Schluß die Forderung der Rückkehr des Papstes, der allein bei der haltlosen Lage helfen könne. Und ihr großes Lebensziel: der Kreuzzug.

Im Namen Jesu Christi des Gekreuzigten und U. L. Frau!

Heiligster, hochwürdigster Vater in Christus Jesus! Ich, Katharina, Ihre unwürdige und elende Tochter, Dienerin und Magd der Diener Jesu Christi, schreibe Ihnen in Seinem kostbaren Blut.

Ich wünsche Sie als guten Hirten zu sehen, wenn ich erwäge, mein liebster Vater, daß der Wolf Ihre Schafe raubt, und niemand auf Abhilfe sinnt. Ich nehme deshalb zu Ihnen, unserm Vater und Hirten, meine Zuflucht. Ich bitte Sie bei Christus dem Gekreuzigten, nehmen Sie ihn zum Vorbild, der mit so brennender Liebe in schmachvollem Tod am heiligen Kreuz sich hingab, um die verirrte Herde des menschlichen Geschlechtes den Dämonen zu entreißen. Denn durch seinen Aufruhr gegen Gott gab sich der Mensch in deren Gewalt.

Da kommt nun die unendliche Güte Gottes und sieht das Leid, die Verdammnis und den Ruin dieser Herde und sieht, daß sie nicht mit Zorn und Krieg befreit werden kann. Trotz der ihm angetanen Beleidigung handelt die göttliche, ewige Weisheit nicht darnach. Sie tut es auf eine Art und Weise, mit einer Milde, wie sie süßer und lieber nicht gefunden werden kann. Denn sie weiß, daß durch nichts das Herz des Menschen mehr überzeugt wird als durch die Liebe. Der Mensch ist ja aus Liebe und zur Liebe geschaffen. Das ist der Grund, warum er so sehr liebt, weil er ja in nichts anderem als in Liebe geworden ist, dem Leibe und der Seele nach. In Liebe schuf ihn Gott nach seinem Bild und Gleichnis. In Liebe gaben ihm Vater und Mutter bei der Empfängnis und Geburt von ihrem Leben. Da Gott nun sieht, wie der Mensch naturhaft zur Liebe da ist, warf er sozusagen die Angel der Liebe nach uns aus, schenkte uns das Wort des eingeborenen Sohnes, um unsere menschliche Natur anzunehmen und den großen Frieden zu bringen. Aber die Gerechtigkeit verlangt Sühne für das Gott angetane Unrecht. Da tritt Gottes Barmherzigkeit und unaussprechliche Liebe dazwischen. Um der Gerechtigkeit und Barmherzigkeit zugleich genugzutun, verdammt er seinen eigenen Sohn zum Tod, nachdem er ihn mit unserer Menschheit, mit der sündigen Adamsmasse, bekleidet hatte. Durch seinen Tod wurde so der Zorn des Vaters besänftigt, nachdem er an seinem Sohn die gerechte

Sühne vollendet hatte. So hat er der Gerechtigkeit Genüge geleistet, aber auch der Barmherzigkeit, indem er die Menschheit den Dämonen entriß. Am Holz des heiligen Kreuzes hat das Wort um sein Leben gespielt, ein Turnier zwischen Leben und Tod gegeben. Durch seinen Tod bezwang er unsern Tod. Um uns das Leben zu geben, gab er sein Leben hin. So hat er uns mit der Liebe an sich gezogen, durch seine Güte unsere Bosheit besiegt. So also müßten die Herzen gewonnen werden. Größere Liebe kann man nicht erweisen, als das Leben für den Freund dahinzugeben[1]. Wenn er eine solche Liebe empfiehlt, was sagen wir dann erst von der brennenden und verzehrenden Liebe, die das Leben für die Feinde dahingab? Wir waren doch durch unsere Sünde Feinde Gottes. O süßes, liebevolles Wort, das du die Herde in der Liebe wiedergefunden und ihr in Liebe das Leben geschenkt und sie in die Hürde zurückgebracht hast, indem du ihr die verlorene Gnade wiedergabst.

Lieber Heiliger Vater, ich sehe für Sie kein anderes Mittel, Ihre Schafe, die sich rebellisch in Ungehorsam gegen Sie von der Kirche getrennt haben, wieder zurückzuführen. Deshalb bitte ich Sie im Auftrag des gekreuzigten Christus und ich wünsche, daß Sie mir diese Gnade gewähren: Überwinden Sie die Bosheit Ihrer Gegner mit Ihrer Güte[2]. Wir gehören Ihnen, Vater, und ich weiß genau, daß alle in der Republik [Florenz] ihr begangenes Unrecht einsehen. Angenommen, daß sie keine Entschuldigung dafür haben, so glaubten sie doch, nicht anders handeln zu können angesichts der vielen Strafen und Ungerechtigkeiten und Schändlichkeiten, die schlechte Hirten und Statthalter über sie brachten. Sie sahen ja die abscheuliche Lebensweise der Gouverneure, die – Sie müssen es wissen – eingefleischte Teufel sind. In ihrer Furcht handelten sie wie Pilatus, der Christus töten ließ, um sein Amt nicht zu verlieren. Um ihre Ämter und Stellen nicht zu

[1] Joh 15,13.
[2] Röm 12,21: «Überwindet das Böse mit Gutem.»

verlieren, haben sie den Aufruhr entfacht. Ich bitte Sie, Vater, seien Sie deshalb barmherzig mit ihnen und schauen Sie nicht auf die Unwissenheit und den Hochmut Ihrer Kinder. Bringen Sie ihnen Ihre Liebe und Güte, züchtigen und tadeln Sie in aller Milde, aber bringen Sie uns Unglücklichen den gestörten Frieden wieder. Ich sage es Ihnen, geliebter Christus auf Erden, im Auftrag des Christus im Himmel: wenn Sie so handeln, ohne Verdruß und Zorn, werden alle voller Reue kommen und den Kopf in Ihren Schoß legen[3]. Dann werden Sie und wir glücklich sein, weil Sie mit Liebe das verirrte Schaf wieder heimgeführt haben in die heilige Kirche. Und dann werden Sie, mein lieber Vater, Ihren heiligen Wunsch und den Willen Gottes erfüllen können: die Ausführung der heiligen Fahrt! Möchten Sie sie bald und ohne Nachlässigkeit beginnen. Dann werden auch jene mit großer Begeisterung sich zur Verfügung stellen. Denn sie sind bereit, ihr Leben für Christus hinzugeben.

Bei Gott, der süßen Liebe, entrollen Sie bald das Banner des heiligen Kreuzes, mein Vater. Dann werden Sie sehen, wie die Wölfe zu Lämmern werden. Friede, Friede, Friede, damit nicht der Krieg diesen herrlichen Augenblick immer weiter hinausschiebt. Wenn Sie Rache und Gerechtigkeit nehmen wollen, dann tun Sie es an mir Unglücklichen. Ich bin bereit zu jeder Strafe und Folter, die Sie beschließen, den Tod nicht ausgenommen. Ich bin überzeugt, daß durch meine Schlechtigkeiten viele Übel, große Mißlichkeiten und Streitigkeiten entstanden sind. Über mich, Ihre erbärmliche Tochter, komme also Ihre Strafe, alles was Sie für gut befinden. Ach, ich sterbe vor Schmerz, Vater, und kann doch nicht sterben. Kommen Sie, o kommen Sie und widerstehen Sie nicht länger dem Rufe Gottes. Die ausgehungerte Herde wartet auf Sie, daß Sie den Stuhl Ihres Vorgängers, des Apostelfürsten Petrus, in Besitz nehmen. Als Stellvertreter Christi sollen Sie

[3] Das Bild ist aus der italienischen Beichtpraxis genommen, bei der der Pönitent auf den Knien liegt mit dem Kopf auf den Knien des Beichtvaters.

an dem Ort sich niederlassen, der allein Ihnen zukommt. Kommen Sie also, kommen Sie und zögern Sie nicht länger. Fassen Sie Mut, fürchten Sie keine Verwicklungsmöglichkeiten. Denn Gott wird mit Ihnen sein. Demütig bitte ich um Ihren Segen für mich und für alle meine Kinder. Ich bitte Sie, verzeihen Sie meine Anmaßung. Weiter sage ich nichts. Verharren Sie in der heiligen Liebe Gottes! Jesus die Süßigkeit, Jesus die Liebe!

2

AN DEN HEILIGEN VATER PAPST GREGOR XI.

Ende März 1376

Etwa gleichzeitig mit dem vorigen Brief hatte Katharina an Nikolaus Soderini in Florenz geschrieben, um die Republik zur Nachgiebigkeit zu bewegen. Florenz entsandte tatsächlich eine Gesandtschaft nach Avignon, um sich zu rechtfertigen. Da trat ein Ereignis ein, das alles wieder in Frage stellte: die Empörung Bolognas am 20. März, bei der Florenz offen die Hand im Spiel hatte. So also stand es mit der angeblichen Friedenswilligkeit der Florentiner! In den Augen Katharinas und ihres Kreises mußte das eine rasche Verschlechterung der Friedensaussichten bedeuten. Das angedrohte Interdikt stand jetzt unmittelbar vor der Tür. Im Auftrage der Florentiner Regierung sollte Raimund von Capua, der Beichtvater Katharinas, nach Avignon gehen, um das drohende Verhängnis abzuwenden. Zur Unterstützung seiner Mission gab ihm Katharina den vorliegenden Brief mit. Er ist also Ende März geschrieben.

Im Namen des gekreuzigten Jesus Christus und U. L. Frau!

Heiligster, teuerster, bester Vater in Christus Jesus! Ihre unwürdige und armselige Tochter Katharina, Dienerin und Magd der Diener Jesu Christi, schreibt Ihnen in Seinem kostbaren Blut.

Mit Sehnsucht habe ich darnach verlangt, in Ihnen die Fülle der göttlichen Gnade zu sehen, daß Sie so durch die göttliche Gnade Ursache und Werkzeug sein möchten zur Befriedung der ganzen Welt. Deshalb bitte ich Sie, mein liebster Vater, daß Sie mit ständiger Besorgnis und unstillbarem Durst nach dem Frieden der Ehre Gottes und dem Heil der Seelen Ihre Machtmittel verwenden. Wenn Sie mir dagegenhalten: «die Welt ist so verwirrt, wie soll ich den Frieden bringen», dann sage ich Ihnen im Auftrag des Gekreuzigten: drei Dinge vor allem müssen Sie mit Ihrer Gewalt vollbringen. Zunächst sollen Sie im Garten der heiligen Kirche, dessen Hüter Sie sind, die stinkenden Blumen ausrotten, die voll Schmutz und Gier und vom Stolz aufgebläht sind. Das sind die schlechten Hirten und Hüter, die diesen Garten verpesten und ihn verfallen lassen. Um Gottes willen, gebrauchen Sie Ihre Macht, reißen Sie diese Blumen aus und werfen Sie sie hinaus, damit sie nichts mehr zu regieren haben. Sie sollen sich selbst erkennen und regieren lernen in einem heiligen und guten Leben. Pflanzen Sie wohlriechende Blumen hinein, Hirten und Regenten, die wahre Diener des Gekreuzigten sind, die nur die Ehre Gottes und das Heil der Seelen im Auge haben und wahre Väter der Armen sind.

Ach wie sehr muß man sich schämen, wenn man jene, die ein Vorbild in freiwilliger Armut sein und das Kirchengut an die Armen verteilen sollten, in den Kostbarkeiten, im Pomp und in der Eitelkeit der Welt schwelgen sieht. Tausendmal schlimmer treiben sie es, als wenn sie in der Welt leben würden. Sogar viele Laien beschämen durch ihr sittlich gutes Leben diese Prälaten. Aber es will scheinen, daß die ewige Güte mit Gewalt erreichen will, was sie nicht mit Liebe erreichen konnte. Sie scheint gestatten zu wollen, daß man ihrer Braut Länder und Besitz wegnimmt, um zu zeigen, daß die heilige Kirche zu ihrer ursprünglichen Armut[1], Demut

[1] Eine der wenigen Briefstellen, in denen Katharina die damals immer noch heiß umstrittene Armutsfrage berührt.

und Milde zurückkehre, zu jener heiligen Zeit, als die Hirten nichts anderes im Auge hatten als die Ehre Gottes und das Heil der Seelen und, statt um weltliche, um religiöse Interessen sich kümmerten. Als dann aber die Kirche mehr zur Welt als zum Geist sich wandte, wurden die Dinge immer schlimmer. Sehen Sie, deshalb hat Gott in voller Gerechtigkeit Verfolgungen und Wirren über sie kommen lassen. Aber fassen Sie Mut, Vater, und fürchten Sie nichts, was auch noch geschehen möge: Gott tut es, um ihr ihre alte Vollkommenheit wieder zurückzugeben, damit in ihrem Garten wieder Lämmer weiden und nicht reißende Wölfe, die Gott die Ehre stehlen, um sie sich selbst umzuhängen. Fassen Sie Mut in Christus Jesus! Ich hoffe, daß seine Hilfe, die Fülle der göttlichen Gnade und Gottes Schutz und Beistand bald mit Ihnen sein werden. Halten Sie sich an obige Mahnung, und aus dem Krieg wird tiefster Frieden, aus Verfolgung vollkommene Einheit. Nicht aus menschlicher Macht, sondern aus heiliger Kraft werden Sie die sichtbaren und unsichtbaren Teufel, die ja nie schlafen, besiegen.

Aber bedenken Sie, mein lieber Vater, daß Sie das schwerlich vollbringen können, wenn Sie nicht die zwei anderen Bedingungen vorher erfüllen: Ihre Rückkehr und die Entrollung der Kreuzzugsfahne. Lassen Sie sich davon nicht abbringen, durch keinen Ärger und durch keine Rebellionen von Städten [Bologna]. Vielmehr soll Sie das nur stärken im heiligen Verlangen, es bald zu vollbringen. Verzögern Sie Ihre Rückkehr nicht. Hören Sie nicht auf den Teufel, der um seine Niederlage bangt und deshalb alles tut, Ihnen Ärger zu bereiten, und all das Ihrige zu rauben sucht [Kirchenstaat], um so in Ihnen die Liebe und Milde zu ersticken und damit Ihre Rückkehr zu verhindern. Kommen Sie doch bald voller Milde, ich beschwöre Sie. Antworten Sie auf den Ruf des Heiligen Geistes. Ich sage Ihnen, kommen Sie, kommen Sie, warten Sie nicht auf die Zeit! Denn die Zeit wartet nicht auf Sie. Sehen Sie das entmachtete Gotteslamm, an dessen Stelle

Sie stehen, wie es waffenlos unsere Feinde besiegt. Kommen Sie in Milde, nur mit den Waffen und in der Kraft der Liebe, nur im Bestreben, die geistlichen Dinge zu ordnen, dem Menschen die Gnade wieder zu bringen, die er durch die Sünde verloren hat.

Ich beschwöre Sie, liebster Vater, treten Sie unsern Feinden mit dieser Hand der Milde entgegen. Ich sage es Ihnen im Auftrag des Gekreuzigten. Hören Sie nicht auf die teuflischen Ratgeber, die das heilige und gute Werk verhindern wollen. Seien Sie doch nicht furchtsam, sondern ein beherzter Mann! Hören Sie auf den Ruf Gottes! Kommen Sie und nehmen Sie den Stuhl des hl. Petrus in Besitz, und dann richten Sie das Banner des heiligen Kreuzes auf. Denn wie wir nach dem Wort des hl. Paulus durch das Kreuz erlöst wurden, so werden wir auch jetzt durch die Erhebung des Kreuzzugsbanners, der Christenheit Trost, wieder befreit werden von all dem Krieg und dem inneren Zwist und der Gottlosigkeit, und die Ungläubigen werden den Glauben erlangen. Wenn Sie so kommen [mit Erfüllung dieser zwei Bedingungen], dann werden Sie auch die Besserung der Hirten der Kirche erreichen. Sie werden ihr wieder das lebensvolle Rot der glühenden Liebe zurückbringen, das sie verloren hat. Soviel Blut haben ihr die gottlosen Blutsauger ausgesogen, daß sie ganz blaß geworden ist. Aber Mut, Vater, lassen Sie die Diener Gottes nicht länger warten. Sie vergehen sonst vor Sehnsucht. Auch ich Armselige kann nicht mehr länger warten. Das Leben scheint mir ein Sterben, wenn ich all die Verhöhnung Gottes höre und sehe. Lassen Sie sich nicht vom Frieden abhalten durch die Vorgänge zu Bologna. Kommen Sie trotzdem. Ich sage Ihnen, die reißenden Wölfe werden kommen und ihren Kopf in Ihren Schoß legen wie sanfte Lämmer und um Ihre Verzeihung bitten.

Mehr will ich nicht schreiben. Ich bitte Sie, hören Sie aufmerksam auf das, was P. Raimund Ihnen sagenn wird und seine Begleiter, die im Auftrag des Gekreuzigten und in meinem Namen kommen. Sie sind wahre Diener Gottes und Söhne der heiligen Kirche. Verzeihen Sie meine Unwissenheit und entschuldigen Sie in Ihrer Güte die Liebe und den Schmerz, die mich all das sagen lassen. Geben Sie mir Ihren Segen und verharren Sie in der heiligen Liebe Gottes. Jesus die Süßigkeit, Jesus die Liebe!

3

AN PAPST GREGOR XI., ALS SIE IN AVIGNON WAR

Juli/August 1376

Die drei folgenden Briefe sind mit Sicherheit während Katharinas Aufenthalt in Avignon geschrieben. – Voll Optimismus hatte sie mit einem stattlichen Teil ihrer geistlichen Familie Florenz verlassen, um nach fast dreiwöchiger Reise die Rhonestadt zu erreichen (18. Juni 1376). Zwei Tage darauf stand sie schon vor dem Papst, zusammen mit Raimund, der als Dolmetscher diente. Das Gespräch ging nach dessen Aufzeichnungen um den italienischen Frieden. Gregor war fasziniert von der begeisterten und begeisternden Persönlichkeit, die vor ihm stand. «Damit du klar siehst, daß ich den Frieden will, gebe ich ihn vollkommen in deine Hände, aber ich lege dir die Ehre der Kirche ans Herz», so habe ihr der Papst am Ende der Audienz gesagt, berichtet Raimund.

Katharina war voll froher Hoffnung. Der Friede konnte nicht mehr lange auf sich warten lassen. Aber die Ankunft der Florentiner Gesandten verzögerte sich. Katharina war wohl die einzige, die noch an die Aufrichtigkeit der Stadt glaubte. Dazu tauchten bald Gerüchte auf, daß die Regierung weitere kirchenfeindliche Maßnahmen ergriffen habe. Katharina schrieb ihr am 28. Juni einen empörten Brief. Als dann die Gesandten anfangs Juli eintrafen, mieden sie ostentativ Katharina und zogen sie nicht bei zu den Verhandlungen mit dem Papst, obwohl das in Florenz abgemacht worden war.

Man hatte die politisch unerfahrene Frau getäuscht. Von Friedenswillen war keine Rede. Der Papst war voller Zorn und der Friede entfernter denn je.

Und damit war auch das andere große Ziel der jungen Sienesin gefährdet: die Rückkehr Gregors nach Rom. Mit unermüdlicher Ausdauer und Zähigkeit kämpft sie zwei Monate lang mit dem unentschlossenen Charakter des Papstes, der immer wieder seiner zielbewußten Umgebung nachzugeben drohte. Bis endlich doch am 13. September 1376 der Papst Avignon endgültig verließ.

Im Namen Jesu Christi des Gekreuzigten und U. L. Frau!

Hochwürdiger lieber und bester Vater in Christus Jesus! Ihre unwürdige, armselige Tochter Katharina, Dienerin und Magd der Diener Jesu Christi, schreibt Ihnen zu Ihrer Ermutigung in Seinem süßen Blut.

Ich möchte Sie ohne alle Menschenfurcht sehen. Denn ich bin der Meinung, daß der furchtsame Mensch seinen heiligen Vorsätzen und seinem Verlangen nach dem Guten ihre Wirkkraft nimmt. Deshalb bitte ich beständig den süßen, guten Jesus, er möchte Ihnen diese knechtische Furcht nehmen und Ihnen die heilige Furcht schenken und eine brennende Liebe, die Sie nicht auf die Einflüsterungen der fleischgewordenen Teufel hören und den Ratschlägen verderbter, selbstsüchtiger Räte folgen läßt. Soviel ich vernehme, wollen sie Ihnen Furcht einjagen, um so Ihre Abreise zu verhindern, indem sie sagen: «Das wird Ihr Tod sein.» Ich aber sage Ihnen im Auftrag des gekreuzigten Christus: Fürchten Sie sich auch nicht im geringsten, liebster Heiliger Vater! Kommen Sie vertrauensvoll, im Vertrauen auf Christus Jesus! Denn wenn Sie Ihre Pflicht erfüllen, wird Gott über Ihnen wachen und niemand wird gegen Sie sein. Tapfer auf, mein Vater! Ich sage Ihnen, daß Sie nichts zu befürchten haben. Nur wenn Sie Ihre Pflicht nicht täten, hätten Sie Grund zu Furcht. Sie müssen kommen. Tun Sie es also in

Milde, ohne alle Furcht! Wenn Ihre Umgebung Sie daran hindern will, sagen Sie ihnen kühn wie einst Christus zu Petrus, als ihn dieser in seiner Besorgnis vom Leidensweg zurückhalten wollte: «Zurück, Satan, du bist mir zum Ärgernis, du hegst nicht Gottes Gedanken, sondern Menschengedanken. Willst du nicht, daß ich den Willen meines Vaters erfülle?» [Mt 16,23]. Handeln Sie auch so, bester Vater! Folgen Sie ihm als sein Stellvertreter. Bleiben Sie fest in Ihrem Entschluß und sagen Sie Ihnen: Wenn es mir tausendmal das Leben kostet, ich will den Willen meines Vaters erfüllen. Aber es kostet Ihnen das Leben nicht, es bleibt Ihnen erhalten und auch die Gelegenheit, sich fortwährend das Leben der Gnade zu erwerben. Ermutigen Sie sich also! Fürchten Sie sich nicht; es ist kein Anlaß dazu. Greifen Sie zur Waffe des heiligen Kreuzes, in dem die Sicherheit und das Leben der Christenheit beruht. Lassen Sie die Leute reden, was sie wollen, halten Sie nur an Ihrem Vorsatz fest. Mein Vater, Fr. Raimund [von Capua] bat mich in Ihrem Auftrag, ich möchte für Sie wegen den Hindernissen zu Gott beten. Ich habe es schon immer getan, vor und nach der heiligen Kommunion. Ich sah weder Tod noch sonst eine Gefahr, wohl aber Gefahren von seiten Ihrer Ratgeber. Glauben und vertrauen Sie doch der Milde Jesu Christi. Ich hoffe, daß Gott so viele Gebete, so viel brennendes Verlangen, so viele Tränen und Schweißtropfen nicht mißachten wird. Verharren Sie in der heiligen Liebe Gottes. Jesus die Süßigkeit, Jesus die Liebe!

4

AN DEN HEILIGEN VATER GREGOR XI., ALS SIE IN AVIGNON WAR

Anfangs September 1376

Einer der interessantesten und geschicktesten Briefe Katharinas. Um noch im letzten Augenblick die schon festgesetzte Rückkehr des Papstes zu verhindern, griff die französische Partei zu einem eigenartigen Mittel. Der Papst erhielt von einem bekannten heiligmäßigen Mann einen Brief, der ihn im Namen Gottes vor der Rückkehr warnte. Gregor hörte zeit seines Lebens gern auf Menschen, die im Ruf der Heiligkeit standen. Nach allem mußte der Brief wohl großen Eindruck auf den Papst gemacht haben. In seinem inneren Zwiespalt schickte er den Brief an Katharina, um ihre Meinung zu erfahren. Sie vermutet hinter dem Brief eine plumpe Mystifikation, den Mißbrauch eines angesehenen Namens. Köstlich, wie sie das Schreiben zerpflückt. Der angebliche Schreiber ist unbekannt, muß aber im Ruf der Heiligkeit gestanden haben und Katharina bekannt gewesen sein. Manche möchten in ihm Peter von Aragon vermuten, einen Franziskaner aus dem aragonesischen Fürstenhaus, der bei Gregor in hohem Ansehen stand und später im Schisma die Sache Urbans in Spanien vertrat.

Im Namen des gekreuzigten Jesus Christus und U. L. Frau!

Heiligster, teuerster und bester Vater in Christus Jesus! Ihre unwürdige, elende Tochter Katharina, Dienerin und Magd der Diener Jesu Christi, schreibt Eurer Heiligkeit in Seinem kostbaren Blut.

Ich möchte Sie so stark und standhaft in Ihrem guten, heiligen Vorhaben sehen, daß kein Gegenwind Sie davon abzubringen vermag, weder Teufel noch Mensch. Es scheint, sie wollen wie unser Heiland im Evangelium sagt, im Schafskleid kommen, wo sie doch reißende Wölfe sind. Unser

Heiland warnt uns vor ihnen[1]. Bester Vater, offenbar fangen sie schon an, zu Ihnen zu kommen, mit einem Schreiben. Darüber hinaus künden sie Ihnen schon seine [des heiligmäßigen Mannes] Ankunft an und sagen, er werde anklopfen, wenn Sie es nicht vermuten. Das klingt so demütig fromm: «Wenn man mir öffnet, werde ich eintreten und Wohnung nehmen.» Aber dieses Gewand der Frömmigkeit legt er [der Verfasser] sich zu, damit er um so leichter Glauben finde. Wie herrlich ist doch diese Tugend der Demut, wenn der Stolz sich damit ummäntelt!

Der Betreffende hat meines Erachtens in seinem Brief Eurer Heiligkeit gegenüber das gleiche getan, was der Teufel der Seele gegenüber tut, wenn er ihr das Gift unter dem Schein der Tugend und des Mitleids reicht. Besonders bei den Dienern Gottes gebraucht er dieses Kunstmittel. Denn er weiß, daß er sie mit dem Laster nie verführen könnte. Genau so scheint mir dieser fleischgewordene Teufel zu handeln, der Ihnen unter dem Anschein des Mitgefühls und der Frömmigkeit geschrieben hat. Der Brief gibt sich den Anschein, als komme er von einem heiligmäßigen Mann, und stammt doch von den gottlosen Ratgebern des Teufels, diesen Verbrechern am Gemeinwohl der Christenheit und an der Wiedergeburt der heiligen Kirche. Selbstsüchtig sind sie, einzig auf ihren Profit bedacht. Aber Sie werden sich, Vater, bald davon überzeugen können, ob der Brief von jenem heiligmäßigen Mann stammt oder nicht. Das klarzustellen schulden Sie der Ehre Gottes.

Soweit ich zu sehen vermag, halte ich ihn nicht für den Verfasser. Die Worte klingen nicht nach einem Diener Gottes. Der Brief scheint mir gefälscht. Und nicht einmal gut gefälscht! Der Fälscher müßte noch in die Schule gehen; er ist ja dümmer als ein Schulbube. Sehen Sie nur, heiligster Vater, wie er bei Ihnen den Punkt herausgreift, der besonders bei zarten, von sinnlicher Wehleidigkeit erfüllten Menschen der

[1] Mt 7,15.

schwächste ist, welche für ihr leibliches Wohl besorgt sind. Solche Menschen hängen ja mehr als andere am Leben. Darum versucht er Sie zuerst von da her zu packen. Aber von der Güte Gottes hoffe ich, daß Sie mehr auf seine Ehre und das Heil Ihrer Schafe achten werden als auf Ihr eigenes Wohl. Wie ein guter Hirte, der sein Leben für seine Schafe einsetzen muß[2].

Dieser hinterlistige Mensch scheint auf der einen Seite Ihre Rückkehr als gut und heilig zu empfehlen. Auf der andern Seite aber behauptet er, es sei Gift [für Sie] bereitgestellt. Er scheint Ihnen den Rat zu geben, zuerst Vertrauensmänner vorauszuschicken, um das Gift auf den Ladentischen aufzuspüren, all die Flaschen mit den verschieden dosiert wirkenden Giften, um etwa nach einem Tag, nach einem Monat oder nach einem Jahre zu wirken. Aber da muß ich schon sagen, daß solches Gift auch in den Kaufläden Avignons zu haben ist und überall, nicht nur in Rom, schön dosiert nach Monat und Jahr und darüber hinaus, je nach Wunsch des Käufers. Überall gibt es solches Gift, und da möchte der Verfasser des Briefes, daß Sie Ihre Rückkehr hinausschieben, um zuerst Detektive vorauszuschicken. Und gibt seiner Hoffnung Ausdruck, daß auf diese Weise Gottes Gericht über jene gottlosen Menschen kommen wird, die, wie er behauptet, nach Ihrem Leben zu trachten scheinen. Wenn er weise wäre, müßte er das für sich selber fürchten. Er sät ja das schlimmste Gift aus, das je in der heiligen Kirche gesät wurde. Denn er will Sie hindern, den Willen Gottes und Ihre Pflicht zu erfüllen.

Wissen Sie, auf welche Weise dieses Gift gesät werden soll? Wenn Sie nämlich, statt persönlich zu kommen, nach dem Rat des einfältigen Mannes andere schicken, würde das Ärgernis und Aufruhr in Staat und Kirche erregen. Sie, der Sie die Wahrheit vertreten, würden ja als Lügner befunden. Da Sie

[2] Vgl. Joh 10,12.

Ihre Rückkehr angekündigt und festgesetzt haben, wäre das Ärgernis, die Verwirrung und Enttäuschung zu groß, wenn man nun das Gegenteil vernehmen müßte. Es wird so wahr, was jener [der Verfasser des Briefes] sagt, wie einst die Prophezeiung des Kaiphas: «Es ist notwendig, daß ein Mensch stirbt, damit das Volk nicht zugrunde geht» [Joh 11,50]. Er wußte nicht, was er sagte. Aber der Heilige Geist wußte wohl, daß da die Wahrheit aus seinem Munde kam, wenn auch Satan ihn nicht in dieser Meinung sprechen ließ. Dieser Mann nun will ein zweiter Kaiphas sein. Er prophezeit, daß man Gift finden werde. Es ist wirklich so! Wenn Sie solche Schuld auf sich laden, daß Sie zurückbleiben und statt dessen Vertrauensmänner vorausschicken, dann werden Sie entdecken müssen, daß man auf diese Weise den Leuten in Herz und Mund Gift träufelt. Und es würde nicht nur nach einem Tag, sondern nach einem Monat, einem Jahr und noch länger wirken. Ich wundere mich sehr über die Worte dieses Mannes. Da empfiehlt er Ihr Vorhaben als ein gutes und heiliges Werk und will doch gleichzeitig, daß Sie aus sinnlicher Furcht dieses Werk unterlassen. Es ist nicht Brauch der Diener Gottes, so etwas zu unterlassen irgendeines körperlichen oder zeitlichen Schadens wegen, auch nicht wenn es das Leben kostete. Hätten sie so gehandelt, keiner von ihnen hätte das Ziel erreicht. Denn nur die Beharrlichkeit im heiligen und guten Verlangen verdient die Krone und Herrlichkeit, nicht die Unbeständigkeit.

Deshalb sagte ich Ihnen, ehrwürdiger Vater, ich möchte Sie stark und standhaft in Ihrem guten Vorhaben sehen. Denn dann werden Sie mit Ihren rebellischen Söhnen Frieden schließen und die heilige Kirche reformieren können. Und ich möchte, daß Sie die Sehnsucht der Diener Gottes erfüllen, die das Banner des heiligen Kreuzes gegen die Ungläubigen aufgerichtet sehen möchten. Dann werden Sie das Blut des Lammes den armen Heiden reichen können. Sie sind der Kellermeister! Sie haben die Schlüssel zu diesem Blut!

O Vater, ich bitte Sie um der Liebe des gekreuzigten Christus willen, setzen Sie doch bald Ihre ganze Macht dafür ein! Sonst ist es unmöglich. Ich bin durchaus nicht der Meinung, liebster Vater, daß Sie Ihre legitimen Söhne, die sich an den Brüsten der Braut Christi nähren, verlassen sollen um der Bastarde willen, die noch nicht durch die heilige Taufe legitimiert sind. Aber wenn Sie zu Ihren rechtmäßigen Kindern zurückkehren, hoffe ich von der Güte Gottes, daß die illegitimen zur Mutter zurückkehren kraft Ihrer Autorität, kraft der göttlichen Wirkung des Gotteswortes und kraft menschlicher Tapferkeit und Macht. Und Sie werden sie zu rechtmäßigen Kindern erklären können. Das wird zur Ehre Gottes sein, wird Ihnen und der Ehre und allseitigen Geltung der süßen Braut Jesu Christi förderlich sein. Mehr als wenn Sie den einfältigen Rat dieses Mannes befolgen, der Ihnen weismacht, es wäre besser für Sie und die Kurie, unter den ungläubigen Sarazenen zu wohnen als in Rom oder in Italien.

Sein schöner Hunger nach dem Heil der Ungläubigen gefällt mir zwar; weniger aber, daß er den legitimen Söhnen den Vater und den Herden des Schafstalles den Hirten nehmen will. Er will, wie mir scheint, mit Ihnen verfahren wie die Mutter, die ihrem Kind nicht mehr die Brust reichen will und deswegen etwas Bitteres auf die Brust streicht, damit das Kind zuerst das Bittere schmecke und so voll Widerwillen von der süßen Milch lasse. Denn das Kind läßt sich ja durch so etwas täuschen. Genau so verfährt der Betreffende mit Ihnen. Er hält Ihnen den bitteren Geschmack des Giftes und der vielerlei Verfolgungen vor und täuscht so in Ihnen den Säugling der sinnlichen Bequemlichkeit, damit er aus Angst die Milch fahren lasse, die Milch der Gnade, die nach Ihrer Rückkehr winkt! Darum bitte ich Sie im Namen des gekreuzigten Christus, seien Sie nicht ein ängstlicher Säugling, sondern ein Mann! Kosten Sie das Bittere, um zum Süßen zu gelangen! Es stände Eurer Heiligkeit nicht gut an, wegen dem bitteren Geschmack auf die Milch zu verzichten. Ich hoffe von der unendlichen, unschätzbaren Güte Gottes, daß sie Ihnen und uns diese Gnade schenken wird. Seien Sie ein Mann, fest und unerschütterlich, lassen Sie sich nicht umwerfen weder durch irgendeinen Sturm, noch durch eine List Satans, noch durch Ratschläge fleischgewordener Teufel. Folgen Sie vielmehr dem Willen Gottes, Ihrer eigenen heiligen Sehnsucht und dem Rat der Diener Jesu Christi, des Gekreuzigten.

Mehr sage ich nicht. Mein Schlußurteil geht dahin, daß der betreffende Brief nicht jenen Diener Gottes zum Verfasser hat, wie man Ihnen vorgemacht hat. Er ist nicht so weit weg entstanden. Ich glaube vielmehr, er ist ganz in der Nähe entstanden bei den Sklaven Satans, die Gott nicht fürchten. Sollte aber er ihn verfaßt haben, so könnte ich ihn nicht mehr als einen Diener Gottes betrachten, falls er sich nicht ändern würde. Verzeihen Sie mir, Vater, wenn ich allzu anmaßend geschwatzt habe. Ich bitte Sie demütig um Verzeihung und um Ihren Segen. Verharren Sie in der süßen, heiligen Liebe Gottes. Ich bitte seine unendliche Güte, sie möge mir die Gnade geben, bald sehen zu dürfen, wie Sie den ersten Schritt zur Türe hinaus tun, einen Schritt des Friedens für Seele und Leib. Ich bitte Sie, liebster Vater, gewähren Sie mir eine Audienz, wann es Eurer Heiligkeit gefällt. Denn ich möchte vor meiner Abreise noch einmal zu Ihnen kommen. Wenn möglich bald, wenn es Ihnen recht ist. Denn die Zeit ist kurz.

Jesus die Süßigkeit, Jesus die Liebe!

5

AN DEN HEILIGEN VATER PAPST GREGOR XI., ALS SIE IN AVIGNON WAR

Anfangs September 1376

Wahrscheinlich nach dem vorigen Brief geschrieben und somit der letzte in Avignon. Die Rückkehr des Papstes ist nach langen Bemühungen nunmehr gesichert. Der festgesetzte

Reisetag, der 13. September, naht heran. Katharina geht deshalb zu ihren anderen Anliegen über: Kreuzzug und Reform der Hierarchie. In diesen Septembertagen entfaltet sie noch eine rege Tätigkeit für dieses ihr Lebensziel.

Im Namen des gekreuzigten Jesus Christus und U. L. Frau!

Heiligster Vater in Christus, dem süßen Heiland! Ihre unwürdige und elende Tochter Katharina empfiehlt sich Ihnen in Seinem kostbaren Blut.

Wie sehr wünsche ich den göttlichen Willen und Ihr Verlangen erfüllt und das Banner des heiligen Kreuzes entrollt zu sehen. Gott will offenbar, daß Sie es tun. Und ich weiß, heiligster Vater, daß auch Sie sehnlichst darnach verlangen. Da Gott es will und Sie guten Willens sind, bitte ich Sie bei der Liebe des Gekreuzigten, darin nicht nachlässig zu werden. Wenn Jesus Ihnen den Weg dazu bereitet und die Möglichkeit gibt, den heiligen Anfang zu machen, tun Sie es! Gott wird dann seiner Braut beistehen, und mit seiner Hilfe werden Sie vom Krieg zum Frieden gelangen. Ich erinnere mich, daß Sie bei der Audienz zu mir sagten, ohne einen guten Feldherrn sähen Sie keinen Weg. Dieser hat sich gefunden, Heiliger Vater! Der Herzog von Anjou[1] will aus Liebe zu Christus und zum heiligen Kreuz in heiligem Verlangen diese Mühe auf sich nehmen, die ihm in seiner Begeisterung leicht erscheint. Es wird ihm eine süße Last sein, heiligster Vater, wofern Sie ihn dafür bestimmen wollten. Bei der Liebe Gottes, zögern Sie nicht länger, Ihren heiligen Wunsch in die Tat umzusetzen.

Es scheint, daß Gott in seiner Güte drei Dinge von Ihnen verlangt. Das erste ist die Rückkehr, um Ihr Erbe in festen Besitz zu nehmen, und ich danke Gott, daß er Ihr Herz stark und entschlossen gegen alle Intrigen gemacht hat. Ich freue mich unsagbar über Ihre beharrliche Festigkeit, daß Sie den Willen Gottes und Ihren eigenen Wunsch verwirklichen wollen.

[1] Vgl. Brief 17

Nun bitte ich Sie, auch auf die Erfüllung der zwei übrigen Anliegen bedacht zu sein. Denn als ich einst für Sie vor unserm Heiland betete, so wie Sie es von mir verlangt hatten, und er mir den Auftrag zur Rückkehr offenbarte, wollte ich mich entschuldigen mit dem Hinweis darauf, daß ich für eine solche Botschaft zu unwürdig sei. Ich sagte: «Mein Herr und Heiland, wenn das dein Wille ist, dann mehre du in ihm das Verlangen danach.» Damals sagte mir unser Heiland in seiner Güte: «Sag ihm, das soll ihm als Zeichen dienen dafür, daß seine Rückkehr mein Wille ist: je mehr Gegner dagegen stehen und je mehr die Widerstände wachsen, desto mehr wird er in sich eine Kraft wachsen fühlen, die niemand ihm nehmen kann, obwohl es gegen seine natürliche Veranlagung ist. Ferner ist es mein Wille, daß er das heilige Kreuz unter den Ungläubigen aufpflanze und es über seinen Untergebenen erhebe, die im Garten der heiligen Kirche weiden und sich nähren, über den Ausspendern meines Blutes. Über diesen soll er das Kreuz aufrichten, indem er ihre Laster und Gebrechen ahndet.» Das Laster ausrotten, die Tugend pflanzen und das Kreuz den Händen guter Hirten und Regenten in der heiligen Kirche anvertrauen! Geschah das bisher nicht, so will er, daß Sie bei zukünftigen Ernennungen auf gute, tugendhafte Männer achten, die den leiblichen Tod nicht fürchten. Gott will nicht, daß man nach den Reichtümern der Welt, nach ihrem Ruhm und Pomp schielt. Denn Christus hat damit keine Gemeinschaft, sondern einzig mit dem Adel und dem Reichtum der Tugend. Auf diese Weise werden die Guten mit ihrer Liebe zum Kreuz die Laster der Bösen vertilgen.

Ich bitte Sie, heiligster Vater, bei der Liebe des göttlichen Lammes, das ohnmächtig, verlassen und geopfert am Kreuz hängt, daß Sie, sein Stellvertreter, diesen seinen heiligen Willen erfüllen. Tun Sie, soviel Sie nach Ihren Kräften können. Dann werden Sie vor Ihm entschuldigt, und Ihr Gewissen wird entlastet sein. Sonst aber werden Sie sein

Mißfallen zu erwarten haben. Wie Sie die erste Forderung der Rückkehr erfüllt haben, so hoffe ich, werden Sie die zwei übrigen verwirklichen: die heilige Fahrt und die Ausrottung der Laster im Leib der heiligen Kirche.

Der Herzog von Anjou[2] wird zu Ihnen kommen, um mit Ihnen über die heilige Fahrt sich zu besprechen. Bei der Liebe Gottes, enttäuschen Sie ihn nicht, erfüllen Sie sein heiliges Verlangen. Verharren Sie in der heiligen Liebe Gottes. Ich bitte demütig um Ihren Segen. Jesus die Süßigkeit, Jesus die Liebe!

6

AN DEN HEILIGEN VATER PAPST GREGOR XI., ALS ER IN CORNETO WEILTE

Wende 1376/1377

Am 13. Sept. hatte Gregor sein geliebtes Avignon verlassen und war gegen einen letzten Ansturm seiner Verwandten fest geblieben. Am 18. Oktober erfolgte eine Zwischenlandung in Genua, wo die Kardinäle nochmals eine Umstimmung Gregors versuchten. Der Papst blieb fest. Nach einer weiteren Zwischenlandung in Livorno betrat er am 5. Dez. 1376 in Corneto päpstlichen Boden, wo er bis 13. Januar 1377 blieb. In diese Zeit fällt dieser Brief.

Gregor hatte in seiner Erbitterung gegen Florenz nicht nachgelassen. In Genua wie in Livorno versuchte er schärfere Maßnahmen gegen florentinische Bürger durchzusetzen. Der Brief ist deshalb eine erneute Mahnung zur Milde und Friedensbereitschaft. «Achten Sie auf Ihr Gewissen, und der Friede wird möglich sein.»

Was mit «dieser armen Stadt» am Schluß des Briefes gemeint ist, ist umstritten. Die meisten glauben, der Brief sei in Siena geschrieben. Andere entscheiden sich für Pisa. Es

[2] Vgl. Brief 17

scheint, daß Katharina im Dezember noch in Pisa weilte. Es kann aber auch Florenz selbst in Frage kommen, obwohl nichts davon bekannt ist, daß die Heilige von Pisa aus dorthin gegangen wäre, nachdem sie in Avignon so schwer enttäuscht worden war.

Im Namen des gekreuzigten Jesus Christus und U. L. Frau!

Heiligster, hochwürdigster Vater in Christus Jesus! Ihre unwürdige und elende Tochter Katharina empfiehlt sich Ihnen in Seinem kostbaren Blut.

Ich möchte Ihr Herz standhaft und unerschütterlich und stark in echtem, vollkommenem Dulden sehen. Denn ein kleinmütiges, wankelmütiges und ungeduldiges Herz wäre unfähig zu den großen Taten Gottes. Jedes vernunftbegabte Geschöpf, das Gott dienen und die Tugenden erwerben will, muß diese Beharrlichkeit, Festigkeit und Geduld besitzen. Sonst käme Gott nie in seine Seele. Wollte sich der Mensch an den Reichtum hängen aus ungeordneter Anhänglichkeit, aus Vergnügungssucht, in Selbstgefallen oder Weltgefallen, oder aus Ungeduld zu Unrecht und Aufruhr sich verleiten oder die Liebe zu den Tugenden fahren lassen, die er doch in heiligem Eifer zu üben begann und die er sich zu erwerben begehrt: dann soll er klar wissen, daß sich die Tugend nicht erwerben und zur Vollkommenheit bringen läßt ohne Überwindung ihres Gegenteils. Wenn er dem ausweicht, zeigt er, daß er die Tugend flieht, mit der allein er dem Gegenlaster begegnen und es besiegen kann. Den Stolz allein durch die Demut! Den Reichtum, die Vergnügen und Ämter der Welt allein durch die freiwillige Armut! Allein durch den Frieden ist der Krieg zu besiegen, durch die Geduld die Ungeduld! Mit selbstverachtender, starker Geduld muß man die Mißhandlungen, das Unrecht, den Spott und Hohn, die körperlichen Peinen und materiellen Verluste ertragen. So muß man standhaft, stark, unerschütterlich und geduldig sein. Sonst wäre man kein Diener Christi, sondern Knecht und Sklave der eigenen

Sinnenhaftigkeit, die die Gegnerin aller Standhaftigkeit ist, und die kleinmütig, kleinlich und schwächlich macht. Nicht so soll der Mensch handeln, sondern die süße Urwahrheit zum Vorbild nehmen, die durch ihr Leiden, durch ihr Ertragen unserer Fehler uns das Leben schenkte. O Heiliger Vater, mein liebster Vater, erkennen Sie doch, sehen Sie doch: wenn schon für jeden Menschen die Tugend so unumgänglich ist, für jeden zu seinem Seelenheil, wie viel mehr bedürfen dann Sie dieser Standhaftigkeit, dieses Starkmuts und dieser Geduld, der Sie den mystischen Leib der heiligen Kirche, Ihrer Braut, nähren und leiten müssen. Jung sind Sie in den Garten der Kirche gekommen[1]. Da müssen Sie sich rüsten mit der Tugend, um Satan, dem Fleisch und der Welt widerstehen zu können, diesen drei Hauptfeinden, die uns Tag und Nacht angreifen, ohne sich Schlaf zu gönnen. Die göttliche Güte hat Sie einem Teil dieser Feinde widerstehen lassen. Ich hoffe, daß es nun gegen alle geht, so daß Gott mit Ihnen sein Ziel erreicht, für das er Sie geschaffen hat: seinen Namen zu loben und zu preisen und so zur ewigen Anschauung zu gelangen, in der unsere Seligkeit besteht. Sie sind der Stellvertreter Christi. Sie haben sich verpflichtet, zu arbeiten und zu kämpfen für die Ehre Gottes, für das Heil der Seelen, für die Erneuerung der heiligen Kirche. Schwere, mühevolle Aufgaben, die Ihnen aufgetragen sind über die gewöhnlichen Kämpfe hinaus, die jeder Mensch, der Gott dienen will, ausfechten muß. Da also Ihre Last drückender ist, müssen Sie auch kühner und männlicher sein und nicht vor irgend möglichen Verwicklungen zurückschrecken. Sie sollen sich dessen bewußt sein, Heiliger Vater, daß Sie die heilige Kirche zur Braut genommen haben. Damit haben Sie auch die Aufgabe übernommen, für sie zu arbeiten. Sie haben viele Widerstände zu erwarten, viele Mühen und Wirren, die die Gegner entfachen, um mit Ihnen und der Kirche zu kämpfen.

[1] Gregor wurde mit 18 Jahren Kardinal, mit 40 Papst.

Stellen Sie sich diesen gefährlichen Stürmen entgegen, als ein Mann, mit Starkmut, mit Geduld und Ausdauer, ohne je aus Überdruß, Furcht oder Pein den Rücken zu drehen. Harren Sie aus, freuen Sie sich der Stürme und Schlachten! Ihr Herz frohlocke! Denn in diesen vielen Widerwärtigkeiten erfüllen sich die Taten Gottes. Das war nie anders. Auf jede Verfolgung der Kirche, auf jede Trübsal, die eine tugendhafte Seele durchmachen muß, folgt der Friede, erworben durch echte Geduld und Beharrlichkeit: Die Kirche geht immer daraus hervor mit der Krone der Glorie.

Hier also liegt das Heilmittel. Deshalb schrieb ich Ihnen, heiligster Vater, von meinem Wunsch, Sie standhaft, unerschütterlich und stark in echtem und vollkommenem Dulden zu sehen. Ich wünsche, Sie wären ein Baum an Liebe, eingepflanzt in der ewigen Liebe, im gekreuzigten Christus. Ein Baum, der zur Ehre Gottes und zum Heil der Herde seine Wurzeln tief in die Demut hineinsenkt. Sind Sie ein solcher Baum der Liebe, so tief verwurzelt, dann werden Sie in der Krone dieses Baumes die Frucht der Geduld und des Starkmutes finden und im Geäst der Mitte die Krone der Beharrlichkeit. Sie werden in all den Mühen Frieden, Ruhe und Trost finden, wenn Sie sehen, wie Sie im Leiden Christus, dem Gekreuzigten, gleichförmig werden. Im Erdulden um des gekreuzigten Christus willen werden Sie in Freude aus all dem Krieg zum großen Frieden gelangen.

Friede, Friede, heiligster Vater! Möchten Sie Ihre Söhne wieder aufnehmen, die Sie beleidigt haben. Ihre Güte triumphiere über ihre Bosheit, ihren Stolz. Es wäre für Sie keine Schande, wenn Sie versöhnend sich niederbeugten zum verlorenen Sohn. Es wäre vielmehr höchster Vorteil und höchste Ehre vor Gott und vor den Menschen. Ach mein Vater, kein Krieg mehr, auf keine Weise! Achten Sie auf Ihr Gewissen, und der Friede wird möglich sein. Den Krieg schicke man zu den Ungläubigen, wo er hingehört. Ahmen Sie die Milde und die Geduld Jesu Christi nach, des unbefleckten Lammes, dessen Stelle Sie vertreten. Ich vertraue auf unsern Herrn Jesus Christus, daß er all das in solchem Maße in Ihnen wirkt, damit sich Ihre und meine Sehnsucht erfülle. Denn ein anderes Verlangen habe ich nicht in diesem Leben als die Ehre Gottes, den Frieden und die Erneuerung der heiligen Kirche und das Leben der Gnade in allen Menschen. Fassen Sie Mut! Auch hier [in der Toskana] ist man geneigt, soweit ich zu sehen vermag, Sie wieder als Vater haben zu wollen. Und besonders diese arme Stadt [Siena]! Sie ist immer eine Tochter Eurer Heiligkeit gewesen. Nur durch die Not der Umstände wurde sie gezwungen, Dinge zu tun, die Ihnen mißfallen. So scheint es ihnen wenigstens. Seien Sie selbst ihr Anwalt bei Eurer Heiligkeit! Angeln Sie sie mit der Liebe! Ich bitte Sie um der Liebe des Gekreuzigten willen, gehen Sie so rasch als möglich zum Sitz der glorreichen Apostel Petrus und Paulus! Schieben Sie Ihrerseits alle Angst beiseite! Dann wird Gott seinerseits für alle Ihre Nöte sorgen, zum Wohl seiner Braut.

Mehr sage ich nicht. Verzeihen Sie meine Anmaßung. Fassen Sie Mut und vertrauen Sie auf die Gebete der wahren Diener Gottes, die viel für Sie flehen und bitten. Ich und Ihre andern Kinder bitten demütig um Ihren Segen. Verharren Sie in der heiligen und herrlichen Liebe Gottes. Jesus die Süßigkeit, Jesus die Liebe!

7

AN PAPST GREGOR XI., NACHDEM ER NACH ROM GEKOMMEN WAR

Ende Januar 1377

Diesen Empfehlungsbrief gab Katharina der sienesischen Gesandtschaft nach Rom mit, die gleichzeitig mit der florentinischen über den Frieden verhandeln sollte. Die Gesandten gingen noch im Januar nach Rom. Der Brief ist also mit ziemlicher Sicherheit auf Ende Januar 1377 zu datieren, etwa um die gleiche Zeit wie der folgende, der indes doch etwas später liegen dürfte, als ein Scheitern der Verhandlungen schon mit Sicherheit vorauszusehen war.

Wieder eine Mahnung zur Milde und Güte. Nur so könne der Papst «unsere lieben Italiener» für sich gewinnen. Gregor hatte von den neutralen und auch von den mit Florenz verbündeten Staaten die Ausweisung der Florentiner verlangt. Diese Forderung wurde aber von den italienischen Staaten allgemein abgelehnt, um sich nicht mit Florenz zu verfeinden. Katharina hofft, daß der Papst nicht weiter auf dieser übertriebenen Forderung bestehen werde. Zum Schluß wieder die Mahnung zur Reform der Hierarchie.

Im Namen des gekreuzigten Jesus Christus und U. L. Frau!

Heiligster und hochwürdigster Vater in Christus Jesus! Ich, Katharina, Ihre unwürdige Tochter, Dienerin und Magd der Diener Jesu Christi, schreibe Ihnen in Seinem kostbaren Blut.

Ich wünschte, Ihre Untertanen und Söhne möchten einen wahren, vollkommenen Frieden mit Ihnen schließen und zum Joch des heiligen Gehorsams zurückkehren, so daß Sie an Seele und Leib friedlich und ruhig leben könnten. Gott möge mir in seiner unermeßlichen Güte und unendlichen Liebe die Gnade schenken, erleben zu dürfen, daß Sie die Seelen mit Gott versöhnen und diesen Krieg beendigen, den Ihre Söhne in ihrer Sündhaftigkeit gegen seine unendliche Güte und gegen Eure Heiligkeit geführt haben. Wenn Sie diesen Frieden zustande bringen, wird ohne Zweifel ganz Italien befriedet werden können. Wie glücklich werde ich sein, wenn ich das erleben darf, daß durch Ihre Güte und Heiligkeit alle durch das Band der Liebe einig werden. Sie wissen doch, Heiliger Vater, daß Gott durch dieses Band der Liebe seinen Frieden mit dem Menschen schloß. Diese Liebe, die er ans Kreuz schlagen ließ, weil der Mensch, in Liebe erschaffen, durch nichts so erschüttert werden kann wie durch die Liebe. Mit dieser Liebe des Logos, des eingeborenen Sohnes Gottes, wird der Krieg überwunden, den der Mensch durch seine Empörung gegen Gott und seine Unterwerfung unter die Herrschaft Satans verursacht hat. Auf diese Weise werden Sie, heiligster Vater, diesen Krieg und die Herrschaft Satans in den Herzen Ihrer Söhne hinausjagen. Denn der Teufel läßt sich nicht durch Beelzebub vertreiben. Das können Sie nur durch Demut und Güte. Denn die kann Satan nicht ertragen, weil sie ihn vernichten. Mit dieser Liebe und dem Hunger nach der Ehre Gottes und dem Heil der Seelen – nach dem Vorbild des sterbenden Lammes, dessen Stelle Sie ja einnehmen – werden Sie Kriegslust und Haß aus ihren Herzen reißen und glühende Kohlen auf ihre rebellischen Häupter häufen. Auf Ihre Söhne, die ja fleischgewordene Teufel sind. Auf diese süße, milde Art wird Satan und der Menschen Stolz zuschanden werden. Denn nichts bringt so viel Segen wie die Demut, und der Krieg kann nicht schneller beendigt werden als durch geduldiges Leiden und durch Ertragen der Vergehen Ihrer Söhne, was die Strafe nicht ausschließt, die ihnen aber in tragbarem Maße auferlegt werden sollte. So also, in barmherziger Güte und heiliger Gerechtigkeit, im Feuer der Liebe wird der Haß ihrer Herzen vergehen wie das Wasser in der Glut. Freie Bahn für die Milde, Vater! Denn Sie wissen, daß der Mensch durch nichts anderes mehr gepackt wird als durch Liebe und Güte. Vor allem diese unsere lieben Italiener! Ich sehe wahrhaftig kein besseres Mittel, sie zu gewinnen. Sie werden dann von ihnen haben können, was Sie wollen. Ich bitte Sie darum, um der Liebe des gekreuzigten Christus willen, zum Heil und Nutzen der heiligen Kirche.

Es werden die sienesischen Gesandten zu Eurer Heiligkeit kommen. Leute, die wie keine andern auf der Welt durch Liebe gewonnen werden können. Ich flehe Sie deshalb an, tun Sie es! Weisen Sie ihre Entschuldigung der begangenen Vergehen nicht ganz zurück. Sie bereuen ja, und sie finden sich in einer Lage, die sie verwirrt. Wenn Sie, mein liebster Vater, irgendeinen Ausweg erblicken, der zugleich Ihnen Genugtuung verschafft und sie doch nicht mit ihren bisherigen Verbündeten verfeinden läßt, dann schlagen Sie diesen Weg ein, ich flehe Sie darum an, um der Liebe des Gekreuzigten willen. Ich glaube, das wäre zum großen Segen für die heilige Kirche und eine Verminderung des Unheils.

Dann möchte ich Sie bitten, den Blick auf die Vergehen der Hirten und Beamten der Kirche zu richten und sie zu bestrafen, wenn sie ihre Pflicht verletzen. Sorgen Sie für gute Männer, die ein tugendhaftes und gerechtes Leben führen. Das verlangt die Ehre Gottes, Ihre Pflicht und ihr Seelenheil. Die Laien beobachten Sie hierin scharf. Sie haben schon oft feststellen müssen, daß so viele Vergehen straflos bleiben. Schon viel Übles ist daraus entstanden. Ich hoffe von der ewigen göttlichen Güte und von Eurer Heiligkeit, daß Sie all das zur Ausführung bringen und all die nötigen Maßnahmen in dieser Hinsicht ergreifen werden.

Mehr sage ich nicht. Verzeihen Sie meine Kühnheit. Demütig bitte ich um Ihren Segen. Ich empfehle Ihnen die genannten sienesischen Abgesandten. Verharren Sie in der heiligen Liebe Gottes. Jesus die Süßigkeit, Jesus die Liebe!

8

AN DEN HEILIGEN VATER GREGOR XI., ALS ER NACH ROM GEKOMMEN WAR

Januar/März 1377

Am 17. Jan. 1377 hielt Gregor seinen feierlichen Einzug in die Ewige Stadt. Wieder kam es zu Verhandlungen mit Florenz und der Liga, und wieder zerschlugen sie sich an der Unnachgiebigkeit der beiden Parteien (vgl. auch vorigen Brief). Der vorliegende Brief scheint in diesen Verhandlungstagen geschrieben zu sein, vielleicht im Februar 1377.

Der ganze Ton des Briefes, die leise Kritik am eigensinnigen Bestehen des Papstes auf seinem Recht, die energische Forderung nach bessern Ratgebern, die Darlegungen über Recht und Grenzen seiner weltlichen Herrschaft: alles deutet auf diese Zeit hin. Der Brief ist in mancher Hinsicht von Interesse. Gewiß überraschen die hier ausgesprochenen Ideen nicht. Auch in andern Briefen sprach Katharina schon vom Vorrang des Religiösen vor dem weltlichen Bereich. Aber ein so klarer Beweis wie in diesem Brief ist nicht leicht zu finden, daß schon in jener Zeit Auffassungen bis in das Volk gedrungen waren, welche die Notwendigkeit der politischen Macht des Papstes nicht unbedingt anerkannten. Gewiß wird man Katharina deswegen noch nicht zur Verfechterin eines Papsttums ohne Kirchenstaat machen wollen. Aber klarer konnte man nicht auf die Nachteile hinweisen, die die weltliche Macht der Kirche für ihre wesentliche Aufgabe und für eine durchgreifende Reform mit sich brachte.

Im Namen des gekreuzigten Jesus Christus und U. L. Frau!

Heiligster und hochwürdigster Vater in Christus Jesus! Ihre unwürdige Tochter Katharina, Dienerin und Magd der Diener Jesu Christi, schreibt Ihnen in Seinem kostbaren Blut.

Wie sehr wünsche ich, daß Sie zum Frieden und zur Versöhnung gelangen mit Ihren Söhnen. Gott verlangt das von Ihnen und will, daß Sie nach Kräften das Ihrige dazu tun. Offenbar will Gott nicht, daß wir uns so sehr um Herrschaft und weltlichen Besitz kümmern, daß wir die Zerstörungen an den Seelen und das Mißfallen Gottes nicht mehr sehen, die doch die Folgen dieses Krieges sind. Sie sollen vielmehr Ihr ganzes Sinnen auf die Schönheit der Seele und das Blut seines Sohnes richten. Mit diesem Blut wusch er das Antlitz unserer Seele, und Sie sind der Verwalter dieses Blutes. Er lädt Sie damit ein, nach der Speise der Seelen zu hungern. Wer Hunger hat nach der Ehre Gottes und dem Heil der Seelen, der opfert nicht nur den weltlichen Besitz, sondern sogar sein eigenes Leben, um seine Schafe dem Satan zu entreißen und sie zu schützen. Sie werden vielleicht entgegnen, Sie seien im Gewissen verpflichtet, den Besitz der Kirche wieder zurückzuverlangen und zu bewahren. Das ist schon richtig. Aber zuerst heißt es, das Wertvollere retten. Der eigentliche Schatz der Kirche ist das Blut Christi zur Erlösung der Seelen. Und dieses Blut wurde nicht vergossen um des weltlichen Besitzes willen, sondern zur Erlösung der Menschheit. Angenommen, Sie seien verpflichtet, die Herrschaft über die verlorenen Städte der Kirche zurückzuerobern und zu bewahren, so sind Sie doch viel mehr verpflichtet, die verlorenen Schafe zurückzuholen, die der Reichtum der Kirche sind. Durch ihren Verlust würde die Kirche allzu sehr verarmen. Zwar bleibt ihr eigentlicher Reichtum, denn das Blut Christi kann nicht vermindert werden. Aber sie verliert doch ihren Ehrenschmuck, wenn sie so viele Kinder verliert. Es ist also viel besser, das Gold des weltlichen Besitzes fahren zu lassen als das Gold des geistlichen Besitzes. Tun Sie also Ihr Möglichstes. Dann werden Sie vor Gott und vor den Menschen gerechtfertigt dastehen. Güte, Liebe, Friede! Das wird mehr helfen als Krieg. Und Sie werden Ihre geistliche wie weltliche Macht wieder erlangen.

Wenn meine Seele sich zurückzieht in die Einsamkeit mit Gott, mit ihrem großen Hunger nach unserer Rettung, nach der Reform der heiligen Kirche und dem Wohl der ganzen Welt, dann scheint mir Gott kein anderes Mittel zu offenbaren, und ich sehe auch kein anderes in ihm, als Frieden zu machen. Um des Gekreuzigten willen, schließen Sie Frieden, Frieden! Und übersehen Sie die Unwissenheit, Verblendung und den Stolz Ihrer Söhne. So werden Sie Krieg, Zwist und Haß aus den Herzen reißen und sie wieder einigen.

Erwerben Sie sich zuerst einen wahren Hunger nach dem Heil der Seelen und dann wägen Sie die beiden Übel gegeneinander ab: den Verlust weltlicher Größe und Herrschaft und den Verlust so vieler Seelen. Dann werden Sie einsehen, wie viel mehr Sie gehalten sind, die Seelen heimzuholen. Wenn Sie so das geringere Übel erkannt, heiligster Vater, und sich für dieses mindere Übel entschieden haben, um das größere zu vermeiden, wird sich alles zum Guten wenden, und Sie werden von beiden Übeln befreit werden! Wenn Sie durch den Frieden Ihre Kinder zurückholen, dann wird Ihnen auch das andere wieder zufallen, der [weltliche] Besitz der Kirche. Ich sage das nicht, um Sie zu schulmeistern. Mein lieber Vater, Gott, die ewige Wahrheit, zwingt mich dazu und mein Verlangen, Sie in Frieden zu sehen. Denn bei solchen Kriegen und Wirren können Sie doch keine einzige ruhige Stunde haben. Der Krieg ist ein Hindernis für die Reform der Kirche durch gute Hirten und Obere, die Sie doch sehnlich verlangen. Und Sie wissen genau, daß das nicht möglich ist, solange der Krieg dauert. Sie werden dazu Fürsten und Herren nötig haben, und dann sind Sie gezwungen, die Hirten nach deren Wünschen zu wählen, statt nach Ihren eigenen. Es macht schlechten Eindruck, wenn aus solchen Rücksichten Hirten eingesetzt werden müssen, die nicht würdig sind und sich selbst suchen. Bischöfe sollen Gott, seinen Ruhm und seine Ehre suchen, statt von Stolz aufgebläht zwischen den Reichtümern und den Eitelkeiten dieser Welt hin und her zu schwanken und wie Schweine zu leben. O Gott, nicht so, um der Liebe Jesu Christi und des Heiles Ihrer Seele willen! Tun Sie deshalb Ihr Möglichstes, um dem Krieg ein Ende zu machen, damit Sie nicht in diese mißliche Lage kommen, den Willen der Menschen erfüllen zu müssen, statt den Willen Gottes und Ihren eigenen Wunsch. Setzen Sie Ihr Vertrauen auf den Gekreuzigten und nicht auf menschliche Hilfe. Einzig auf Christus Jesus, an dessen Stelle Sie ja stehen, und dessen Wille es offenbar ist, seine Kirche zu ihrem ursprünglichen Zustand zurückzuführen. Wie werden Sie und ich glücklich sein, wenn Sie den Anfang dazu legen, wenn die Gewalt, die Gott zwar zuläßt, in Ihren Händen zu Liebe wird. Der Weg dazu ist der Friede, sind die wahren, echten und würdigen Hirten, die Sie finden werden, wenn Sie sie nur suchen wollten. Aus zwei Gründen hat die Kirche ihren weltlichen Besitz verloren: durch den Krieg und durch den Verfall der Sitten. Denn dort, wo keine Tugend ist, herrscht Krieg mit dem Schöpfer. Der Krieg wiederum ist die Ursache für ihr Fehlen.

Darum sage ich: ein Wiedererwerb des Verlorenen ist nur möglich durch das Gegenteil: durch Friede und durch sittliche Reform. Und so werden Sie dann auch Ihren andern Wunsch verwirklichen können, auch meinen und aller Frommen Wunsch: die Heimholung der armen Ungläubigen, die nicht teilhaben am Blute des göttlichen Lammes.

Sie sehen nun, heiligster Vater, die unheilvollen Folgen dieses Krieges und was er an Gutem verhindert. Ich hoffe auf den gütigen Gott und auf Eure Heiligkeit, daß Sie alles, was in Ihrer Macht steht, an den Frieden setzen. Das ist der Wille Gottes. In Jesu Auftrag sage ich Ihnen, daß Sie in diesen Dingen sich Rat von wahren Dienern Gottes holen. Sie allein werden Sie in Aufrichtigkeit beraten. Mit solchen sollen Sie Umgang pflegen. Denn Sie haben es nötig. Es wird deshalb gut und von Notwendigkeit sein, daß Sie solche bei sich haben und zu Säulen im mystischen Leib der heiligen Kirche machen.

Nach meiner Meinung ist der Überbringer dieses Briefes, F. J. d. P. [Frate Jacopo da Padova[1]] ein wahrer und frommer Diener Gottes, den ich Ihnen empfehle. Ich bitte Eure Heiligkeit, daß Sie ihn und die andern immer in Ihrer Nähe behalten. Mehr sage ich nicht. Verharren Sie in der süßen heiligen Liebe Gottes! Und seien Sie nachsichtig mit meiner Anmaßung. Demütig bitte ich um Ihren Segen. Jesus die Süßigkeit, Jesus die Liebe!

[1] An ihn ist ein Brief Katharinas erhalten. Näheres über ihn ist nicht bekannt.

9

AN MESSER PETER GAMBACORTA, HERRN VON PISA

2. Hälfte 1374

Wohl der erste Brief Katharinas an einen politischen Machthaber, vielleicht überhaupt ihr erster politischer Brief. Sein Anliegen ist freilich noch fast ausschließlich ein religiös-sittliches. – Der Ruf ihrer Heiligkeit war auch nach Pisa gedrungen. Nachdem ihr auf dem Ordenskapitel in Florenz 1374 öffentliche Anerkennung zuteil geworden war, wünschte ein Kreis von Laien und Ordensleuten sie auch in Pisa zu sehen und zu hören. Zu den Verehrern gehörten der Signore von Pisa und vor allem die Damen seines Hauses, auf deren Betreiben hin er wohl die Einladung an Katharina ergehen ließ. Sie muß für den Augenblick ablehnen, um dem Gerede über sie keine Nahrung zu bieten. Ihr Herumreisen und ihre Tätigkeit war manchen in Siena ein Ärgernis. Aber schon im nächsten Frühjahr wird die Reise nach Pisa stattfinden, wo sie das ganze Jahr 1375 über weilt und ihre erste große politische Tätigkeit für den Kreuzzug, für den italienischen Frieden und die Reform der Kirche entfaltet. – Köstlich, mit welcher Kühnheit die 27jährige Frau dem Herrn von Pisa ins Gewissen redet, in seinem Amt die sittlichen Maßstäbe Gottes im Auge zu haben und nicht «beständig Erbärmlichkeiten und Bosheiten zu wirken». Auch seine politischen Unternehmungen sollen in Christus gebunden sein.

Im Namen des gekreuzigten Jesus Christus und U. L. Frau.

Ehrwürdiger Vater in Christus Jesus! Ihre unwürdige Tochter Katharina, Dienerin und Magd der Diener Jesu Christi, schreibt und empfiehlt sich Ihnen im kostbaren Blut des Gottessohnes.

Ich wünschte, Sie wären völlig frei von der Anhänglichkeit und dem Verlangen nach den gottwidrigen Gelüsten und

Unordnungen der Welt, die die Seele von Gott entfernen. Daraus ergibt sich unabweislich, daß ein Mensch, der mit Christus dem Gekreuzigten, mit dem höchsten und ewigen Gut, verbunden sein will, weltlos und weltfern sein muß. Wer dagegen seine Neigung an die Welt geheftet hat, ist von Christus abgeschnitten. Denn die Welt hat keine Gleichförmigkeit mit Christus. «Niemand kann zwei Herren dienen. Wenn er dem einen dient, wird er den anderen hassen» [Mt 6,24].

O liebster Vater, wie widrig ist diese Kette! Wer in der Verkehrtheit der Sünde gefesselt liegt, ist wie einer, der keiner Bewegung fähig ist, da ihm Hände und Füße gebunden sind. So sind auch der Seele die Hände gebunden, daß sie nichts wirken kann für Christus. Sie kann nicht in Zuneigung ihre Füße bewegen, um in der Gnade ein gutes Werk zu tun. Ach, wie furchtbar wirkt die Sünde in der Seele! Sie raubt ihr alle Werte und gibt ihr dafür alle Übel! Statt Leben Tod, statt Licht Finsternis, statt Herrschaft Knechtschaft. Denn wer sich der Sünde hingibt, wird zu ihrem Knecht und Sklaven, hat die Herrschaft über sich selbst verloren und ist zum Spielball des Jähzorns und anderer Laster geworden. Was nützte es, teuerster Vater, wenn wir die Signorie [Herrschaft] über die ganze Welt besäßen, aber nicht über unsere Laster und Sünden? Sie rauben uns das Licht der Vernunft, so daß wir den Zustand der Verdammung gar nicht mehr merken und auch nicht mehr empfinden, in welcher Sicherheit die Seele ist, die sich in Jesus befindet. Das Leben der Gnade ist verloren, wie der vom Weinstock abgeschnittene Zweig, verdorrt und fruchtlos! So ergeht es dem Menschen, der vom wahren Weinstock abgeschnitten wird, er stirbt ab und verfault, bereit für das ewige Feuer.

Wie schmerzlich ist diese große Verblendung, daß ein Mensch sich selbst der Todsünde hingibt, wozu ihn weder der Böse Feind noch die Welt zu zwingen vermöchten. Stehen Sie auf vom Schlaf dieser Nachlässigkeit und Verblendung!

Zerhauen Sie diese gottwidrigen Ketten! All das ist wahr, denn Sünde und Welt führen nicht zu Christus dem Gekreuzigten. Die Welt sucht Ehren und Bequemlichkeit, Vergnügen und Signorien. Christus aber wählte Hohn, Mißhandlung und Schmach und zuletzt den schandvollen Kreuzestod, als ein gehorsamer Knecht das Gesetz und den Willen des Vaters erfüllend, einzig dessen Ehre und unsere Erlösung im Auge! Seinen Spuren sollen wir folgen.

Ich bitte Sie dringend, binden Sie sich mit dieser süßen Kette. Damit das Ihnen leichter wird, brauchen Sie nur das Auge der Selbsterkenntnis zu öffnen: Sie werden dann nicht geringfügige Dinge entdecken, sondern erkennen, daß Sie beständig Erbärmlichkeiten und Bosheiten wirken. Und so wird in Ihnen ein Verlangen nach heiliger Gerechtigkeit entstehen, in echter und tiefer Demut. Dann werden Sie Gott geben, was Gottes ist, und sich selbst, was das Ihrige ist. Blicken Sie hin auf seine abgründige, maßlose Liebe! Schauen Sie, wie das sterbende Gotteslamm voll milder Geduld unsere Sünden trägt! O unermeßliche Liebe, unter welchem Dulden hast du uns das Leben geschenkt, mit welcher Geduld und wie lange wartest du darauf, daß der Mensch umkehre! Wenn Sie so in sich die Güte Gottes und ihre Wege erkennen, dann werden Sie mit Ihm eins werden durch das Band der Liebe, das süß ist über alle Süßigkeit.

Zögern Sie nicht, denn die Zeit ist kurz und der Tod kommt unversehens. Ich bitte Sie, nehmen Sie die göttliche Gerechtigkeit zur Richtschnur in Ihrem Amt. Lassen Sie sich beim Rechtsprechen weder durch Zuneigung noch durch Haß, sondern einzig vom göttlichen Recht leiten. Und vor allem: Ihr eigenes Laster sollen Sie bestrafen, wo immer Sie es entdecken. Und hüten Sie sich, davor die Augen schließen zu wollen. Sie würden dadurch Gott schwer mißfallen. Seien Sie nach Möglichkeit darum besorgt! Alle Ihre Unternehmungen seien in Jesus Christus gebunden! Nur so können Sie das Leben der Gnade erlangen.

Mehr sage ich nicht. Ihren Brief habe ich erhalten und ihn mit inniger Liebe gelesen. Nicht meine Tugend und meine Güte, sondern die Ihrige und die der Damen Ihres Hauses haben Sie bewogen, mir in Demut zu schreiben und mich um mein Kommen zu bitten. Gerne würde ich den Wunsch erfüllen, aber augenblicklich ist es mir körperlich unmöglich und zudem würde ich Ärgernis erregen. Aber ich hoffe auf die Güte Gottes, daß, wenn es seine Ehre und das Heil der Seelen verlangt, er mich in Frieden und Ruhe reisen läßt, unbehelligt vom Gerede. Ich werde dann bereit sein, dem göttlichen Befehl und auch Ihnen zu folgen. Verharren Sie in der süßen und heiligen Liebe Gottes! Christus möge Sie mit seiner reichsten Gnade heimsuchen! Empfehlen Sie mich Ihren Damen! Möchten sie für mich beten, daß Gott mich demütig erhalte. Gelobt sei Jesus Christus der Gekreuzigte!

10

AN DEN BISCHOF VON FLORENZ, ANGELO RICASOLI

Frühling 1375

Angelo Ricasoli, Sproß einer alten Florentiner Familie, ist Bischof von Florenz 1371–1383. Florenz war damals noch Bistum, wurde erst 1420 zum Erzbistum erhoben. Katharina wird den Bischof bei ihrem Aufenthalt in Florenz anläßlich des Ordenskapitels (Frühling 1374) kennengelernt haben.

Es ist einer ihrer deutlichsten Briefe über die Reform von Kirche und Hierarchie, eine erschütternde Anklage gegen die «heutigen Hirten» mit ihrer Menschenfurcht und Nachlässigkeit. Ricasoli stand, wie der Brief durchblicken läßt, offenbar selbst nicht im besten Ruf. An den Bischof sind noch zwei andere Schreiben Katharinas erhalten.

Im Namen Jesu Christi, der für uns gekreuzigt worden!

Hochwürdigster und teuerster Vater in Christus Jesus! Ich Katharina, Ihre und Gottes Dienerin und Magd und aller Diener Gottes, schreibe Ihnen, um Ihnen im kostbaren Blut, das für uns mit so brennender Liebe vergossen ward, Mut zu machen.

Sie werden meine Kühnheit verzeihen und sie meiner Sehnsucht nach der Erlösung aller Geschöpfe und dem Interesse für Sie, den Vater so vieler Seelen, zugute halten. In aller Milde bitte ich Sie, vom Schlaf der Lauheit aufzustehen. Lernen Sie vom göttlichen Meister, wie er sein Leben für seine Schafe hingegeben hat. Seine Schafe hören auf seine Stimme. Das sind die, die seine Gebote halten. Vielleicht fällt da das Bedenken in unser Herz: «Ich bin unfähig zu solcher Vollkommenheit, ich fühle mich so schwach, gebrechlich und unvollkommen! Die Versuchungen des Bösen Feindes, die Schwachheit meines Fleisches, die Lockungen und Verführungen der Welt haben mich gelähmt.» Es ist wahr, ehrwürdiger Vater: wer ihnen folgt, wird schwach, ängstlich und furchtsam in knechtischer Furcht. Wie ein Kind, das sich vor seinem eigenen und noch mehr vor fremden Schatten fürchtet! Diese Furcht wird allgemach übermächtig in einem solchen Menschen. Er sorgt sich nur mehr darum, wie er den Menschen nicht mißfalle, wie er Stellung und Macht behaupten könne. Nicht aber darum, ob sein Schöpfer beleidigt wird oder nicht. Wäre er weise, so nähme er seine Zuflucht zur Mutter, um in ihrem Schoß über aller Furcht die Sicherheit wiederzufinden. Die unermeßliche göttliche Güte hat in ihrer Liebe uns ein Heilmittel gegen unsere Schwachheit gegeben. Sie selbst ist jene süße Mutter. Sie schenkt uns die tiefe Demut, die wie eine Amme all die Kinder, die Tugenden, nährt. Keine Tugend kann existieren, wenn sie nicht empfangen und geboren wird von dieser Mutter, der Liebe. Deshalb sagt der liebeerfüllte Paulus nach Aufzählung all der Tugenden, sie seien wertlos ohne die Liebe [s. 1 Kor 13]!

Folgen Sie also jenen wahren Hirten, die dem gekreuzigten Christus nachgefolgt sind. Es waren auch Menschen wie Sie. Noch ist Gott, der Unveränderliche, so allmächtig wie damals! Sie hielten sich an sein Vorbild. Sie wußten um ihre Schwachheit und wurden deshalb demütig, überwanden den Ehrgeiz und die Selbstsucht. Und flüchteten zur Mutter, zur Liebe, und besiegten alle knechtische Menschenfurcht. Sie fürchteten sich nicht mehr, ihre Untergebenen zu tadeln. Denn sie hatten das Wort Christi vor Augen: «Fürchtet nicht den, der den Leib töten kann, sondern mich» [Mt 10,28]. Kein Wunder! Denn ihr Auge und ihre Lust waren nicht mehr auf die Erde, sondern auf die Ehre Gottes und das Heil der Menschen gerichtet. Sie wollten nur mehr dienen und geistliche und zeitliche Gnaden schenken. Was sie umsonst empfangen hatten, wollten sie auch umsonst weiter schenken, ohne Geld und Simonie, wie gute Gärtner und Arbeiter im Garten der heiligen Kirche! Ihr Sinnen ging nicht nach Spiel und schönen Pferden, nicht nach Reichtum und nicht nach Verschwendung des Kirchengutes durch ein unordentliches Leben! Sie verschleuderten nicht, was den Armen gehört. Durch diese Mutter [die Liebe] gestärkt, boten sie den Stürmen und Wogen in vielerlei Schlachten Trotz, rotteten die Laster aus, pflanzten die Tugenden, verloren sich selbst, um die Frucht vor Gott zu erlangen. Frei von aller Selbstsucht liebten sie Gott um seiner selbst willen, weil er das höchste Gut ist. Sich selbst liebten sie in Gott, gaben ihm die Ehre und weihten dem Nächsten ihre Arbeit. Den Nächsten liebten sie um Gottes willen, ohne Vorteile von ihm zu erraffen, sondern um ihm Gott zu bringen.

Ach, die heutigen Hirten handeln nicht so, zu meiner großen Betrübnis. Ihre Liebe ist die des Mietlings, eine selbstsüchtige Liebe. Und wie macht sie sich breit, diese verkehrte Liebe, die man eher tödlichen Haß nennen sollte, denn sie zeugt ja Tod! All der Schmutz, das Feilschen und Handeln um die Gnade des Heiligen Geistes kümmert sie nicht im geringsten. Sie sehen zu, wie Diebe die Ehre Gottes stehlen, ja sie geben ihr Einverständnis dazu, statt sie zur Abschreckung hängen zu lassen. Sie sehen, wie der höllische Wolf die Herde verschleppt, und schließen die Augen, um es nicht zu sehen. Und warum? Wegen ihrer Selbstsucht und der daraus entspringenden Menschenfurcht! Oder aber weil sie in den gleichen Lastern befangen sind, so daß ihnen Zunge und Hände gebunden bleiben, und sie nicht züchtigen und gründlich durchgreifen können.

So möchte ich Sie wahrhaftig nicht sehen, mein bester, teuerster, hochwürdiger Vater in Christus Jesus! Ich beschwöre Sie, seien Sie ein echter Bischof, der sein Leben für Seine Schafe dahingibt! Deshalb sagte ich eingangs, wie sehr ich wünschte, Sie möchten sich vom Schlaf der Lauheit erheben! Wer schläft, sieht nichts und hört nichts. Und doch ist es so notwendig, klar zu sehen und zu hören. Denn Sie haben darüber Rechenschaft abzulegen, und Sie stehen mitten unter unsern Todfeinden, die da sind unser eigenes Fleisch, der Böse Feind und die Lockungen der Welt. Die Notwendigkeit Ihres eigenen Heiles verlangt, daß Sie aufstehen und die wahren Hirten erleuchtet nachahmen. Nähren Sie sich mit der Liebe, dieser süßen Mutter! Sie wird Ihnen alle Menschenfurcht und allen Kleinmut nehmen und Ihnen Starkmut, Weite und Herzensfreiheit schenken. Sie wird Sie, so in Gott gefestigt und geformt, mit ihm vereinigen. Er ist ja die Liebe: «Wer in der Liebe bleibt, der bleibt in Gott und Gott in ihm» [1 Joh 4,16].

Dann, Vater, mögen noch so viele Feinde uns umlagern, in dieser Liebe ist uns alle Schwachheit genommen und sind wir gestärkt, um ohne Zaudern diese Belagerung durchzuhalten nach dem Beispiel der ewigen Wahrheit und der andern echten Hirten. Verschieben Sie nichts auf morgen! Bei der Liebe des Gekreuzigten gedenken Sie der Kürze der Zeit! Sie wissen ja nicht, ob Sie den morgigen Tag besitzen werden. Denken Sie daran, daß Sie nicht wissen, wann Sie sterben müssen. Mehr will ich nicht sagen und Sie nur noch um Verzeihung bitten. (...)[1]

Gott sei mit Ihnen! Verharren Sie in der heiligen Liebe Gottes! Jesus die Süßigkeit, Jesus die Liebe!

11

AN DIE KÖNIGIN VON NEAPEL (JOHANNA VON ANJOU)

Juli 1375

Das große Anliegen dieses ersten Briefes an die Königin von Neapel ist der Kreuzzug. Am 1. Juli 1375 ergingen päpstliche Bullen an drei italienische Ordensleute, darunter an Raimund von Capua, den Kreuzzug zu predigen und Mittel zu sammeln. Der Brief wird deshalb allgemein in den Juli 1375 nach Ankunft der päpstlichen Bulle gesetzt. Die Briefe an Johanna gehören zu Katharinas intimsten politischen Schreiben.

Im Namen Jesu Christi des Gekreuzigten und U. L. Frau!

Meine teuerste und hochverehrte Mutter in Christus Jesus! Ich, Katharina, Dienerin und Magd der Diener Gottes, schreibe Ihnen zur Ermutigung im kostbaren Blut des Gottessohnes.

Eine echte und vollkommene Tochter Gottes möchte ich in Ihnen erblicken. Sehen Sie, schon der Knecht wird den Herrn in dessen Gegenwart nie beleidigen wollen. Denn er fürchtet die Strafe. In dieser Furcht ist sein Dienst voller Eifer und Sorgfalt. So wird auch ein gutes Kind lieber sterben als den Vater beleidigen. Nicht weil es die Strafe fürchtet oder Angst hat vor dem Vater, sondern aus Ehrfurcht und Liebe. Einem solchen Kinde kommt die Erbschaft zu, nicht nur, weil es darauf nicht verzichten will, sondern weil es den Spuren des

[1] Es folgt noch eine Bitte um ein Almosen für ein Nonnenkloster in Montepulciano.

Vaters gefolgt ist. Handeln Sie, bitte, auch so, ehrwürdige Mutter in Christus Jesus, als Kind und als gute Magd. Wir stehen ja beständig in der Gegenwart dieses Herrn. Sein Auge sieht im Dunkeln und wacht immer über uns. Er weiß genau, wer ihm dient und wer ihm mißdient. Die Seele muß sich also davor fürchten, ihn zu beleidigen. Denn er ist der Mächtige, der alles Böse bestraft und alles Gute belohnt. Niemand, sei er Fürst, sei er reich oder sei er aus dem Adel, niemand darf sich entziehen, niemand kann es sich leisten, dem milden Herrn Jesus nicht zu dienen.

Wie lieblich und heilig ist dieser süße Dienst! Wie ein lebendiger Zügel, der die Seele nicht abschweifen läßt zum verkehrten Dienst an der Sünde. Sie flieht vielmehr alles, was zur Sünde führen könnte. Was ihr gegen den Willen Gottes scheint, haßt sie. Weiß sie doch, daß sie sonst dem Gerichte verfällt. Hat sich die Seele in dieser Furcht bekehrt zum Wissen um ihr Magdtum und zum Wissen darum, daß sie Gottes Auge nicht entgehen kann, dann beginnt sie, ihre ungeordnete Neigung und Liebe zur Welt auszurotten und sie zu ordnen und umzuformen nach Gottes Willen. Denn anders könnte sie ihm nie gefallen. Wie sagte doch Christus? «Niemand kann zwei Herren dienen. Wenn er dem einen dient, haßt er den andern» [Mt 6,24]. Wenn auch so die Furcht am Anfang steht, so gelangt die Seele dadurch doch zum vollkommenen Eifer und meidet jede Sünde. In Liebe tut sie die Arbeit des Dieners, der das schmutzige Geschirr wäscht.

Wenn aber die Seele dahin gelangt ist, Kind zu sein – mit andern Worten, wenn sie die vollkommene Liebe erlangt hat –, dann handelt sie auch als echtes Kind, das seinen Vater in alle Ewigkeit liebt[1]. Nicht mit der eigensüchtigen Liebe, die nur an den Vorteil denkt! Nicht die Furcht vor der Strafe schreckt sie vor der Sünde, sondern die Güte des Vaters und

[1] Vgl. 1 Joh 4,18: «Die vollkommene Liebe treibt die Furcht aus.»

ihr eigenes Sein, das ihr der Vater in Liebe geschenkt hat. Dieses Bewußtsein gibt ihr Kraft, und des Vaters Liebe zwingt sie zu Gegenliebe und Dienst. So handelt das wahre Kind! Darin besteht also unsere Liebe zum himmlischen Vater, daß sie nicht nach etwaigem Nutzen schielt. Sie ist nicht Furcht vor drohender Strafe, sondern einzig Liebe zum höchsten, ewigen, unendlichen Gut, das unsere Liebe verdient. Nichts außer Gott ist dieser Liebe wert! Nur in ihm und durch ihn sollen wir die Geschöpfe lieben und ihnen dienen.

So also ist die Liebe zum Vater beschaffen! Wie die recht verstandene Furcht das Gefäß der Seele zu reinigen hat, so hat die Liebe es mit den Tugenden zu füllen und aus ihr alle Prahlerei und allein vergänglichen Pomp zu entfernen und alle Ungeduld und Ungerechtigkeit und all das eitle Elend der Welt. Auch alle Rachegefühle müssen weg! Zurückbleiben soll nur noch die Erinnerung an die Güte Gottes und seine Wohltaten, in aller Demut. Dazu Geduld im Leiden für den milden Jesus und eine heilige Gerechtigkeit, die gerecht jedem das Seine gibt.

Achten Sie darauf, daß Sie auf eine zweifache Art Rechtlichkeit üben müssen: Gegen sich selbst, in der Einsicht, daß Sie alles, Ruhm und Ehre und jede Gnade Gott schulden und aus sich nur sündige Erbärmlichkeit haben. Teilen Sie sich deshalb zu, was Ihnen gehört: die Sünde und die Erbärmlichkeit, in aufrichtiger Überlegung und im Abscheu vor der Sünde! Die Sünde war es doch, die den Sohn Gottes an das Holz des heiligsten Kreuzes geheftet hielt. Sodann die Gerechtigkeit gegen die andern, die Sie als Pflicht ausüben müssen gemäß Ihrer Stellung in Ihrem Königreich. Da bitte ich Sie in Christus Jesus, drücken Sie bei Ungerechtigkeiten Ihre Augen nicht zu, sondern üben Sie die Justiz in Gerechtigkeit, jedem das Seine gebend, dem Großen wie dem Kleinen, dem Kleinen wie dem Großen. Und achten Sie darauf, daß keine Neigung oder Menschenfurcht Sie davon abbringe. Sonst wären Sie kein echtes Kind Gottes. Denn wenn Sie wirklich nur die Ehre Gottes im Auge haben, würden Sie eher sterben wollen, als sie mißachten.

Ist das Herz einmal rein von Sünden und Lastern und angefüllt mit Tugenden, dann wäre es ein Unding, wenn es ohne Liebe bliebe. Denn es hat ja die in ihm wirkende Güte Gottes erfahren und das Band, das das Geschöpf mit dem Schöpfer verbindet. Dieser schuf es ja nach seinem Bild und Gleichnis! Nicht aus Verpflichtung, nicht auf Bitten hin, nicht aus eigenem Vorteil! Was ihn dazu trieb, war die abgründige Kraft seiner Liebe und seine unaussprechliche Güte. Diese Liebe ließ Gott klein und eins werden mit dem Menschen. Wie müßte sich da ein Geschöpf schämen, süße und ehrwürdige Mutter, wenn es sich auf Grund seines Standes oder seines Reichtums überhöbe, während es seinen Schöpfer so erniedrigt und mit so brennender Liebe zum schmachvollen Kreuzestod gehen sieht! Möchten Sie erfüllt sein von dieser herrlichen Liebe zu Gott! Ohne sie sind Sie Gott nicht wohlgefällig und bleiben ohne das Leben der Gnade.

Gestatten Sie, daß ich Ihnen folgende Neuigkeit mitteile! Unser Christus auf Erden, der Heilige Vater, hat die Kreuzzugsbulle an drei Ordensleute übersandt: an den Provinzial der Dominikaner, an den Minister der Franziskaner und an einen unserer Patres [Raimund von Capua], mit dem Auftrag, sie in ganz Toskana und darüber hinaus bekanntzugeben und alle aufzusuchen, die etwa Verlangen hätten, für Christus jenseits des Meeres bei den Ungläubigen zu sterben. Alle diese sollen die Genannten aufzeichnen und ihre Namen dem Papst übermitteln. Wenn er Bereitwilligkeit und Eifer unter den Christen fände, dann wollte er gerne seine Unterstützung gewähren und seine ganze päpstliche Macht dafür einsetzen. Deshalb bitte und beschwöre ich Sie im Namen des Gekreuzigten, machen Sie sich bereit und entzünden Sie ein heiliges Verlangen in sich, alle Hilfe und die nötigen Vollmachten zu gewähren, wenn dieser herrliche Augenblick kommt, damit endlich das Heilige Land unseres Erlösers den Ungläubigen entrissen sei und und ihre Seelen durch die Teilnahme am Blut des Sohnes Gottes gerettet werden. Ich bitte Sie demütig, meine verehrungswürdige Mutter, unterlassen Sie es nicht, mir Ihre günstige Gesinnung und Ihren Eifer für dieses heilige Werk mitzuteilen. Mehr sage ich nicht. Die Gnade des Heiligen Geistes sei immer in Ihrem Herzen! Verharren Sie in der heiligen Liebe Gottes und verzeihen Sie meine Kühnheit! Jesus die Süßigkeit, Jesus die Liebe!

12

AN MESSER BARTOLOMEO DELLA PACE (BARTHOLOMÄUS SMEDUCCI VON SANSEVERINO)

2. Hälfte 1375

Smeducci ist einer jener italienischen Condottieri, die Katharina aus dem Lande haben möchte. Diese kriegerischen Bandenführer täten besser daran, ihre überschüssige Kraft an den Ungläubigen im Heiligen Lande zu erproben als an den Christen!

Man kann sich keine größeren Gegensätze denken als die 28jährige Frau mit ihren hohen Visionen und diese verrohten Bandenführer. Und man kann sich eines leisen Mitleids nicht erwehren, angesichts des frommen Eifers, mit dem Katharina ihre erhabenen Gedanken solchen diesseitigen Gewaltmenschen schreibt und dabei auf Erfolg hofft. Wie viele Enttäuschungen hat sie erleben müssen mit einem Visconti, einer Johanna von Neapel und so vielen andern!

Im Namen des gekreuzigten Jesus Christus und U. L. Frau!

Geehrter und teuerster Vater in Christus Jesus! Ich, Katharina, Dienerin und Magd der Diener Jesu Christi, schreibe Ihnen in Seinem kostbaren Blut.

Ich wünsche, in Ihnen einen männlichen Ritter zu sehen, ohne Furcht! Denn die knechtische Furcht zerstört die Kraft der Seele und kann dem Schöpfer nicht gefallen. Es geziemt sich deshalb, diese Furcht gänzlich zu beseitigen. Der Mensch hat keinen Grund zur Furcht. Denn Gott hat ihn stark gemacht gegen jeden Feind. Was kann schon der Böse Feind gegen uns? Er ist schwach geworden, hat seine Macht verloren durch den Tod des Gottessohnes. Was vermag schon das Fleisch, das durch die Geißelschläge des Gekreuzigten besiegt ist? Denn die Seele, die ihren Schöpfer, den Gottmenschen, leblos auf dem Kreuzesholz ausgestreckt, betrachtet, zügelt sofort jede fleischliche und sinnliche Regung. Was vermag schon die Welt mit ihrem Stolz und ihren Lockungen? Er hat sie besiegt durch seine tiefe Demut, indem er Schaden und Schmach auf sich nahm. Schämen muß sich der menschliche Stolz, sich erheben zu wollen, wo Gott sich erniedrigt. So sagte unser Heiland, als er uns einlud, keine Menschenfurcht zu haben: «Freut euch, ich habe die Welt überwunden» [Joh 13,33]. Ja, die Feinde sind besiegt, der Mensch ist wieder stark, so stark, daß niemand gegen seinen Willen zu unterliegen braucht. Gott hat uns diese Willenskraft gegeben, die der Fels der Seele ist, die weder Dämon noch Geschöpf mir nehmen kann. Wir können also sicher stehen ohne Furcht. (...)

Hüten Sie sich, daß sich nicht das Gift der Selbstliebe einschleiche, sich selber außerhalb Gottes zu lieben, indem man nach den Vergnügungen, Ehrenstellen und Köstlichkeiten der Welt strebt und sein Fleisch durch ungeordnete Liebe und Liebeleien zum Gott macht. Nicht nur gibt sich ein solcher zum Werkzeug des Feindes her, der den Vater [Christus] getötet hat, sondern er selbst persönlich tötet ihn. Das sei ferne von Ihnen! Folgen Sie Ihrer edlen Seele, die Gott Ihnen gegeben hat! In Liebe und freiem Willen hüllen Sie sich in diesen Panzer der göttlichen Liebe! Und kein Teufel und kein Mensch wird sie Ihnen nehmen können. So bekleidet und gepanzert mit dem Dolch des Hasses und der Liebe, werden Sie die knechtische Menschenfurcht besiegen und Ihre Seelenburg besitzen. Weichen Sie Heimsuchungen und Mühen nicht mehr feige aus, die Sie aushalten können. Schauen Sie nicht mehr zurück! Das würde heißen, daß man den Pfad der Tugend zu gehen beginnt und dann sich wieder nach dem Auswurf seiner Todsünden umdreht[1]. Nicht so will ich es, sondern wirkliche Ausdauer bis zum letzten! Nicht das Beginnen wird belohnt und ist der Krone würdig, sondern einzig und allein das Durchhalten! Feigheit ist es, etwas zu beginnen und es nicht zu Ende zu führen! Welche Schande würde der Ritter auf sich nehmen, wenn er mitten in der Schlacht davonlaufen wollte!

Auf, teuerster Vater, keine Nachlässigkeit mehr, keine Rückschau mehr auf die törichte Erbärmlichkeit der Welt! Deren Vergnügen gehen ja vorbei wie der Wind, ohne Verweilen und Dauerhaftigkeit. Verlassen Sie sich nicht auf die Jugendkraft Ihres Körpers noch auf die politische Macht dieser Welt. Heute lebendig, morgen tot! Heute gesund, morgen krank; heute Herr, morgen Knecht! Wie töricht wäre der Mensch, auf etwas zu bauen, das nicht währt; auf die Zeit zu warten, die man doch nicht besitzen kann; und das zu fliehen, was man allein in sicherem Besitz haben kann: die Gnade. (...)

Entzünden Sie Ihr Herz und Ihre Seele in Christus Jesus in Liebe und Verlangen! Antworten Sie auf eine solche Liebe mit Gegenliebe, auf Leben mit Leben, auf Blut mit Blut! Ich lade Sie ein im Namen des Gekreuzigten, sein Blut mit Ihrem Blut zu bezahlen, sobald der von den Dienern Gottes erwartete Augenblick kommt, um zurückzuholen, was uns genommen ward: das Grabesheiligtum Christi! Und so die Ungläubigen zu unsern Brüdern zu machen, erlöst im Blute Christi wie wir! Den heiligen Ort aus ihren Händen zu befreien und ihre Seelen dem Dämon und dem Unglauben zu entreißen! Seien

[1] Vgl. 2 Petr 2,22: «Der Hund kehrt zurück zu seinem Auswurf.»

Sie, bitte, nicht lässig und versagen Sie sich dem Rufe nicht, wenn der Heilige Vater das Banner des heiligen Kreuzes erhebt und den Aufruf zur heiligen Fahrt erläßt! Niemand kann sich doch hier entziehen und feige verweigern! Fürchten Sie den Tod nicht! Deshalb sagte ich eingangs, ich wünschte Sie mutig und ohne Furcht zu sehen. Das Blut wird Sie ermutigen und stärken und jede Furcht bannen.

Eilen Sie mit Freude und Sehnsucht zu diesem süßen und herrlichen Hochzeitsmahl, wo Gott selbst Tafel, Speise und Diener in einem ist. Gott Vater die Hochzeitstafel, die alles Sein in sich enthält; Gott Sohn die Hochzeitsspeise, und der Heilige Geist die Aufwartung, die Liebe durch die Gott sich uns geschenkt hat und immer noch schenkt. (...) Und selbst wenn wir nicht aufrecht gehen könnten, wir müßten hinzukriechen, um ihm unsere Liebe zu zeigen, um ihm unser Leben zu schenken aus Liebe zum göttlichen Leben; unsere Sünden und Verfehlungen mit unserm Leibe zu bezahlen, durch den wir gesündigt haben.

Das ist der süße und heilige Rachekrieg, gegen uns selbst. Wenn einmal die Sinnlichkeit dieses gebrechlichen Körpers überwunden sein wird, dann werden wir immer der Sieger sein. Unsere Vernunft und unsere Seele wird freie Herrin sein und Gott besitzen, das ewige höchste Gut. Verlieren wir keine Zeit mehr, teuerster Vater! Folgen Sie den Spuren des Gekreuzigten, waschen Sie sich rein in seinem Blut, bergen Sie sich in seinen Wunden! Stellen Sie den Gekreuzigten vor die Augen Ihrer Seele! So werden Sie in der Liebe und kindlichen Furcht verharren, in der Furcht vor der Sünde, nicht vor der Strafe. Entschuldigen Sie meine Liebe und mein Verlangen und den Schmerz darüber, uns verbohrt und blind in das Unglück der Todsünde rennen zu sehen. Mehr schreibe ich nicht! Verharren Sie in der heiligen Liebe Gottes. Jesus die Süßigkeit, Jesus die Liebe!

13

AN DEN HERRN ABT VON LÉZAT, PÄPSTLICHEN NUNTIUS IN TOSKANA (ABT BERENGAR VON LÉZAT)

Ende 1375

Im April 1375 war der Abt von Gregor nach Toskana geschickt worden, um die Republik Siena mit den Salimbeni, dem mächtigsten Adelsgeschlecht Sienas, auszusöhnen. In Pisa ging er an Land und traf dort wohl mit Katharina zusammen. Am 17. Mai 1375 wurde der Nuntius feierlich in Siena empfangen. Katharina schrieb den Brief offenbar nach der Rückkehr des Abtes an den Hof von Avignon, also etwa Ende 1375. Er hatte sie brieflich um Rat gebeten. So entstand einer ihrer schönsten Briefe über die Reform der Kirche. In aller Offenheit legt Katharina dar, was sie am Papst und am hohen Klerus zu tadeln hat.

Im Namen des gekreuzigten Jesus Christus und U. L. Frau!

Ehrwürdiger geistlicher Vater in Christus Jesus! Ich, Katharina, Ihre unwürdige Dienerin und Tochter, Magd der Diener Jesu Christi, schreibe und empfehle mich Ihnen im kostbaren Blut des Gottessohnes.

Ich möchte in Ihnen einen echten Priester sehen, ein lebendiges Glied am Leib der heiligen Kirche. Hochwürdiger, teuerster Vater in Christus Jesus, welche Freude wird es für Sie wie für mich sein, wenn wir lebendige Glieder sind im Feuer der göttlichen Liebe, die ihren Kindern Milch und Speise reicht. Nicht anders kommen wir zu dieser Milch, als der Säugling zur Muttermilch. Wie dieser nur aus der Mutterbrust die Milch empfangen und sich nähren kann, so kann unsere Seele nicht anders zum Leben gelangen als durch Christus, den Gekreuzigten. «Niemand kommt zum Vater als durch mich» [Joh 14,6], sagt die ewige Wahrheit. Und an anderer Stelle: «Ich bin der Weg, die Wahrheit und das Leben. Wer mit mir geht, wandelt nicht in Finsternis, sondern im Licht» [Joh 14,6 u. 8,12].

O unschätzbare, süße Liebe, welches ist denn dein Weg, den du in deiner Liebe erwählt hast? Nicht Ehre und menschlicher Ruhm, nicht Vergnügungen, nicht eigener Vorteil! Denn die Liebe sucht nicht das Ihrige, sondern allein die Ehre Gottes und das Heil der Menschen. Ihr Leben ist ein Weg des Schimpfes, der Schande und Schmach, der Unbill. Und am Ende steht der schmachvolle Kreuzestod. Diesen Weg sind die Heiligen gegangen, weil sie lebendige Glieder waren, verbunden mit ihrem Haupt, dem süßen Jesus, der allen, die mit ihm verbunden sind, Nahrung und Leben schenkt. Sie fragen sich vielleicht, in welcher Weise soll ich ihm folgen und mich mit ihm vereinigen? Da sollen Sie wissen, daß der Mensch sich nicht binden kann, außer durch ein Band, und nicht eins mit dem Feuer werden kann, außer er wirft sich mitten hinein, so daß nichts mehr draußen bleibt. So beschaffen ist das Band der Liebe, das die Seele an Christus bindet. Wie süß ist diese Fessel, da sie den Sohn Gottes ans Kreuzesholz band. Trägt der Mensch dieses Band, so ist er mitten im Feuer. Dieses Feuer der göttlichen Liebe wirkt in der Seele wie das stoffliche Feuer: es wärmt und hellt und kehrt zu sich zurück. O mildes werbendes Feuer, das du wärmst und jede Kälte des Lasters und der Sünde vertreibst und jeden Frost der selbstsüchtigen Liebe! Diese Wärme entzündet das dürre Holz unseres Willens: er gerät in Brand und weitet sich aus in starkem und liebendem Verlangen nach dem, was Gott liebt, und er haßt, was Gott haßt. Und wenn die Seele sieht, wie maßlos sie geliebt wird, wie das Lamm sterbend am Kreuze sich hingibt, dann wird dieses Feuer sie durchleuchten und keine Finsternis mehr in ihr lassen. Eine solche Seele wird tiefer im Verstehen, wird weit. Sie hat das Licht empfangen und kann nun unterscheiden, was der Wille Gottes ist. Und sie will nur mehr den Spuren des Gekreuzigten folgen. Einen andern Weg gibt es eben nicht mehr für sie. Und keine andere Freude als seine Schmach! So also gelangt sie zur süßen göttlichen Milch, durch den Leib des gekreuzigten Christus. O mildes Licht, in das keine Finsternis mehr hereinbricht und wo keine Bitterkeit und keine Trauer mehr Peinen bringt! Denn das Licht aus diesem Feuer weiß, daß alles von Gott ausgeht, außer Sünde und Laster. Und weiß, daß Gott nur unsere Heiligung will. Um uns diese Heiligung in der Gnade zu schenken, ward Gott klein und band sich an den Menschen, damit seine Erniedrigung unsern Stolz bis in die Wurzel treffe!

Er ist die Richtschnur geworden, der wir alle folgen müssen. Der erleuchtete Geist sieht und weiß das wohl, da er mit den Augen der göttlichen Liebe und Güte zu sehen sucht. Wie findet er diese Richtschnur? In der Selbsterkenntnis. Denn da erkennt er, daß er aus sich selbst nichts ist und sein Sein von Gottes freier Gnade und Liebe besitzt. Solcher Güte wird er bereite Antwort geben. Es wird eine tiefe Dankbarkeit in ihm lebendig werden, tiefe Demut wird in ihm erströmen, die ihn nicht mehr zu Fall kommen oder stolz sich aufblähen läßt weder auf Grund von Amt und Würde noch Ruhmes halber. Als guter Hirt wird er vielmehr den Spuren seines Meisters folgen, wie einst der milde heilige Gregor und die andern, die trotz ihres Vorrangs sich erniedrigten und nicht bedient sein wollten, sondern leiblich und geistig dienten, nicht bloß in Worten, sondern mit ihrem ganzen Leben.

Hat auf diese Weise unser Geist das Licht des Feuers empfangen, so kehrt er [wie das Licht] zum Feuer zurück und wird eins mit ihm. So werden wir durch unser erinnerndes Gedenken eins mit dem gekreuzigten Christus, so daß wir nichts anderes mehr behalten, nichts anderes mehr denken und genießen können als den Geliebten und dessen unaussprechliche Liebe zu uns und dem ganzen Menschengeschlecht. Und die Seele beginnt Gott und den Nächsten zu lieben, so daß sie hunderttausendmal das Leben für sie hingeben möchte. Sie achtet gar nicht auf etwaige Belohnung. Einzig weil sie die Liebe Gottes zu seinem Geschöpfe sieht, macht es ihr Freude, zu lieben, was er liebt. So kann man also mit Recht sagen, daß ein solcher Mensch Feuer ist, das wärmt und hellt und zu sich zurückkehrt. In diesem Feuer werden die drei Fähigkeiten der Seele eins: das Gedächtnis, um sich der Wohltaten Gottes zu erinnern, der Verstand, um seine Güte zu erkennen, der Wille, um nichts anderes mehr als ihn zu lieben und zu verlangen. All sein Tun ist auf Gott gerichtet. Er vermag nichts anderes mehr zu sehen und denkt nur mehr an das größere Wohlgefallen seines Schöpfers. Und da er sieht, daß keine Opfer ihm gefälliger sind, als die für die Seelen, kann er darin nicht genugtun.

Besonders von Ihnen, Vater, und von ihresgleichen verlangt Gott diese Sorge und diesen Eifer. Das ist der Weg des gekreuzigten Christus. Er wird uns immer das Licht seiner Gnade schenken. Wollten wir einen andern Weg beschreiten, so kämen wir von Finsternis zu Finsternis und am Ende in den ewigen Tod.

Ich habe Ihren Brief, mein Vater, zu meiner großen Tröstung und Freude erhalten. Es freut mich, daß Sie sich meiner erinnern, einer so unwürdigen und erbärmlichen Kreatur. Ich habe alles verstanden.

Was den ersten Punkt betrifft, gebe ich Ihnen, so wie meines Erachtens Gott die Dinge sieht, folgende Antwort: Zwei Dinge besonders muß unser süßer Christus auf Erden beseitigen, weil sie die Braut Christi verheeren. Das eine ist die zu große Nachgiebigkeit und Sorglichkeit seinen Verwandten gegenüber. Wo es doch ganz besonders am Platze wäre, in jeder Hinsicht Zurückhaltung zu üben! Das andere ist die zu große Weichheit, begründet in einem übergroßen Mitleid. Mein Gott, das ist der Grund, warum die Glieder abfallen: weil sie nicht zurechtgewiesen werden. Drei Laster besonders mißfallen Christus: die Unkeuschheit, die Habsucht und der aufgeblähte Stolz. Sie machen sich breit in der Braut Christi, bei den Prälaten, die nur für Zerstreuung, Würden und gehäufte Reichtümer Sinn haben. Sie sehen zu, wie der Böse Feind die ihnen anvertrauten Seelen raubt, und tun nichts dagegen, weil sie Wölfe geworden sind, feile Verkäufer des Göttlichen. Und doch wäre strenge Rechtlichkeit nötig, um sie zurechtzuweisen, denn zu große Nachgiebigkeit wäre hier größte Grausamkeit. Zurechtweisen aber in Gerechtigkeit und Barmherzigkeit! Ich wiederhole Ihnen, mein Vater, daß ich bei der Güte Gottes hoffe, daß endlich dieser Mißstand des Nepotismus durch die vielen Gebete der Diener Gottes aufzuhören beginnt. Ich sage nicht, die Braut Christi sei selbst angegriffen. Sie wird auch in Zukunft blühen, das ist mein Glaube! Aber es ist notwendig, sie bis zu den Fundamenten zu reinigen, wenn sie wieder blühen soll. Diese Grundreinigung und nichts anderes sollen Sie anstreben.

Was Ihren zweiten Punkt betrifft, daß nämlich Gott in seiner übervollen Barmherzigkeit Ihnen Ihre Sünden verzeihen möge, antworte ich: Bedenken Sie, daß «Gott nicht den Tod des Sünders will, sondern, daß er sich bekehre und lebe» [Ez 18,23]. Ich habe Ihre Sündenschuld auf mich genommen und will sie tragen und im Feuer der Liebe wollen wir Ihre und meine Sünden zusammen verbrennen und beide werden sich verzehren. Sie dürfen sicher sein, daß die göttliche Gnade Ihnen verziehen hat. Halten Sie sich nun an eine vernünftige Lebensordnung, pflanzen Sie in Ihr Herz die gekreuzigte Liebe und den festen Willen, lieber zu sterben als den Schöpfer zu beleidigen oder ihn von den Untergebenen beleidigen zu lassen.

Wenn ich Ihnen gesagt habe, Sie sollten sich im Dienst der Kirche verzehren, so meine ich damit nicht so sehr den Einsatz für irdischen Besitz, mag das auch gut sein. Sie sollten vielmehr gemeinsam mit dem Heiligen Vater nach Kräften die Wölfe und fleischgewordenen Teufel unter den Hirten vernichten. Sie haben ja nichts wie gutes Essen, schöne Paläste und Pferde im Kopf. Furchtbar, daß das, was Christus auf dem Kreuzesholz erwerben mußte, mit Buhlerinnen verpraßt wird! Ich bitte Sie, selbst wenn Sie Ihr Leben damit aufs Spiel setzen sollten: Sagen Sie dem Heiligen Vater, daß er solchen Gottlosigkeiten ein Ende setze und bei Ernennungen von Bischöfen und Kardinälen nicht durch Schmeicheleien, durch Geld und Simonie sich leiten lasse. Bitten Sie ihn, so weit es Ihnen möglich ist, er möchte doch auf Tugend und guten, heiligen Ruf achten, nicht auf Adel und Reichtum. Denn die Tugend ist es, die den Menschen erst adlig und wohlgefällig vor Gott macht.

Solche Mühen, lieber Vater, sollen Sie auf sich nehmen. Sie sind die besten, auch wenn die andern Bemühungen [um die irdischen Dinge der Kirche] ebenfalls gut sein mögen. Mehr sage ich vorläufig nicht. Verzeihen Sie meine Anmaßung! Ich empfehle mich Ihnen hunderttausendmal in Christus Jesus! Vergessen Sie nicht die Leistungen von Messer Anton[1]! Wenn Sie dort den Erzbischof[2] treffen, tun Sie alles, mich ihm zu empfehlen. Verbleiben Sie in der heiligen Liebe Gottes! Jesus die Süßigkeit, Jesus die Liebe!

14

AN DIE ÄLTESTEN (DEN RAT) VON LUCCA

Ende Januar 1376

Am 14. Januar 1376 beschloß Lucca, der antipäpstlichen Liga, der schon viele Städte, auch des Kirchenstaates, angehörten, ebenfalls beizutreten. Um diesen Beschluß rückgängig zu machen, wurde dieser Brief geschrieben. Der Erfolg blieb ihm versagt. Am 12. März 1376 traten nicht nur Lucca, sondern zur großen Enttäuschung Katharinas auch Pisa endgültig der Liga bei. Die politischen und militärischen Erfolge der Florentiner gaben den Ausschlag.

[1] Wahrscheinlich ist Anton von Ciolo aus Siena gemeint, ein Adliger, der offenbar dem Abt von Lézat bei seiner Vermittlertätigkeit in Siena wertvolle Dienste geleistet hat. Ein Brief Katharinas ist an ihn gerichtet.

[2] Jakob von Itri, Erzbischof von Otranto, s. Brief 16, S. 90.

Im Namen des gekreuzigten Jesus Christus und U. L. Frau!

Geliebte, teuerste Brüder in Christus Jesus! Ich, Katharina, Dienerin und Magd der Diener Jesu Christi, schreibe Euch in Seinem kostbaren Blut.

Ich möchte Euch voll der göttlichen Gnade und des Heiligen Geistes sehen. Ohne sein Licht können wir ja den Weg nicht finden. Ihr wißt doch, teuerste Brüder, daß wir noch unterwegs sind, Pilger und heimatloses fahrendes Volk in diesem finstern Leben. Aus uns selbst sind wir nichts als blind. Wie aber kann ein Blinder diesen gefährlichen Weg gehen, ohne zu fallen, wenn er keinen Führer hat? Wir bedürfen also des Lichtes, der Führung und Belehrung. Aber nur Mut, teuerste Brüder! Ohne Zweifel hat Gott in seiner unendlichen Güte uns das Licht der Vernunft gegeben, in welchem der Mensch erkennt, daß Tugend und Dienst Gottes ihm das Leben schenken, daß jedoch das Laster und die Sünde, die Selbstsucht und die Überheblichkeit, womit er die Dinge der Welt und ihre Würden auf ungerechte Weise zu erreichen und zu behalten sucht, ihm nur Tod und die ewige Verdammung bringen.

Auch ein Führer ist uns gegeben: das eingeborene Wort, der menschgewordene Sohn Gottes. Er zeigt uns den Weg, den wir in diesem Leben beschreiten müssen. Ihr kennt sein Wort: «Ich bin der Weg, die Wahrheit und das Leben. Wer mit mir geht, wandelt nicht in Finsternis, sondern im Licht» [Joh 14,6 und 8,12]. Er ist die Wahrheit, in ihm ist keine Lüge. Und welchen Weg ist unser süßer Heiland gegangen? Einen doppelten: des Hasses und den der Liebe! Des Hasses gegen die Sünde! So sehr, daß er ihre Vernichtung an seinem eigenen Leibe vornahm unter vielen Peinen und Mühen, in Schimpf und Schmach, Leiden und Tod. Nicht seinetwegen, in ihm war ja kein Gift der Sünde! Sondern einzig und allein im Dienste der Menschheit, um ihre Schuld zu sühnen. Er gab ihr das Licht der Gnade und nahm ihr die Finsternis der Sünde. Das also ist der Weg, den er uns weist: Haß und

Abscheu vor dem Laster und der Sünde, und vor der Selbstsucht, die die erste Finsternis ist, aus der alle Finsternis des Leibes und der Seele stammt. Der Selbstsüchtige kümmert sich nicht um die Schädigung des Bruders und die Beleidigung Gottes. Er sieht nur sich selbst in seiner sinnlichen, unvernünftigen Selbstliebe. Er hat nie genug an den Reichtümern der Welt! Er kennt keine Ehre Gottes und keine heilige Gerechtigkeit.

Und da kommt dieser milde Jesus und lehrt uns, daß wir diese so tödliche Selbstsucht verabscheuen müssen. Er brachte uns das Licht der Wahrheit, die Liebe. Die Liebe zu Gott und zur Tugend ist ja ein Licht, das unsere finstere Unwissenheit verscheucht. Er nimmt uns den Tod und schenkt uns das Leben, gibt uns Sicherheit und Kraft gegen jeden Feind. «Wenn Gott mit uns ist, wer ist dann gegen uns?» sagt der hl. Paulus [Röm 8,13]. Weder Teufel noch Mensch werden uns dieses Gut, dieses Licht rauben können, das in unserer Seele Bestand und Herrschaft der Gnade erhält. Er besitzt die Macht, unser starker Gott, uns zu retten aus den Händen unserer Feinde, wenn Ihr nur seine Ehre sucht und die Herrlichkeit der Kirche, die auch unsere Herrlichkeit ist! Denn nur durch sie empfängt unsere Seele ihr Leben.

Dieser milde Jesus, unser Leben, unser Lehrer und Führer, kannte nichts anderes als die Ehre des Vaters und unsere Rettung. Die Kirche hat er sich zu seiner Braut erwählt und ihr die Frucht und die Wärme seines Blutes geschenkt zur Heilung unserer Krankheiten. Es sind die Sakramente der Kirche, die im Blute des Sohnes Gottes, vergossen im Feuer der Liebe, ihre Lebenskraft empfangen haben. Denkt daran, daß er im Feuer seiner Liebe diese seine Braut so an sich gebunden hat, daß weder der Teufel noch die Welt je ihr Dasein bedrohen können. Sie wird ewig sein, diese herrliche und verehrungswürdige Braut! Wenn Ihr mir entgegnet, es habe vielmehr den Anschein, daß sie an Auszehrung leide und sich nicht mehr selbst helfen könne, so sage ich euch: nein, es scheint nur von außen her so! Schaut ins Innere und ihr werdet jene Kraft finden, die ihre Feinde nicht haben. Ihr wißt wohl, daß Gott allein stark ist und alle Stärke und Kraft von ihm ausgeht. Diese Kraft ist der Kirche nicht genommen worden. Wohl aber haben ihre Widersacher diese göttliche Kraft und Hilfe verloren. Denn sie sind faule Glieder, abgeschnitten von ihrem Leibe und damit auch ohne weiteres ihrer inneren Kraft verlustig. Bodenlos töricht ist deshalb jener, der als kleines Glied sich erheben will gegen ein großes Haupt. Besonders wenn man bedenkt, daß eher Himmel und Erde vergehen werden als die Lebenskraft dieses Hauptes! Vielleicht sagt Ihr, es gebe doch solche getrennte Glieder, denen es gut geht und die Erfolge aufweisen können. Gemach, gemach! Es wird nicht so weiter gehen! Denn der Heilige Geist sagt in der Schrift: «Die Bauleute bauen umsonst, wenn Gott die Wache nicht hält» [Ps 127 bzw. 126,2]. Die Kirche kann also unmöglich vermindert oder vernichtet werden. Denn die gegen die Kirche gehandelt haben, sind gottlos, weil Gott mit der Kirche ist.

Lassen wir uns also nicht durch die Menschenfurcht täuschen! Auch Pilatus unterlag ihr und tötete Christus aus Furcht, seine Stellung zu verlieren. Und verlor doch in seiner Unwissenheit beides, Seele und Leib. Wenn er aber der Furcht Gottes gefolgt wäre, so wäre dieses Unheil nicht über ihn gekommen. Ich bitte Euch deshalb bei der Liebe des Gekreuzigten, geliebte Brüder und Söhne der Kirche, steht fest und haltet aus in Eurem guten Beginnen. Nichts soll Euch umstimmen, weder Teufel noch Menschen, die oft schlechter sind als die Teufel und geradezu deren Tun übernommen haben. Ihre eigene Schlechtigkeit genügt ihnen noch nicht, sie wollen auch die andern, die Kinder der Kirche bleiben wollen, verführen.

Fallt nicht um, weder aus Furcht, Frieden und Ämter zu verlieren, noch wegen Drohungen dieser Teufel, sondern seid mutig in heiliger Dankbarkeit, daß Gott Euch Gnade und

Barmherzigkeit erwiesen hat. Denn Ihr seid noch nicht getrennt vom Haupte, in dem allein die Stärke wohnt, ihr seid nicht gekettet an ein schwaches und faules Glied [Florenz], das vom Quell seiner Kraft abgeschnitten ist. Hütet Euch, diese Fessel Euch aufzuladen! Ziehet jede Mühsal vor! Die Furcht vor einer Beleidigung Gottes sei ausschlaggebend vor allen Mühen und Opfern. Dann braucht Ihr Euch nicht mehr zu fürchten. Eure bis jetzt gezeigte Widerstandskraft freut mich zutiefst, Eure Stärke und Ausdauer und Euer Gehorsam gegen die heilige Kirche.

Um so mehr bin ich nun betrübt, daß ich jetzt das Gegenteil hören muß[1]. Ich bin deshalb im Auftrag des Gekreuzigten hierher [nach Lucca] gekommen, um Euch zu sagen, daß Ihr das unter keinen Umständen tun dürft. Wenn Ihr es aus Selbsterhaltungsgründen und um Frieden zu haben, getan habt, so sollt Ihr wissen, daß nur um so mehr Krieg und Verderben über Euch kommen wird, über Seele und Leib. Laßt Euch nicht in solche Blindheit fallen, sondern seid echte und ausdauernde Söhne. Ihr wißt doch, daß der Vater vieler Söhne dem die Erbschaft gibt, der ihm treu bleibt. Ich sage Euch das, damit Ihr fest bleibt und nicht nach rückwärts schaut, selbst wenn Ihr allein bleiben solltet. Aber durch die Gnade Gottes sind da noch andere, Eure Nachbarn, die Pisaner, die Euch nicht im Stiche lassen werden, wenn Ihr in fester Ausdauer stehen bleibt. Sie werden Euch helfen und verteidigen gegen jedes Unrecht, bis zum Tod. O liebe Brüder, wo ist der Teufel, der Euch beiden Hindernisse in den Weg legen könnte? Ihr seid ja fest verbunden in der Liebe, um Gott nicht zu beleidigen, unterstützt und gehalten durch sein Haupt. Suchen wir also das Licht, mit dem die höchste und ewige Wahrheit Eure Seele erfüllen möge! Wenn Ihr davon erfüllt seid, dann fürchte ich nicht, Ihr könntet das Gegenteil von dem tun, was ich Euch im Auftrag Christi mitgeteilt

[1] Gemeint ist der Beschluß vom 14. Jan. 1376.

habe, und künftighin Eure Vergangenheit verleugnen. Mehr sage ich nicht! Verharret in der heiligen Liebe Gottes. Jesus die Süßigkeit, Jesus die Liebe!

15

AN MESSER NIKOLAUS VON OSIMO,

Sekretär und Protonotar des Papstes, unseres Herrn

Anfangs 1376

Der Adressat ist einer der Sekretäre der Päpste Urban V. und Gregor XI., stammt aus dem alten Geschlecht der Romani, wird aber gewöhnlich nach seiner Vaterstadt Osimo genannt (kleine Stadt im Kirchenstaat). Der Brief ist gleichzeitig mit dem ersten Brief an Gregor XI. geschrieben, also anfangs 1376. Dort wird am Schluß auch auf diesen und den folgenden Brief hingewiesen. Nikolaus von Osimo starb am 15. Nov. 1377. Über seine Persönlichkeit ist sonst wenig bekannt. – Die beiden folgenden Briefe gehören zu den wärmsten politischen Schreiben Katharinas.

Im Namen des gekreuzigten Jesus Christus und U. L. Frau, der Gottesmutter!

Liebster und teuerster Vater in Christus Jesus! Ich, Katharina, Dienerin und Magd der Diener Jesu Christi, schreibe Ihnen in Seinem kostbaren Blut.

Ich wünschte in Ihnen einen festen Felsen zu sehen, gegründet auf dem Felsengrund, der da ist Jesus Christus. Ein steinerner Bau auf Sand oder Erdreich wird bei jedem kleinen Windstoß oder Regen ins Rutschen kommen. So auch der Mensch, der auf die vergänglichen Dinge dieses dunklen, hinfälligen Lebens baut. Sie gehen vorüber schnell wie der Wind und der Staub, den er vor sich hertreibt. Jedes widrige Ereignis wirft ihn um. So ist es auch, wenn wir unsern Bau auf der Selbstsucht aufgebaut haben. Sie ist der widrigste

Aussatz, den wir nur haben können. Sie macht aus allen Tugenden eine leblose Wüste, weil ihnen ihr Muttergrund, die Liebe, fehlt und sie so von ihrem Lebenselement weggerissen sind.

Darum wünscht meine Seele, Sie möchten auf dem lebendigen Fels gegründet stehen. Teuerster Vater, gibt es für uns eine bessere und reizvollere Aufgabe, als den Bau unserer Seele aufzuführen? Wie herrlich, daß wir alles, was dazu nötig ist, die Steine, den Architekten, die Maurer und den Bauplan gefunden haben. Wie wundervoll ist unser Architekt, der ewige Vater, in dem alle Weisheit, Wissenschaft und unendliche Güte ruht! Er, unser Gott, der ist, der er ist[1]. Alle Dinge, die am Sein teilhaben, sind durch ihn. Er ist ein Bauherr, der zum Nötigen sieht. Was er will, ist unsere Heiligung. Was er schickt und zuläßt, geschieht zu unserm Wohl, zur Reinigung von unsern Sünden oder zur Mehrung der Gnade und Vollkommenheit.

Wundervoll ist also unser Architekt! Er weiß uns aufzuerbauen und weiß auch, was dazu nötig ist. Er tut noch mehr! Als er sah, daß das Wasser nichts taugte, um einen guten Mörtel anzurühren – das sind die süßen, wirklichen Tugenden –, gab er uns das Blut seines eingeborenen Sohnes. Wir wissen ja, daß vor dem Kommen des Sohnes Gottes keine Tugend dem Menschen das Leben, das er durch die Sünde verloren hatte, zu geben vermochte. O mein Vater, betrachten wir diese unschätzbare Liebe des göttlichen Baumeisters! Da er sah, daß das Wasser der Propheten nicht taugte, uns das Leben zu geben, da nahm er von seinem Leben und gab uns das Wort, den menschgewordenen eingeborenen Sohn Gottes, und legte uns dessen Lebenskraft und Macht in die Hand, um unserm Bau den Felsengrund zu geben. Ohne diesen Felsen können wir nicht leben. Wie stark ist dieser Felsen, da er eins ist mit dem Vater! Alles Bittere wird durch seine Süße

[1] Vgl. Ex 3,14: «Gott sprach zu Mose, Ich bin, der Ich bin!»

uns mild. Nicht Sand und Erde ist in ihm, sondern wirksame Bindekraft.

O mildes Feuer der Liebe, du hast uns als Maurer und als Bauplan den Reichtum und die Milde des Heiligen Geistes gegeben, die Liebe selbst, diese starke Hand, die das Wort ans Kreuz geheftet und genagelt hielt! Er hat diesen süßesten Leib zusammengepreßt, bis Ströme Blutes flossen, um uns das Leben zu geben und jeden Bau zu ermöglichen. Jede Tugend, auf Christus gegründet und mit seinem Blut getränkt, gewinnt so für uns Kraft und Leben.

Unsere Herzen müßten vor Liebe zerspringen, wenn sie sehen, wie das Blut nun vollbringt, was das Wasser nicht vermocht hat. Wer könnte hier noch Besseres verlangen? Wer wollte noch zu den Kalkgruben der Welt gehen, zu ihren traurigen, unordentlichen Freuden? In dieser Hitze müssen sich die Steine unserer verhärteten Herzen lösen.

Wie wunderbar hat sich so der Vater in seiner Weisheit und Macht und Güte zu unserm Bauherrn gemacht! – Der Architekt ist es doch, der die eigentliche Arbeit leistet: durch seine geistige Kraft im Bauplan, durch seine Gedächtniskraft, die alles richtig anordnet, durch seinen Verstand und seinen Willen. – Er hat unsere Seele geschaffen und aufgebaut nach seinem Bild und Gleichnis. Wir verloren dann die Gnade durch unsere Sünde. Und siehe, er kam und senkte sich ein in unsere Natur und gab in seinem Sohn uns alles hin. Und machte ihn zum machtvollen Baumeister und Eckstein, machte ihn zum Knecht und Maurer dieses Baus. In seiner unerschöpflichen Liebe gab dieser uns das Leben, mit seinem Blut, diesem Bindemittel, damit es uns an nichts mehr fehle!

Freude und Jubel erfülle uns über einem solchen Baumeister, Maurer und Stein! Er hat uns gemauert mit seinem Blut, so stark, daß weder Teufel noch Welt, weder Himmel noch Gewitter und Sturm diesen Bau erschüttern können, wenn wir nicht wollen. Unser Gedächtnis bewahre diese große Wohltat! Unsere Einsicht erkenne die ewige Liebe und ihre

Güte, die nichts anderes als unsere Heiligung will. Nicht sich selber soll sie anschauen in Eigenliebe, sondern auf die Ehre des Vaters und unser Heil gerichtet sein. Wenn so Gedächtnis und Einsicht das ihre getan, dann wird auch unser Wille nicht mehr an sich halten, dann muß er laufen mit brennendem Eifer, angefacht durch das Feuer der Liebe. Nicht sich selber soll sie anschauen in Eigenliebe, sondern auf die Ehre des Vaters und unser Heil gerichtet sein. Wenn so Gedächtnis und Einsicht das ihre getan, dann wird auch unser Wille nicht mehr an sich halten, dann muß er laufen mit brennendem Eifer, angefacht durch das Feuer der Liebe, um zu lieben, was Gott liebt, und zu hassen, was Gott haßt.

So wird Sie nichts verwirren und nichts das heilige Vorhaben verhindern können. Sie werden vielmehr in Geduld ausharren. Sie sind ja auf Christus, den lebendigen Felsen gegründet. So bitte ich Sie bei der Liebe des Gekreuzigten, wachsen Sie und harren Sie aus in Ihrem heiligen Vorsatz! Lassen Sie sich durch keine Widerwärtigkeiten beirren und abhalten! Seien Sie mir ein starker Fels, der sein Fundament im Leib der heiligen Kirche hat, und suchen Sie immer die Ehre Gottes und die Erhöhung und Erneuerung der heiligen Kirche.

Ich bitte Sie, stellen Sie Ihr Verlangen nicht zurück und Ihre Bemühungen! Drängen Sie den Heiligen Vater zu baldigem Kommen! Und dann soll er nicht länger mehr zögern, die Christenheit zu den Waffen zu rufen und das heilige Kreuz aufzurichten! Lassen Sie sich nicht durch die skandalösen Ereignisse beirren[2]! Bleiben Sie furchtlos und männlich fest und führen Sie bald Ihren heiligen Vorsatz aus! Sie haben von den Schlägen gehört, die Teufel und Menschen Ihnen zugefügt haben! Aber bleiben Sie ein unerschütterlicher Fels in der Kirche Christi! Setzen Sie sich immer für die Wahrheit ein, auch wenn es das Leben kosten sollte! Suchen

[2] Die Fortschritte der antipäpstlichen Liga.

Sie nie sich selbst, sondern immer die Ehre Gottes! Wir haben es lange genug ansehen müssen, wie dem Namen Gottes Schmach zugefügt wurde! Wir müssen endlich bereit sein, das Leben für seine Ehre hinzugeben! Also Eifer, Vater, nicht Lässigkeit! Benützen wir die Zeit, solange sie unser ist! Unsere Arbeit für den Nächsten, unser Lob Gott! Ich hoffe bei seiner Güte, daß Sie das tun werden. Verzeihen Sie also meine Anmaßung! Denn meine Liebe und meine lebhafte Anteilnahme tragen daran die Schuld. Große Freude hat es mir gemacht, daß sich der Heilige Vater die Rückkehr vorgenommen hat und auch die heilige, glorreiche Fahrt, die so sehr von den Dienern Gottes ersehnt wird.

Ich habe auch gehört, daß der Heilige Vater den Generalmagister unseres Ordens zu einer höheren Stelle befördern will. Wenn das wahr ist, verwenden Sie sich, bitte, beim Christus auf Erden, daß er dem Orden einen würdigen Vikar besorgt. Wir haben das so nötig. Sie können sich für Magister Stefan[3] einsetzen, der Ordensprokurator war, während Fr. Raimund am päpstlichen Hofe weilte. Sie kennen ihn wohl als guten und männlichen Charakter. Wenn wir ihn bekommen, hoffe ich, daß durch ihn und die Gnade Gottes der Orden sich wieder erholen wird. Ich habe darüber auch dem Heiligen Vater geschrieben, habe ihm aber keine Namen genannt, sondern nur um einen guten Vikar gebeten, und daß er die Sache mit Ihnen und dem Erzbischof von Otranto besprechen möge. Falls etwa deswegen oder wegen andern kirchlichen Angelegenheiten Fr. Raimund zu Ihnen kommen soll, schreiben Sie ihm. Er wird Ihnen immer zur Verfügung stehen. Weiteres sage ich nicht. Verharren Sie in der heiligen Liebe Gottes. Jesus die Süßigkeit, Jesus die Liebe!

[3] Fr. Stefano della Cumba, Ordensprokurator 1367–1374.

16

AN DEN ERZBISCHOF VON OTRANTO (JAKOB VON ITRI)

Anfangs 1376

Jakob von Itri bei Fondi im Königreich Neapel, 1363 Erzbischof von Otranto, 18. Januar 1376 Titularpatriarch von Konstantinopel, war später während des Schismas überzeugter Anhänger des Gegenpapstes und wurde 1378 von Klemens VII. zum Kardinal erhoben. 1381–1387 wurde er in Neapel gefangengehalten, wo er 1387 im Kerker starb.

Der Brief ist zeitlich und inhaltlich ein Parallelschreiben zum vorhergehenden und zum ersten Brief an Gregor XI.

Im Namen des gekreuzigten Jesus Christus und U. L. Frau, der Gottesmutter!

Liebster, hochwürdiger Vater in Christus Jesus! Ihre unwürdige Tochter Katharina, Dienerin und Magd der Diener Jesu Christi, schreibt Ihnen in Seinem kostbaren Blut.

Ich möchte in Ihnen einen guten Bischof sehen, der Jesus Christus treu ist, ausgestattet mit Erleuchtung und Erkenntnis des Guten. Wie man nachts mit einem Licht nicht anstößt, so kann die Seele, die von Gott erleuchtet ist, nicht sündigen. Denn sie öffnet ihr Auge der Vernunft und achtet nur auf das Beispiel des göttlichen Meisters. Im Willen und Verlangen, ihm zu folgen, wird sie den erkannten Weg mit allem Eifer beschreiten und nicht mehr stillstehen oder sich wieder zurückwenden zum eigenen Ich! Sie erkennt sich selbst in ihren Sünden und Fehlern und weiß, daß sie aus sich selbst nichts ist. Sie weiß um die maßlose Güte Gottes, die ihr all ihr Sein gab. In dieser Erkenntnis muß sie immerdar weilen und zu ihr zurückkehren. Von diesem Weg aus selbstgefälliger Eigenliebe oder aus Gefallen an irgendeinem Geschöpf abgehen: das darf es nicht mehr geben. Denn die wahrhaft erleuchtete Seele kennt diese Abwege nicht.

Hat der Mensch in solcher Selbsterkenntnis die Güte Gottes erfaßt, dann macht er sich auf den Weg, auf alle Wege, die der süße Jesus und die Heiligen gegangen sind. Jesus wird sein Ziel. So mächtig ist sein Verlangen und seine Liebe, auf kürzestem Wege zu seinem herrlichen Ziel zu gelangen, daß er sich um nichts kümmert, nichts fürchtet, ob noch auf dem Wege Dornen und Disteln oder plündernde Räuber lauern. Nichts wird ihn zur Umkehr vermögen. Denn die Liebe hat ihm alle Menschenfurcht hinweggenommen und er folgt nun den Schritten derer, die Christus folgen. Er weiß, daß auch sie Menschen waren wie er, die gleiche Weide und Nahrung hatten wie er, und daß er, wie einst sie, immer noch die gleiche Güte und Freigebigkeit Gottes findet.

Mit diesem Licht und dieser Erkenntnis wünsche ich Sie erfüllt zu sehen, mein Vater, und mit dem überreichen Feuer der Liebe, so daß weder Anhänglichkeiten noch Vergnügungen, noch Ämter und Würden dieser Welt in Ihnen dieses herrliche Licht ersticken, und weder Dornen noch Disteln, noch Räuber Sie von diesem klaren Weg abbringen können. Unser ständiger Spiegel sei das menschgewordene Wort, der eingeborene Sohn Gottes, unsere Richtschnur und unser Weg, das Leben dem schenkend, der ihn geht. Ich möchte nicht, mein Vater, daß Versuchungen und Täuschungen des Bösen Feindes uns daran hinderten. Es sind das die Dornen, die an unserm Wege stehen. Auch nicht die Disteln unseres Fleisches, das ständig wider den Geist sich auflehnt, sollen uns davon abbringen. Dieses Fleisch ist der hartnäckigste Feind, der nie zurückbleibt, sondern Schritt hält! Und schließlich sollen auch nicht die Straßenräuber, die fleischgewordenen Teufel unter den Menschen uns daran hindern. Gar oft stellen sie unsere Liebe und Geduld auf die Probe durch ihr Unrecht und ihre Nachstellungen gegen uns. Manchmal scheinen sie geradezu den Bösen Feind selbst vertreten zu wollen und unsere heiligen und guten Vorsätze zur Ehre Gottes zu Fall zu bringen. Es genügt ihnen nicht, sich selbst ins Unglück zu stürzen. Sie haben es vielmehr auch auf andere abgesehen. Harren wir also männlich aus auf unserm Weg, und fassen wir Mut! Denn im gekreuzigten Christus vermögen wir alles!

Voller Jubel und Freude bin ich, wenn ich an die Schwäche der Feinde denke und an die starke Waffe, die Gott uns gegeben hat. Überlegen Sie wohl, daß weder Teufel noch Welt unsern Willen zur geringsten Sünde zu zwingen vermögen. Der Wille ist eine so ungeheure Kraft, ein Dolch mit zwei Schneiden, Haß und Liebe, so daß es für ihn keinen Gegner gibt, den er nicht vernichten könnte. O unaussprechliche göttliche Liebe, du hast deinen Rittern diese starke Waffe gegeben, zumal deinen Bischöfen, die mehr Schläge aushalten und austeilen müssen als die andern, du hast ihnen diese herrliche Rüstung des Willens gegeben, daß ihnen keine Streiche etwas anhaben können. Denn dieser Wille steht von allen Schlägen wieder auf und weiß sich zu verteidigen. Hüten Sie sich, diese zweischneidige Waffe des Hasses und der Liebe dem Feinde zu übergeben! Unsere ganze Rüstung würde dadurch wertlos. Denn gerade an ihrer stärksten Stelle würde sie schadhaft werden. Weder Teufel noch Welt kann mich bezwingen, außer mit meiner eigenen Waffe. Mit ihr vermag ich sie zu töten. Liefre ich sie ihnen aus, so töten sie mich. Wer vernichtet Laster und Sünde? Nur der Haß und die Liebe! Mein Abscheu dagegen und meine Liebe zur Tugend, zu Gott. Der Böse Feind und die Sinnlichkeit wollen das umkehren und dir Haß gegen die göttlichen Dinge und Liebe zur Sinnlichkeit einpflanzen. Sie werden nichts vermögen, wenn der Wille ihnen nicht den kleinen Finger reicht. Täte er es, es käme dem Selbstmord gleich! Wir müssen also erwägen, wie sehr dies Gott mißfiele und uns zum Schaden gereichte. Sie sind aber auch Bischof, mein Vater! Es wäre also nicht nur Ihnen zum Schaden, sondern auch Ihren Untergebenen. Für jedes Werk, das Sie für die heilige Kirche zu leisten haben, wäre dies ein Hindernis.

Also auf, nicht mehr schlafen! Hoch das Banner des heiligen Kreuzes! Betrachten wir das wunde Lamm, am ganzen Leibe blutend für uns! O milder Jesus, was hat dich zu diesem Übermaß gedrängt? Die Liebe zu uns und der Abscheu vor der Sünde! Sein Blut, vermischt mit dem Feuer seiner Liebe, hat er uns dargereicht. Dieser Baum sei unser Halt! Mit dem Herrn laßt uns seinen Weg gehen! Wir haben wahrhaftig Grund zur Freude! Denn all unsere Feinde sind schwach und krank geworden durch den süßen Sohn Marias, den eingeborenen Sohn Gottes. Der Böse Feind ist machtlos geworden. Seine Herrschaft über den Menschen kann er nicht mehr aufrechterhalten, er hat sie verloren. Unser Fleisch, das der Sohn Gottes annahm, wurde gezüchtigt mit Peinen, Schande, Schmach und Hohn. Wenn die Seele das betrachtet, kann sie nicht anders, als den Aufstand des Leibes zügeln und unterdrücken. Und der Mitmenschen Lob und Unrecht gegen uns verliert an Bedeutung, wenn wir an den starken Jesus denken, den nichts, weder Unrecht noch Undank noch Lockungen vom Gehorsam abhielten, zur Ehre des Vaters und zu unserer Rettung. So wird die Ehre der Welt bezwungen werden im lebendigen Verlangen nach der Ehre Gottes.

Beschreiten auch Sie diesen Weg, voll Hunger nach den Seelen! Und lernen Sie am Beispiel des Guten Hirten, der sein Leben dahingab für seine Schafe. Seien Sie eifrig im Wirken für die Ehre und die Erhöhung der heiligen Kirche. Fürchten Sie keine Gegenwirkung, keine zukünftigen Widerwärtigkeiten! Es sind nur Täuschungen des Bösen Feindes, um heilige Vorsätze zu Fall zu bringen! Mut! Und machen Sie auch unserm Heiligen Vater Mut! Fürchten Sie sich nicht vor Kleinigkeiten, sondern handeln Sie männlich! Stehen Sie nicht still, sondern lassen Sie mich hören und sehen, daß Sie dort [in Avignon] eine feste Säule sind, die kein Sturm umwerfen kann! Setzen Sie sich kühn und furchtlos für die Wahrheit ein, für die Ehre Gottes und die Erneuerung der heiligen Kirche! Wir haben nur ein Leben! Hunderttausendmal sollte man es hingeben dürfen, in alle Mühen und Qualen, in der Liebe zu Christus, der im Feuer seiner Liebe nicht mehr sich, sondern nur die Ehre des Vaters und das Heil der Seelen erblickte. Mehr will ich nicht sagen, mein Vater! Denn ich fände sonst kein Ende! (...)

17

AN DEN HERZOG (LUDWIG) VON ANJOU,
nachdem er am Tage zuvor ein großes Bankett veranstaltet hatte, bei dem eine Mauer einstürzte und mehrere Personen ums Leben kamen.

August/September 1376

Ludwig von Anjou, Bruder Karls V. von Frankreich, hielt sich schon seit mehreren Wochen in Avignon auf, um den Widerstand der französischen Kardinäle gegen die Abreise des Papstes zu stärken. Mit dem Papst verband ihn eine langjährige Freundschaft. Schon in früheren Jahren hatte er sich an seinem Hof aufgehalten, in der Hoffnung, durch den Papst irgendwo ein selbständiges Fürstentum zu erhalten.

In Avignon lernte er die begnadete Jungfrau aus Siena kennen. Sie durchschaute bald seine Schwächen, seine Prunksucht und seinen politischen Ehrgeiz und suchte ihn für die Führung des Kreuzzuges zu gewinnen. Sie nimmt einen Unglücksfall im Palast Anjou zum Anlaß, um dem Prinzen behutsam ins Gewissen zu reden und ihm höhere Ideale zu zeigen. Für Katharina ist das Unglück ein Ruf Gottes an den Prinzen, das heilige Kreuz zu nehmen. Ludwig gab offenbar seine Zustimmung (vgl. oben Brief 5, S. 46); ob aufrichtig, sei dahingestellt.

Zur Zeit des zwei Jahre später ausbrechenden Schismas stellte sich der Prinz auf die Seite des Gegenpapstes und wurde von Johanna von Neapel als Erbe ihres Reiches ausgerufen als Gegenspieler gegen den Kandidaten Urbans VI., Karl von Durazzo.

Im Namen des gekreuzigten Jesus Christus und U. L. Frau!

Teuerster Herr und Bruder in Christus Jesus! Ich, Katharina, Dienerin und Magd der Diener Jesu Christi, schreibe Ihnen in Seinem kostbaren Blut.

Ich möchte, daß Ihr Herz so sehr ans Kreuz geheftet wäre, daß in Ihnen das Verlangen übergroß würde und Sie bald voller Eifer und Bereitschaft das Kreuzzugsbanner aufpflanzen wollten. Wenn Sie das Gotteslamm betrachten, sterbend und sich verzehrend in Liebe am Kreuz, um Ihnen an Stelle des Todes das Leben der Gnade zu schenken, dann muß doch dieses heilige Gedenken in Ihnen die Sehnsucht nach baldiger Tat entflammen und in Ihrem Herzen alle ungeordnete Anhänglichkeit und Eitelkeit der Welt in Zügel legen. Diese Vergnügen vergehen ja wie der Wind, sie lassen nur Tod in der Seele zurück und führen zum ewigen Verderben, wenn man sich nicht im letzten Augenblick noch bekehrt. So ein Mensch beraubt sich durch seinen Fall der Anschauung Gottes und verschafft sich Anblick und Umgang der Teufel.

Es ist nur gerecht, daß, wer das unendliche Gut beleidigt, unendliche Strafe erleiden muß. Ich sage das von jenen, die ihr ganzes Leben in Vergnügungen und in Saus und Braus zubringen, die ihre Ehre in Gastereien und Verschwendung suchen, die ihr ganzes Vermögen dafür hinauswerfen, während die Armen vor Hunger sterben. Nichts anderes haben sie im Sinn als reichen Tisch mit zahllosen Gängen, schönem Geschirr, kostbaren Tafeln und seltenen, kostspieligen Gewändern. Und sie kümmern sich nicht um die arme Seele, die vor Hunger stirbt. Man nimmt dieser ihre Nahrung, die Tugenden, die heilige Beicht, das Wort Gottes, das fleischgewordene Wort, den eingeborenen Sohn Gottes, dessen Spuren wir doch in Verlangen und Liebe folgen müßten, um nach seinem Beispiel die Tugenden zu lieben und das Laster zu hassen, die Ehre Gottes zu suchen und unsere und der andern Erlösung. Nicht vom Brote allein lebt der Mensch, sondern vom Worte Gottes, sagt Christus [Lk 4,4].

Ich will deshalb, lieber süßer Bruder und Herr in Christus Jesus, daß Sie mit männlicher Kraft dem Worte folgen, dem gekreuzigten Christus. Lassen Sie sich nicht täuschen durch die Welt und Ihre jugendliche Kraft. Wollten wir der Welt folgen, so würde für uns das Wort gelten, das Christus zu den Juden sprach: «Sie gleichen übertünchten Gräbern, nach außen schön und voller Schmuck, innen aber voll von verfaultem Gebein und Totengestank[1]» [Mt 23,27]. Wie treffend sagt das die göttliche Wahrheit! Es ist die Wirklichkeit! Nach außen schön geschmückt füllen sie Herz und Gemüt mit diesen nichtigen und toten Dingen, die nur Moder und Ekel zeugen in Seele und Leib. Ich hoffe aber von der Güte Gottes, daß Sie alles tun, Ihr Leben so einzurichten, daß dies nicht von Ihnen gilt. Nehmen Sie deswegen in brennender Liebe das Kreuz! An ihm wurde der ewige Tod besiegt, und in ihm haben wir das Leben. Die gleiche Wirkung wird es bei Ihnen haben. In der Erhebung des Kreuzesbanners werden sich all Ihre Sünden aufheben. Und Gott wird Ihnen sagen: «Komm, mein geliebter Sohn, du hast für mich Mühen ertragen. Ich werde dich trösten und werde dich zur Hochzeit des ewigen Lebens führen, wo Sättigung herrscht ohne Ekel und der Hunger ohne Pein ist und die Liebe ohne Verirrung[2].» Nicht wie bei den Hochzeitsmählern und Gastmählern dieser Welt, die nur Ausgaben bringen und keinen Gewinn. Wo der Mensch um so leerer bleibt, je mehr er sich vollstopft, und wo Trauer auf die Freude folgt.

Sie haben es ja selbst vorgestern erfahren, wie Sie festlich ein Prunkmahl bereitet haben und es Ihnen in lauter Bitterkeit ausging. Das ließ Gott in seiner großen Liebe zu. Er wollte

[1] Wörtlich: voller Totengebeine und Unreinheit.

[2] Ein Gedanke aus Augustins Med. super Psalmos, Ps 27.

Ihnen und Ihren Gästen kundtun, wie eitel unsere Vergnügen sind, und zeigen, daß ihm die Handlungen, Worte, Kleider, Sitten und Unterredungen bei diesem Anlaß nicht gefielen.

Ich fürchte, daß unsere übergroße Torheit uns nicht zum Überlegen dieses Gottesgerichtes kommen läßt. Ich sage Ihnen im Namen des Gekreuzigten, Sie sollen den gestrigen Tag immer im Gedächtnis behalten, damit Sie Ihr Leben in Ordnung bringen in der Kraft und Furcht Gottes und nicht das Gegenteil tun. Nur Mut! Ich hoffe von der Güte Gottes, daß Sie es tun werden. Lassen Sie sich durch diesen Vorfall nicht in Trauer und Verbitterung bringen. Er sei vielmehr eine heilsame Strafe, die zur heiligen Selbsterkenntnis führt. Er sei Ihnen ein milder Zügel, der in Ihnen alle ungeordnete Eitelkeit dämpft. Wie bei einem Pferd, das man im Zaume hält, damit es nicht aus der Rennbahn springe.

Auf, mein lieber Sohn in Christus Jesus, erfassen Sie das heilige Kreuz! Gott ruft Sie, geben Sie ihm Antwort, und Sie werden seinen Willen und meine Wünsche erfüllen. Deswegen sagte ich Ihnen anfangs, ich möchte Ihr Herz und Ihr Verlangen ans Kreuz geheftet sehen. Tun Sie Ihren heiligen Willen öffentlich kund, bevor der Heilige Vater von Avignon wegzieht. Je bälder, desto besser ist es für Christen und Ungläubige. Also rasch, ohne weiteres nachlässiges Zögern. Besser, es fehlt einem die Zeit zu weltlichen als zu geistlichen Dingen. Und gar zu diesem heiligen Werk, das Gott in Ihre Hände gelegt hat. Machen Sie sich dessen würdig. Mehr sage ich nicht. Bedenken Sie, Ew. Gnaden, daß Sie nicht wissen, wann Sie sterben müssen. Verharren Sie in der heiligen Liebe Gottes und verzeihen Sie meine Anmaßung! Jesus die Süßigkeit, Jesus die Liebe!

18

AN NIKOLAUS VON OSIMO

1. Hälfte (?) 1377

Dieser Brief kreist um das Anliegen der Kirchenreform. Über Nikolaus von Osimo vgl. man den früheren Brief Nr. 15. Der uneigennützige Prälat am päpstlichen Hof ging ganz auf im Dienst der Kirche. Zeiten der Entmutigung an dieser dornenvollen Arbeit kamen über ihn. Bei einer solchen Gelegenheit ist dieser Brief der Ermutigung zur Arbeit für die heilige Kirche entstanden.

Im Namen des gekreuzigten Jesus Christus und U. L. Frau!

Teuerster und hochwürdigster Vater in Christus Jesus! Ich, Katharina, Dienerin und Magd der Diener Jesu Christi, schreibe Ihnen in Seinem kostbaren Blut.

Ich wünsche in Ihnen eine feste Säule zu sehen, durch nichts verrückbar, außer durch Gott. Weichen Sie Ihrer Arbeit am mystischen Leib der heiligen Kirche, der holden Braut Christi, nicht aus. Verweigern Sie dieselbe nicht! Weder wegen Undank und Unwissenheit derer, die sich in ihrem Garten mästen, noch wegen des Ekels, der uns überkommt beim Anblick der Unordnung in der Kirche. Denn nicht selten überkommt den Menschen Ekel und Traurigkeit, wenn trotz seiner aufreibenden Mühe die Dinge nicht den erwünschten Weg nehmen. Dann kommen einem Bedenken, und man sagt sich: Es ist doch besser, du läßt die Hände davon. So lange hast du daran gearbeitet, und noch ist kein Ende abzusehen. Suche lieber den Frieden und die Ruhe deiner Seele! Da muß sich die Seele kraftvoll entgegenstemmen mit ihrem Hunger nach der Ehre Gottes und dem Heil der Seelen, auf das eigene Glück verzichten und sich sagen: Ich will der Mühe nicht aus dem Wege gehen, da ich der eigenen Ruhe noch gar nicht würdig bin. Nein, ich will ausharren in meiner Berufung und in Mühsal Gott die Ehre geben und dem Nächsten meine Mühen! Hier und da versucht es indessen der Böse Feind, uns Ekel an unserm Wirken einzuflößen, indem er von unserer Sehnsucht nach seelischer Stille ausgeht und uns dann sagen läßt: Ich sündige ja eher dabei, als daß ich Gutes tue! Aus diesem Grunde, um nicht zu sündigen, nicht aus Feigheit vor den Mühen, möchte ich mich so gerne zurückziehen! O lieber Vater, geben Sie solchen Gedanken, die Ihnen der Böse Feind ins Herz gibt, keinen Raum! Geben Sie sich in Fröhlichkeit, in einer heiligen und unbändigen Sehnsucht den Mühen hin, ohne jede knechtische Furcht.

Fürchten Sie nicht, hierin Gott zu beleidigen. Denn die Sünde besteht ja im ungeordneten bösen Willen. Wenn er nicht auf Gott hingeordnet wäre, ja dann! Wenn auch die Seele das heilige Offizium und die Psalmen nicht beten kann und dieses Trostes entbehrt, oder sie nicht in der gewünschten Ruhe beten kann, so ist ja die Zeit nicht verloren, sie ist ja auch für Gott verwendet. Sie dürfen sich also deswegen nicht beunruhigen, zumal da Sie sich plagen im Dienste der Braut Christi. Auf welche Weise wir uns auch abmühen für sie, immer ist das so verdienstvoll und Gott gefällig, daß wir es uns gar nicht vorstellen können.

Ich erinnere mich, bester Vater, an eine Dienerin Gottes[1], der Gott offenbarte, wie sehr ihm ein solches Wirken wohlgefällig sei. Ich sage Ihnen das, damit Sie wieder Mut schöpfen zum mühevollen Wirken für die Kirche. Diese Dienerin Gottes hatte einmal, soweit ich weiß, übergroße Sehnsucht, Blut und Leben hinzugeben und sich ganz aufzuzehren für die Braut Christi, die Kirche. Sie betrachtete mit ihrem Verstand, daß sie aus sich nichts sei, und sie erkannte die Güte Gottes, daß Gott ihr das Sein aus Liebe schenkte und überdies noch all die Gnaden und Gaben. Als sie diese abgründige Liebe Gottes verkostete, sah sie keine

[1] Katharina selbst.

andere Möglichkeit, Gott zu danken, als durch Liebe. Vorteile konnte sie ihm keine bieten. Wie sollte sie da ihre Liebe beweisen? Sie überlegte und suchte, ob sich nicht ein Mittel fand, ihre Liebe zu zeigen. Und sie sah, daß Gott sein vernunftbegabtes Geschöpf aufs innigste liebt. Ich und die andern, wir alle sind von Gott geliebt. Siehe, da lag das Mittel, Gott ihre Liebe zu beweisen und ihm von Nutzen zu sein. Von da ab entbrannte sie in der Liebe zum Nächsten, so daß sie gerne ihr Leben für seine Rettung hingäbe. Was sie Gott nicht bringen konnte, brachte sie dem Nächsten. Über den Mitmenschen ging also der Weg und die Antwort an Gott. Das hatte sie erkannt. So konnte man seine Liebe vergelten. Wie Gott über seinen Sohn, das Wort, uns seine Liebe und Barmherzigkeit kundgab, so wird der Mensch Gott wohlgefällig durch das Verlangen nach dem Heil der Seelen, Gott die Ehre gebend, dem Mitmenschen die Arbeit und Mühe. Und sie sah auch, in welchem Garten und an welcher Tafel man den Nächsten kosten müsse.

Denn unser Heiland offenbarte ihr: «Geliebte Tochter, im Garten meiner Braut mußt du ihn essen und an der Tafel des heiligen Kreuzes, d.h. in Pein und Kreuz, in Wachen und Beten und jeglichem Opfer, mit Meidung jeder Nachlässigkeit. Und wisse, du kannst nicht Verlangen nach dem Heil der Seelen verspüren, wenn du es nicht zur heiligen Kirche hast. Denn sie ist der universale Leib aller Menschen, die am Lichte des heiligen Glaubens teilnehmen. Sie können nicht das Leben besitzen, wenn sie meiner Braut nicht gehorchen. Du mußt deshalb danach verlangen, daß alle Menschen, Christen und Ungläubige, in diesem Garten weiden unter dem Joch des heiligen Gehorsams, bekleidet mit dem Licht des lebendigen Glaubens, d.h. mit guten Werken. Denn «der Glaube ohne Werk ist tot»[2]. Nach diesem universalen Leib also muß man hungernd verlangen. Ich will deshalb, daß du

[2] Vgl. Jak 2,17.

dieses hungernde Verlangen in dir mehrst und bereit bist, dein Leben hinzugeben für den mystischen Leib der heiligen Kirche, für die Reform meiner Braut. Denn aus ihrer Reform wird der ganzen Welt Nutzen erwachsen. Durch Finsternis und Unwissenheit, durch Selbstsucht, Ausschweifungen und aufgeblähten Stolz hat sie gezeugt und zeugt immer noch Finsternis und Tod in den Seelen der Gläubigen. Ich lade deshalb dich und alle meine andern Diener ein, sich zu verzehren in Sehnsucht, in Wachen und Beten und sonstigen Opfern. Dieser mühevolle Dienst für die Kirche ist mir so wohlgefällig, daß ich ihn nicht nur bei meinen Dienern belohne, die ihn mit heiliger Absicht leisten, sondern auch bei den Weltleuten, die diesen Dienst meistens aus selbstsüchtigen Gründen verrichten, wenn sie es nur in Ehrfurcht vor der heiligen Kirche tun. Alle, die ihr in Ehrfurcht dienen, werden belohnt werden und den ewigen Tod nicht schauen. Wer aber meine Braut beleidigt und ihr nicht in Ehrfurcht dient, den werde ich auf jeden Fall strafen, so oder so.»

Als die Dienerin Gottes diese Größe und Weite der Güte Gottes sah und begriff, was man zu seinem größeren Wohlgefallen tun muß, wuchs in ihr das sehnsüchtige Feuer so an, daß sie womöglich Tag für Tag tausendmal das Leben für die heilige Kirche hingeben möchte bis zum Jüngsten Gericht, und es scheint ihr, daß das immer noch weniger wäre als ein ins Meer gegossener Tropfen Wein.

Und so ist es tatsächlich. Ich will daher, daß Sie wie früher sich diesen Mühen für die Kirche hingeben. Seien Sie eine Säule, diese Braut zu stützen und ihr zu helfen! So sollen Sie, wie gesagt, feststehen. Weder Erfolg noch Mißerfolg sollen Sie von der Stelle bringen. Auch wenn die vielen widrigen Winde kommen, die sich denen entgegenwerfen, die auf dem Wege der Wahrheit wandeln, dürfen wir nie auch nur im geringsten den Kopf zurückwenden. So also, als eine solche starke Säule möchte ich Sie sehen. Auf denn, lieber und bester Vater! Es ist Zeit für uns, Gott die Ehre zu geben und seiner

Braut unsere Arbeit. Ich bitte Sie bei der Liebe zum Gekreuzigten, bitten Sie den Heiligen Vater, er möchte doch jedes nur irgend mögliche Mittel ergreifen unter Wahrung seines Gewissens, um die Kirche zu reformieren und diesen furchtbaren Krieg [mit Florenz], der zum Schaden so vieler Seelen ausschlägt, zu beendigen. Nicht mit Lässigkeit soll er daran gehen, sondern mit aller Sorgfalt. Denn über jedes Versagen und jede mangelnde Sorgfalt wird Gott harte Rechenschaft fordern und von ihm die Seelen verlangen, die deswegen verlorengehen. Empfehlen Sie mich ihm! Ich bitte demütig um seinen Segen. Mehr sage ich nicht. Verharren Sie in der heiligen Liebe Gottes! Jesus die Süßigkeit, Jesus die Liebe!

19

AN BR. RAIMUND VON CAPUA VON DEN PREDIGERBRÜDERN

Anfangs 1378 (?)

Über Raimund vgl. die Einführung S. 13. An ihn sind 17 Briefe gerichtet; Raimund steht damit an der Spitze der Empfänger.

Ein Brief der Herzenssehnsucht nach kirchlicher Erneuerung. Dieses kurze Schreiben an ihren Beichtvater sei hier wiedergegeben als Beispiel für den Ansatzpunkt der «Politik» der Heiligen und ihr spontanes Herauswachsen aus der religiösen Glut ihres Herzens.

Im Namen des gekreuzigten Jesus Christus und U. L. Frau!

Teuerster Vater in Christus Jesus! Ich, Katharina, Dienerin und Magd der Diener Jesu Christi, schreibe Ihnen in Seinem kostbaren Blut.

Ich wünschte in Ihnen ein Gefäß der Liebe zu sehen, so daß Sie mit brennendem Eifer die Wahrheit verkünden und das

Wort Gottes in jede Seele säen. In besonderem Maß gilt das aber für den Augenblick bezüglich des Heiligen Vaters. Auf, mein Vater und meine teuren Söhne! Seid Herolde, arm, aber erfüllt vom Reichtum des Glaubens und der Hoffnung und der Kraft der Liebe! Ich erinnere Euch an das Wort der süßen Urwahrheit: «Du wirst deine Söhne wie Lämmer mitten unter die Wölfe senden [vgl. Mt 10, 16]. Sie sollen sich nicht fürchten. Denn ich bin mit ihnen! Wenn menschliche Hilfe zu schwinden droht, die göttliche wird immer mit ihnen sein!» O mein Vater und meine Söhne, wer möchte andere Liebe und anderen Trost? Wer wird da furchtsam werden? Nur wer kein Vertrauen kennt, aber nicht wer vor Hunger nach der Ehre Gottes und dem Heil der Seelen stirbt und sich verzehrt im Feuer der göttlichen Liebe, wer im Blut des sterbenden Lammes gewaschen, ertränkt und umgewandelt ward.

Ach ich Unselige! Ich sterbe und kann doch nicht sterben! Mein Herz zerteilt sich, meine Gebeine bersten, da noch keine Erfüllung der Sehnsucht naht! Selbst wenn die göttliche Wahrheit jetzt wieder Blüten sprossen läßt, mir wäre doch noch nicht geholfen. Man lebt ja nicht von Blüten, sondern von den Früchten. Ich sage Euch, helft mir Unglücklichen, ich sterbe vor Hunger! Bittet die göttliche Wahrheit, daß sie nicht mehr zögere, uns Früchte zu schenken! Mehr sage ich nicht! Verharrt in der heiligen Liebe Gottes! Jesus die Süßigkeit, Jesus die Liebe!

II. BRIEFE ZUR ZEIT URBANS VI.

Am 27. März 1378 starb Gregor XI., der letzte Franzose auf dem päpstlichen Thron. Die Zukunft für die Kirche war düster. Das mehrheitlich französische Kardinalskollegium war in Rom und ganz Italien aufs gründlichste verhaßt. Die nationalen Leidenschaften gingen hoch. Im römischen Volk gärte des gewaltig. Man verlangte einen Römer oder wenigstens einen Italiener. Konnte da bei den nationalen Gegensätzen zwischen Kardinalskollegium und Volk eine freie und gültige Wahl zustande kommen? Gregors letzte Tage waren deshalb von düsteren Ahnungen einer kommenden Katastrophe erfüllt. Der berühmte Gerson behauptete später auf Grund von Augenzeugenberichten, der Papst habe auf dem Sterbebett seine Rückkehr nach Rom bereut, weil er das drohende Schisma vorausgesehen und es durch ein Bleiben in Avignon hätte verhindern können. Er habe es sogar laut beklagt, daß er sich durch Personen, die unter religiösem Schein angebliche Visionen vorgebracht hätten, zur Rückkehr nach Rom habe bestimmen lassen. Gemeint war damit Katharina. Bei der Verstimmung Gregors gegen Katharina wären solche Äußerungen des Papstes auf dem Sterbebett wohl möglich gewesen. Ob sie wirklich ausgesprochen wurden, dürfte schwerlich festzustellen sein.

Der *äußere Ablauf* der Geschehnisse muß hier etwas ausführlich dargelegt werden, da Katharina in ihren Briefen immer wieder darauf zu sprechen kommt, sie aber als unbedingte Anhängerin Urbans VI. etwas einseitig sieht. Am Abend des 7. April 1378 beginnt das Konklave mit Tumult und gewaltsamem Einbruch von Banden in die Sitzungsräume. Mit Mühe werden die Eingänge zugemauert. Draußen tobt der Sturm indessen weiter. Am nächsten Tag geht unter Lärm und Sturmgeläute die Wahl vor sich. Man einigt sich noch am Morgen auf einen Italiener, der nicht Mitglied des Kollegiums war: Bartholomäus Prignano, Erzbischof von

Bari, Vizekanzler für Italien. Dann begeben sich die Kardinäle in die Kapelle zur Publikation der Wahl.

Die Umstände bei der Erhebung Urbans VI. werfen die bedeutsame Frage auf: War diese Wahl *frei* und damit *gültig?* Oder stand sie unter dem Zwang schwerer Furcht, die allein die französischen Kardinäle zu einer italienischen Kandidatur bewog? Die Geschichtsforschung, katholische wie nichtkatholische ist sich noch heute über diese Frage nicht einig. Eines steht fest: die Dinge liegen nicht so einfach, wie Katharina und die Ihrigen sie sehen wollten.

Vor der Publikation der Wahl Prignanos kam es noch zu einem aufregenden Intermezzo. Die bewaffnete Volksmenge drang ins Konklave ein mit dem Geschrei: «Wir wollen einen Römer.» In ihrer Todesangst verfielen einige Kardinäle auf einen sonderbaren Ausweg: sie stellten der Menge den alten Kardinal von St. Peter, den Römer Tebaldeschi als gewählten Papst vor und inthronisierten ihn unter allgemeinem Tumult. Die Kardinäle benutzten die Verwirrung zu schleuniger Flucht. Die Wahrheit kam aber dann bald an den Tag, und das Volk beruhigte sich endlich auch über die Wahl Prignanos.

Aus dieser unwürdigen Szene, der Erstürmung des Konklaves durch die wütende Volksmenge und der Scheinerhebung des alten Tebaldeschi durch einige seiner Kollegen, die in der unmittelbaren Todesgefahr den Kopf verloren, haben schon Katharina und alle späteren Anhänger Urbans bis herauf zu Pastor und andern Historikern den Hauptbeweis für die Gültigkeit der Wahl Urbans ableiten wollen. Hier sei es ja deutlich geworden, wen man unter Zwang wählte und wen nicht. Aber über Gültigkeit oder Ungültigkeit des ersten Wahlaktes ist durch die Farce des zweiten gar nichts entschieden. Er muß für sich betrachtet und beurteilt werden. Gegen seine Freiheit sprechen objektive, äußere Gründe.

Es besteht kein Zweifel: hätten die Kardinäle in den nächsten Tagen nach der Wahl protestiert und sie für nichtig erklärt, so hätte keine ernsthafte Schismafrage, weder für die

Zeitgenossen noch für die spätere Forschung bestanden. Die Berechtigung eines solchen Schrittes hätte auf der Hand gelegen.

Aber es geschah wochen- und monatelang nichts dergleichen. Jeder tat so, als ob Urban rechtmäßig gewählt sei. Ein Punkt, auf den Katharina in ihren Briefen immer wieder zurückkommt. Die spätere Erklärung des Kardinalskollegiums, auch diese Anerkennung sei unter Zwang geschehen, ist eine Ausrede voller Unglaubwürdigkeit. Diese Monate nach der Wahl waren ein ausgesprochener «consensus tacitus». Bis weit in den Juli hinein haben die Kardinäle durch mancherlei Akte, darunter die Papstkrönung, der Teilnahme an Konsistorien und sonstigen Regierungshandlungen, besonders aber durch eine Menge von Bitten um Benefizien und andere Gnadenerweise ihre Anerkennung des neuen Papstes praktisch und tatsächlich zum Ausdruck gebracht. «Diese Handlungen können in keiner Weise mehr durch Furcht und Zwang erklärt oder entschuldigt werden. Alles was die Kardinäle später diesbezüglich vorbrachten, kann man nur als peinliche Ausreden werten, die oft ein beschämendes Maß von Verantwortungslosigkeit und Leichtfertigkeit aufdekken» (Seidlmayer II, 223). «Hier und nicht in der Wahl des 8. April liegt Urbans Rechtsanspruch auf die Tiara unanfechtbar verankert», so wird man heute zusammenfassend mit Michael Seidlmayer urteilen müssen.

Wer allerdings im Rechtsformalismus befangen war, und dieser war damals der gewöhnliche Standpunkt, konnte wohl sagen: der Wahlakt war wegen schwerer äußerer Furcht ungültig; gültig würde er nur durch einen neuen formellen und freien *Wahlakt*. Dieser sei aber erst im September in Fondi geschehen und habe bekanntlich zur Wahl Klemens' VII. geführt. Auf diesen formalistischen Rechtsstandpunkt stellten sich fast alle Kardinäle, mit der Zeit sogar alle. Ob freilich mit innerer Überzeugung oder nicht, ist eine andere Frage. Peter von Luna, der spätere Gegenpapst Benedikt

XIII., war jedenfalls von der Rechtmäßigkeit dieses Standpunktes überzeugt und auch andere mit ihm. Der hl. Vinzenz Ferrer hat sein Leben lang diesen Standpunkt verteidigt. Und in einem formalistisch denkenden Zeitalter, wie es das 14. Jahrhundert war, mußte das gewaltigen Eindruck machen und hat das dem Gegenpapst tatsächlich auch großen Anhang zugeführt. Aber die monatelange faktische Anerkennung Urbans kann nicht aus der Welt geschafft werden. Die Furcht-Theorie ist für diese Zeitspanne auf keinen Fall aufrechtzuerhalten. Die Präsumption stand jedenfalls für Urban, mag der eigentliche Wahlakt gültig gewesen sein oder nicht. Um des formalen Rechtes willen haben die Kardinäle eine furchtbare Lage für die Kirche geschaffen.

Das ist es, was *Katharina* in ihrem tiefen Schmerz über die Zerfleischung der Kirche den Kardinälen nie verzeihen und was sie in all ihren Briefen bis zu ihrem Tod in die Welt hinausrufen wird. Den starren formalistischen Gesichtspunkt des Kardinals Luna und vieler anderer kann sie nie begreifen, noch daß man reinen Gewissens auf der Seite des Gegenpapstes zu stehen vermag, weil sie in ihrem innigen Leben mit der Kirche nie begreifen kann, daß man wegen bloßem Rechtsformalismus den Leib Christi so furchtbar zerreißt. Das Leben der Kirche, nicht ein totes Recht war ihr Anliegen.

Der weitere Ablauf der Dinge mag hier noch kurz umrissen werden. Im Verlauf des Juni verlassen die französischen Kardinäle einer nach dem andern «aus Gesundheitsrücksichten» Rom; am 26. Juli auch die drei italienischen Kardinäle, der vierte, Tebaldeschi, liegt im Sterben. Am 9. August 1378 versammeln sich dreizehn ultramontane Kardinäle in Anagni zur Ungültigkeitserklärung der Wahl Urbans. Am 20. September wählen sie in Fondi den Kardinal Robert von Genf zum Gegenpapst unter stillschweigendem Zusehen der drei italienischen Kardinäle. Erst kurz vorher, am 17. September, waren die viel zu späten Kardinalserhebungen Urbans erfolgt (29 neue Kardinäle, davon drei Franzosen).

Bald kommt es zwischen den beiden Lagern zu Kriegshandlungen. In Rom wird die Engelsburg belagert, die sich am 30. April 1379 Urban ergeben muß. Am gleichen Tag siegt der Feldherr Urbans, Alberich von Balbiano, bei Marino über das Heer des Gegenpapstes. Klemens flieht nach Neapel und von dort im Juni nach Frankreich. Auf beiden Seiten setzt bei den Mächten eine rege Werbetätigkeit ein. Katharinas Briefe haben dabei Urban VI. unschätzbare Dienste geleistet. Daß sie schon nach einem Jahr, am 30. April 1380, sterben mußte, war ein schwerer Verlust für dessen Sache. Noch über 35 Jahre sollte der furchtbare Zwiespalt die Kirche verwüsten, bis endlich durch das Konstanzer Konzil die Erlösung kam (1414–1417).

20

AN URBAN VI.,

«indem sie ihm gleichzeitig fünf goldgelbe, eingemachte Pomeranzen übersandte».

Mitte August 1378

Ein Trostbrief für Urban VI., um ihn zu bestärken in geduldigem Ausharren. Sie vergleicht ihn mit dem leidenden Christus. All das lasse Gott über ihn kommen, weil er das auserwählte Werkzeug Gottes zur Reform der Kirche sei.

Im Namen des gekreuzigten Jesus Christus und U. L. Frau!

Heiligster, bester Vater in Christus Jesus! Ich, Katharina, Dienerin und Magd der Diener Jesu Christi, schreibe Ihnen in Seinem kostbaren Blut.

Ich wünschte von Ihnen alle Bitterkeit genommen zu sehen und alle Betrübnis und Pein. Nur jene süße Pein möge Ihnen bleiben, die die Seele nährt und stärkt, weil sie hervorgeht aus dem Feuer der göttlichen Liebe. Mit andern Worten: die Pein des Schmerzes und der Bitternis über unsere Schuld und über die Entehrung Gottes, wie sie überall in der Christenheit und im mystischen Leib der heiligen Kirche geschieht. Und über die Verdammnis der Ungläubigen, die doch auch erlöst sind wie wir durch das Blut Christi – zu dem Sie, heiligster Vater, die Schlüssel besitzen –, sich aber in der Gewalt des Satans befinden. Das ist die Pein, die die Seele nährt in der Ehre Gottes und sie speist an der Tafel des heiligen Kreuzes mit der Speise der Seelen und sie stärkt, indem sie ihr die Schwäche der Selbstsucht nimmt, die die Seele verbittern und verkümmern läßt, der Liebe beraubt und sich selbst unerträglich macht! Aber wer in sich jene süße Bitternis trägt, verjagt das Bittere, da er nicht sich selbst sucht, sondern sich und die Geschöpfe in Gott, ohne Eigennutz und Eigenliebe. Er sucht Gott wegen seiner unendlichen Güte, die es verdient, von uns geliebt zu werden.

Und wie kommt der Mensch zu dieser herrlichen Vollendung? Durch Erleuchtung! Denn dann sieht er mit dem geistigen Auge die Wahrheit des Kreuzes und liebend kostet er dessen Lehren. Das ist dann sein Gewand: er folgt dem Gekreuzigten, um allein die Ehre Gottes und das Heil der Seelen zu suchen. Wie es die Wahrheit einst selbst tat und für die Ehre Gottes und unser Heil eilends zum schmachvollen Tod am Kreuze lief in solcher Demut und Geduld, daß man ihren Schmerzensruf nicht hörte in all dem Geläster. Und so brachte sie der Menschheit das Leben wieder. Es scheint, heiligster Vater, daß die ewige Wahrheit aus Ihnen einen zweiten Christus machen will, weil erstens Sie sein Stellvertreter, Christus auf Erden, sind und dann weil er will, daß Sie in bitterem Erdulden seine und Ihre süße Braut reformieren sollen, die so lange Zeit leblos gewesen ist. Nicht daß sie an sich selbst eine Todeswunde erleiden oder des Feuers der göttlichen Liebe beraubt werden könnte, wohl aber ihre Glieder, die sich an ihrer Brust nähren und durch ihre Laster sie bleich und krank gemacht haben. Ausgesaugt haben sie ihr das Blut hinterrücks mit ihrer Selbstsucht. Jetzt ist die Zeit gekommen! Er will, daß Sie sein Werkzeug sind und durch Sie die Kirche erneuert wird, indem Sie die vielen Leiden und Verfolgungen auf sich nehmen. Aus dieser Pein und Betrübnis wird sie als ganz reine Jungfrau und unter Vernichtung alles Alten erneuert hervorgehen[1].

Freuen wir uns also dieser süßen Bitternis, nach welcher die Stärkung in großer Kraft kommen wird. Seien Sie ein Baum an Liebe, eingesenkt in den Baum des Lebens, Jesus Christus. Aus diesem Baum erwachse in Ihrem Gemüt die Blüte der Tugend und werde zur Frucht, zum Hunger nach der Ehre Gottes und dem Heil Ihrer Schafe. Diese Frucht scheint wohl anfangs bitter zu schmecken, wenn man sie in heiligem Eifer kostet. Aber wenn der Mensch entschlossen

[1] Vgl. Eph 5,25–27 über Christi Liebe zur Kirche, die er reinigt!

ist, alles bis zum Tode zu erdulden für den gekreuzigten Christus, dann wird sie süß. Wie es mit der Pomeranze, die an sich ganz bitter ist, geschehen mag: Man entfernt den Gröps und legt sie in kochendes Wasser, und siehe, ihr Aroma wird kräftig angenehm und ihr Äußeres ganz golden. Wohin ging denn die Bitterkeit, die wir anfänglich so unangenehm empfanden? Ins Wasser und ins Feuer. So geht es der Seele, heiligster Vater, wenn sie die Tugend zu lieben beginnt. In ihrer Unvollkommenheit erscheint ihr das anfänglich bitter. Sie muß aber nur zum Heilmittel des Blutes Christi greifen. Hier erhält sie das Wasser, die Gnade, das alles bittere, geradezu schmerzende Empfinden hinwegnimmt. Und da das Blut nicht ohne Feuer ist, vergossen im Feuer der Liebe, so kann man wirklich sagen, daß Feuer und Wasser es sind, die die Bitterkeit herausziehen, nachdem zuvor der Gröps, das heißt die Eigenliebe, entfernt wurden. Und sie erfüllen die Seele mit Mut und Kraft und Ausdauer, mit einer Geduld, die vereint ist mit dem Honig tiefer Demut und Selbsterkenntnis. Denn in der Zeit der Bitternis erkennt der Mensch besser sich selbst und die Güte seines Schöpfers. Ist die Frucht so wieder gefüllt und zugemacht, erscheint sie außen als goldene Hülle, die das Innere umgibt. Es ist das Gold der Reinheit mit dem Glanz entflammter Liebe. Dieses Gold gibt sich nach außen kund in wahrer Geduld gegen den Nächsten, ohne Laune, in Herzensmilde. Es bleibt einzig jene süße Bitterkeit, die wir ob der Beleidigung Gottes und dem Schaden der Seelen schmerzend empfinden.

So, Heiliger Vater, werden wir süße Frucht bringen ohne falsche Erbitterung. Und dann wird auch die Bitternis verschwinden, die wir augenblicklich in unsern Herzen und Gedanken tragen wegen des widrigen Ereignisses, das uns die Bösen und Gottlosen in ihrer Selbstsucht bereitet haben. Eine Pein für Sie und Ihre Kinder wegen der geschehenen Beleidigung Gottes. Ich hoffe auf die Güte unseres milden Schöpfers, daß er uns von dieser Pein befreit, indem er ihre

Urheber erleuchtet oder beschämt. Eure Heiligkeit und wir alle wollen aber die Früchte der Tugenden reifen lassen im Gedanken an das Blut des Gekreuzigten, in echter Demut und in der Erkenntnis, daß wir nichts sind, sondern nur durch ihn bestehen und alle andern Gnaden nur von ihm besitzen. So gesinnt werden Sie den Willen Gottes erfüllen und das Verlangen meiner Seele. Fassen Sie Mut, liebster Vater, in Demut und ohne Furcht. Denn für den Gekreuzigten werden Sie alles vermögen. In ihm beruht und ist gefestigt unsere ganze Hoffnung. Mehr sage ich nicht. Verzeihen Sie meine Anmaßung! Demütig bitte ich um Ihren Segen. Verharren Sie in der milden, heiligen Gottesliebe! Jesus die Süßigkeit, Jesus die Liebe!

21

AN URBAN VI., «am 5. Oktober 1378».

5. Oktober 1378

Die Würfel sind gefallen. Am 20. September 1378 wählten die Kardinäle in Fondi einen neuen Papst. Sobald Katharina von dem furchtbaren Geschehen hört, schreibt sie den vorliegenden Trostbrief an Urban VI. und erklärt sich feierlich für seine Rechtmäßigkeit. «Gehen Sie ohne Furcht in diesen Kampf.» Sie fürchtet für sein Leben und will, daß er keine Vorsicht unterlasse, sein Leben zu sichern. Es ist nicht ohne Reiz, sich hier eines Briefes an Gregor XI. zu erinnern, in dem sie dessen Furcht vor Gift und Mord so ironisch behandelt, während sie bei Urban geradezu ängstlich um dessen Leben bangt. Es gingen damals Gerüchte in Rom um, daß die Kardinäle Urban vergiften wollten. Raimund von Capua wirft es ihnen in einer Streitschrift offen vor. Kardinal Flandrin wehrt sich in seiner Gegenschrift: «Frecher Lügner, der du behauptest, die Kardinäle streben dem Erzbischof von Bari nach dem Leben!» In der Nachschrift zu ihrem Brief kommt Katharina noch einmal auf die Mordgefahr zu sprechen und mahnt den Papst zur äußersten Vorsicht.

Die Schlußbitte Katharinas, nach Rom kommen zu dürfen, wurde bald darauf von Urban gewährt. Am 28. November 1378 kommt sie in die Ewige Stadt, um bis zu ihrem Tode dort zu bleiben.

Im Namen des gekreuzigten Jesus Christus und U. L. Frau!

Heiligster, bester Vater in Christus Jesus! Ich, Katharina, Dienerin und Magd der Diener Jesu Christi, schreibe Ihnen in Seinem kostbaren Blut.

Es verlangt mich, Sie mit dem starken Gewand glühender Gottesliebe bekleidet zu sehen, auf daß Ihnen die Schläge, die die Bösewichte der Welt, die nur sich selbst suchen, Ihnen versetzt haben, nicht schaden können. Denn dann ist kein Hieb so furchtbar, daß er die Seele verwunden könnte, wenn sie dieses Gewand trägt. Gott ist ja die höchste und ewige Kraft. All unsere Bosheit vermag ihn nicht zu verletzen oder zu verwunden. Er ist dessen ja gar nicht fähig. Unser Unrecht vermag ihm ebensowenig zu schaden, wie unsere guten Werke ihm nützen können. Wohl aber vermag die Sünde uns zu schaden und die gute Tat uns zu nützen in der göttlichen Gnade. Gott ist also höchste, ewige Kraft. Wer in der Liebe ist, ist in Gott und Gott in ihm. Denn Gott ist die Liebe. Ist also die Seele mit diesem Gewand bekleidet und lebt sie in Gott, so kann sie durch nichts, weder durch Mühsal noch durch Trübsal besiegt werden. Ja inmitten all der Wirrsal empfängt sie Kraft und gibt so eine Probe für die Echtheit ihrer Geduld. So werden die Dolchstöße der elenden selbstsüchtigen Menschen Sie nicht treffen und das Feuer Ihrer Seele nicht dämpfen und die Braut, die heilige Kirche, nicht gefährden können. Denn sie kann ja nicht untergehen, da sie auf den lebendigen Fels Jesus Christus gebaut ist. Wem werden aber diese Dolchstöße schaden? Den Urhebern selbst, heiligster und süßester Vater. Als vergiftete Pfeile werden sie zurückprallen. Bei ihnen treffen sie nur die Oberfläche, nicht tiefer. Sie bringen Ihnen Bitterkeit und Schaden nur wegen des Ärgernisses und der Häresie, die sie im mystischen Leib der Kirche gesät haben. Weiten Sie Ihr Herz in der starken Liebe zu Gott, fern von allem Kleinmut! Suchen Sie Vorbild und Kraft in Ihrem Haupte, dem milden Jesus, der seit dem Anfang der Welt bis zu ihrem Ende gewollt hat und immer noch will, daß keine große Tat sich erfüllt ohne viel Leid. Werfen Sie sich also furchtlos gegen dieses Dorngestrüpp mit dem starken Panzer der göttlichen Liebe! Daß Sie doch ja nicht vor diesen Mühen zurückschrekken! Bangen Sie nicht um Ihr leibliches Leben! Fürchten Sie nicht, es zu verlieren! Denn Gott ist ja mit Ihnen. Sollten Sie aber Ihr Leben hingeben müssen, dann sollen Sie es mit Freuden tun.

Ach ich Unglückliche! Ich bin die Ursache all dieser Übel! Ich habe gehört, daß die fleischgewordenen Teufel nicht einen Christus auf Erden gewählt, sondern einen Antichrist gegen Sie, den wahren Christ auf Erden, in die Welt gesetzt haben. Ich bekenne es und halte daran fest, daß Sie der Stellvertreter Christi sind; daß Sie die Schlüssel zum Schatzkeller der heiligen Kirche in den Händen halten, zum Blute des unbefleckten Lammes; daß Sie dessen Spender sind. Ich halte daran fest gegen alle, die das Gegenteil behaupten, zur Beschämung der Lüge, die Gott durch seine Wahrheit überführen wird. Seine Wahrheit wird Sie und Ihre süße Braut frei machen. Mut, heiligster Vater! Gehen Sie ohne Furcht in diesen Kampf, angetan mit dem starken Panzer der göttlichen Liebe. Darum sagte ich Ihnen, daß ich Sie mit diesem starken Gewand bekleidet zu sehen wünschte, damit Sie sich sicherer fühlen und ermutigt zum Kampf für Ehre und Ruhm des göttlichen Namens und das Heil der Seelen. Bergen Sie sich in der Seite Christi, waschen Sie sich in seinem süßen Blut! Ich aber, die durch Christi Blut freigewordene Sklavin, und alle, die bereit sind, ihr Leben für die Wahrheit zu opfern, die meiner besonderen Liebe und Sorge anvertraut sind, wir alle sind bereit, Eurer Heiligkeit zu gehorchen und auszuharren bis zum Tod, Ihnen zu helfen mit der Waffe des Gebetes und die Wahrheit zu verkünden und zu verbreiten, wo immer es dem Willen Gottes und Ihnen gefällt. Mehr sage ich nicht darüber.

Umgeben Sie sich mit guten und tugendhaften Hirten! Nehmen Sie sich Diener Gottes zur Seite! Gründen Sie Ihre Hoffnung und Ihren Glauben nicht auf menschliche Hilfe, die ja versagt, sondern einzig auf die göttliche Hilfe, die uns nie genommen wird, solange wir auf sie hoffen! Ja diese Hilfe wird um so größer sein, je größer unsere Hoffnung ist. Hoffen wir also auf ihn mit ganzem Herzen, ganzer Hingabe und ganzer Kraft. Verharren Sie in der heiligen und süßen Liebe zu Gott!

Abgesehen von dieser Ihrer Hoffnung auf den Schöpfer müssen Sie alle Vorsicht für Ihre Person anwenden. Ich bitte Sie darum, heiligster Vater, soviel ich nur kann. Wir müssen das tun, soweit es uns möglich ist, wenn wir Gott nicht versuchen wollen. Sie sollen zwar nichts unterlassen, wozu Sie verpflichtet sind. Aber vor allem wünsche ich, daß Sie äußerst vorsichtig sind in dem, was Ihre Person betrifft. Denn ich weiß, daß die böswilligen Menschen, die sich selbst und die Welt lieben, nicht schlafen und hinterlistig nach Ihrem Leben trachten. Die starke und unschätzbare Liebe Gottes wird ihrer Bosheit aber zuvorkommen. Er wird seiner Braut in ihrer Not zu Hilfe kommen. Aber lassen auch Sie es an nichts fehlen, soweit es in Ihrer Macht liegt! Verzeihen Sie, mein Vater, meine Anmaßung. Der Schmerz und die Liebe mögen mich entschuldigen und meine Gewissensbisse, wenn ich nicht so geschrieben hätte. Ich werde aber nicht eher zur Ruhe kommen, bis ich persönlich in Ihrer Gegenwart mit meinem Munde reden kann ... Es drängt mich, Blut und Leben daran zu setzen und das Mark meiner Gebeine zu opfern für die heilige Kirche, so unwürdig ich dessen auch sein mag. Ich bitte Gottes unendliche Güte, mich und die andern, die dazu bereit sind, jetzt dessen würdig zu machen. Denn es ist an der Zeit, daß die Blumen der heiligen Sehnsucht sich erschließen, damit man sieht, wer die Wahrheit liebt und wer hingegen sich selbst liebt. Mehr will ich nicht sagen. Denn ließe ich mich gehen wie ich wollte, ich käme zu keinem Ende. Demütig bitte ich Sie um Ihren Segen. Auch möchte ich Sie bitten, mich in Wahrheit Ihren Willen wissen zu lassen, damit ich in Gehorsam das tun kann, was der Ehre Gottes entspricht und Ihnen, dem Stellvertreter des gekreuzigten Christus. In allem wünsche ich Ihnen zu gehorchen bis zum Tode, wenn mir Gott dazu die Gnade gibt. Verharren Sie in der heiligen und milden Liebe Gottes. Jesus die Süßigkeit, Jesus die Liebe!

22

AN URBAN VI.

Ende Mai 1379

Die im Brief berührten Ereignisse sind folgende: Am 30. April 1379 mußte der französische Befehlshaber der Engelsburg, der zum Gegenpapst hielt, die Burg übergeben. Am Zustandekommen der Übergabe soll Katharina nach Raimunds Biographie großen Anteil gehabt haben. Die Rückkehr Urbans aus dem Stadtteil Trastevere in den Vatikan war damit möglich geworden. Am gleichen Tag hatte das Heer Urbans einen entscheidenden Sieg über das des Gegenpapstes bei Marino errungen. Zum Dank dafür veranstaltete Urban eine große Prozession von Trastevere nach St. Peter, bei der er zum Ärgernis mancher Hofkreise barfuß ging. Nach Raimund gab Katharina den Rat zu diesem Aufsehen und Anstoß erregenden Akt.

Im Namen Jesu Christi des Gekreuzigten und U. L. Frau!

Heiligster Vater, der Heilige Geist überschatte Ihnen Seele, Herz und Gemüt mit dem Feuer der göttlichen Liebe und gieße ein übernatürliches Licht in Ihren Geist, daß durch Ihre Erleuchtung auch wir erleuchtet werden, und keine List, die der Böse Feind in seiner Bosheit Ihnen bereiten möchte, Eurer Heiligkeit verborgen bleibe. Mit Sehnsucht wünsche ich, heiligster Vater, in Ihnen alle andern Dinge erfüllt zu sehen, die der süße Wille Gottes von Ihnen verlangt, und wonach Sie selbst, ich weiß es, innigstes Verlangen tragen.

Ich hoffe, daß dieses milde Feuer des Heiligen Geistes in Ihrem Herzen wirksam wird, wie einst in jenen heiligen Aposteln, denen er Kraft und Macht gab gegen die unsichtbaren und sichtbaren Dämonen. In seiner Kraft bezwangen sie die Tyrannen der Welt. Im Ertragen und Dulden verbreiteten sie den Glauben. Er gab ihnen Licht und Einsicht für die Wahrheit, für die ihnen anvertraute Lehre der göttlichen Wahrheit. Ihren Willen, der der Einsicht folgt, erfüllte er mit dem Feuer seiner Liebe. Und sie kannten nicht mehr Feigheit und Menschenfurcht! Ausgerichtet allein auf die Ehre Gottes und auf die Befreiung der Seelen aus der Gewalt der Hölle, wollten sie diese Wahrheit, die in ihnen aufleuchtete, zu allen Menschen weitertragen. Nach langem Wachen, demütigem und beständigem Gebet, vielen Entbehrungen – zehn Tage lang – wurden sie erfüllt mit dieser Kraft des Heiligen Geistes. Heiligster Vater, es scheint, daß sie uns damit eine Lehre geben und Eurer Heiligkeit Mut machen wollten. Die Lehre, auf welche Weise wir den Heiligen Geist empfangen können.

Auf welche Weise? Wohnend im Hause der Selbsterkenntnis! Dann bleibt der Mensch demütig, in der Freude wird er nicht übermütig, in der Trauer nicht verzagt. Ein solcher Mensch ist voll geduldiger Reife, weil er der eigenen Sinnlichkeit feind ist. Er verharrt in beständigem Wachen und Beten. Unsere Vernunft muß ja wachen, um den süßen Willen Gottes zu erkennen, statt in der Eigenliebe dahinzuschlafen.

Dann wird das beständige Beten möglich[1], das heilige, wahre Verlangen nach der Tugend, die ja nichts anderes als dauerndes Beten ist, wie denn einer nicht aufhört zu beten, solange er nicht aufhört, gut zu handeln. Auf diese Weise also gelangen wir zu der süßen Kraft [des Heiligen Geistes].

Folgen wir also diesem herrlichen Beispiel in echter und heiliger Sorgfalt, gemäß unserm Können. Die Apostel sind eine Stärkung für Sie, den wahren Papst, indem sie Ihnen die göttliche Wahrheit und Hilfe zeigen. Nicht mit menschlicher Kraft haben sie die Welt erobert und die Finsternis des Unglaubens vertrieben, sondern in der Kraft und Weisheit und Liebe Gottes, die noch nicht verkürzt ist, weder für Sie noch irgend sonst ein Geschöpf, das auf ihn vertraut. Es ist also wohl wahr, daß die Apostel für Sie eine große Stärkung bedeuten bei der jetzigen Bedrängnis Ihrer Braut. Und nicht nur im Glauben empfangen Sie Stärkung, auch im Tun. Denn schon vier Wochen lang sehen wir, wie die Kraft Gottes Wunder wirkt mittels einer nichtigen Kreatur[2], damit so offenbar werde, daß er es wirkt und nicht menschliche Kraft. Ihm also wollen wir die Ehre erweisen und unsern Dank.

Ich freue mich von Herzen, heiligster Vater, daß meine Augen die Erfüllung des göttlichen Willens in Ihnen sehen durften, bei jener Handlung in der Prozession, ungewohnt seit urdenklichen Zeiten. Wie war das Gott wohlgefällig, und mißfällig den Dämonen, so sehr sie auch alles taten, um Ihnen innen und außen Ärger zu bereiten. Aber die Engel zügelten die Wut der Teufel.

Ich sagte Ihnen schon, wie sehr ich in Ihnen diesen süßen Willen Gottes erfüllt sehen möchte, auch in allen andern Dingen. Ich erinnere Sie daran, daß die [göttliche] Wahrheit will, daß Sie Ihr Denken und Ihre Sorgfalt Tag für Tag auf die Ordnung der Kirche Gottes richten, soweit es in der Ihnen

[1] Vgl. 1 Thess 5,17: Betet beständig!
[2] Anspielung auf die Übergabe der Engelsburg unter Katharinas Mitwirkung.

vergönnten Zeit möglich ist. Er selbst wird für Sie wirken, Ihnen Kraft geben zur Ausführung und Erleuchtung, um das Notwendige zu erkennen und sein Schifflein mit Weisheit und Klugheit zu lenken; er wird Ihnen den Willen geben, es zu tun. Diesen hat er Ihnen schon gegeben, aber er wird ihn in seiner unendlichen Barmherzigkeit noch vermehren. In dieser Kraft werden Sie die Tyrannen besiegen, die Finsternis der Spaltung zerstreuen. Denn er selbst wird die Wahrheit verteidigen. (...)

23

AN MESSER SIMON KARDINAL VON LUNA[1]
(AN KARDINAL PETER VON LUNA)

Ende April 1378

Peter Martinez, geboren zu Luna im Königreich Aragon um 1342, gestorben in Penniscola an der südspanischen Küste am 23. Mai 1423, war Lehrer des kanonischen Rechts zu Montpellier. Gregor XI. macht ihn 1375 zum Kardinal. 1378 tritt er wie die andern Kardinäle an die Seite Klemens' VII. über und wird am 28. September 1394 zu dessen Nachfolger gewählt; er lebt als Gegenpapst Benedikt XIII. in der Geschichte fort. Vom Konzil von Konstanz am 26. Juli 1417 abgesetzt, beharrt er weiter auf seiner Würde.

Die ausweglose Tragik des Großen Schismas ist in diesem sonderbaren Mann am reinsten verkörpert. Und es mag nur wenige Gestalten in der mittelalterlichen Geschichte geben, die auch so voll persönlicher Tragik sind wie dieser spanische Kardinal und Gegenpapst. Ein aufrechter Mann und unbescholtener Charakter. Von sämtlichen avigonesischen Kardinälen, die das Schisma heraufbeschworen, ist er wohl der einzige, der in «moralischer Hinsicht völlig einwandfrei und

[1] Die Briefsammler haben dem späteren Gegenpapst den Namen Petrus aberkannt.

unantastbar» dasteht. Aber zugleich ist er ein Verfechter des formalen Rechts bis zur Starrköpfigkeit und zu einer Ausdauer, die nicht der Großartigkeit entbehrt.

Der entscheidende Wendepunkt seines Lebens ist das Jahr 1378 mit der Wahl Urbans VI. und dem Ausbruch des Schismas. Er ist der einzige von den abtrünnigen Kardinälen, der noch nach Jahren klipp und klar zugab, daß er Urban trotz äußerer Bedrohung durch das römische Volk aufrichtig und frei gewählt und dasselbe auch von den übrigen angenommen habe. Jede Unsicherheit und aller Zweifel seien ihm geschwunden, als er gesehen habe, daß alle seine Kollegen den Erwählten und Gekrönten uneingeschränkt als Papst behandelten. Diese Zeugenaussage des Kardinals (damals Legat des Gegenpapstes Klemens VII. in Spanien) noch nach zwei Jahren ist von einer solchen Offenheit, daß sie viel mehr für Urban als für Klemens zu sprechen scheint.

Wie kam der Kardinal, für den Katharina in ihren beiden, hier wiedergegebenen Briefen aufrichtige Sympathie empfand, zum tragischen Schritt seines Lebens, zum Anschluß an den Gegenpapst? Nach einer langwierigen inneren Entwicklung! Als die Kardinäle im Mai und Juni 1378 nach und nach Urban verließen und sich nach Anagni begaben, als damit das drohende Verhängnis offenbar zu werden begann, ging Peter Ende Juni selbst nach dem Städtchen, um sie wieder für Urban zu gewinnen. Statt dessen gewannen sie ihn durch ihre Enthüllungen: Sie hätten Urban unfrei unter schwerer Furcht gewählt und die folgenden Monate hindurch immer unter dieser Furcht gehandelt. Und sie vermochten ihn zu überzeugen: Urban sei gar nicht rechtmäßiger Papst. Luna wird von nun an bis zu seinem Tod der große Verfechter des antirömischen Standpunktes bleiben. Merkwürdig bleibt es, daß dieser Mann sich einfach auf die Aussagen der Kardinäle hin überzeugen ließ. Seine eigene Aufrichtigkeit und Wahrheitsliebe machten ihn unfähig, Verdrehung und Falschheit bei seinen Kollegen anzunehmen. Dem Idealisten, der am formellen Recht mit ganzer Inbrunst hing, fiel es nicht ein, die Aussagen der Kardinäle über ihre eigentliche Intention skeptisch zu überprüfen. Um das drohende Unheil zu verhüten, bittet er den Beichtvater Urbans, den Dominikaner Gundisalvus, den Papst zur Abdankung zu bewegen und so der Kirche und der Welt den Frieden zu erhalten. Denn Luna sah angesichts der Gesinnung der Kardinäle nur noch eine Möglichkeit: Abdankung Urbans oder Schisma!

Die beiden Briefe Katharinas an den Kardinal gehören zu ihren schönsten. Von Raimund von Capua, der mit dem spanischen Kardinal befreundet war, wird sie wohl von dem aufrechten Charakter Lunas, von seiner Ehrlichkeit und Rechtschaffenheit gehört haben. Und vor allem, daß er sich furchtlos für Urbans Wahl einsetzte. Darauf nimmt sie im Brief ausdrücklich Bezug. Luna ist der einzige Kardinal, an den sich Katharina seit der Wahl Urbans mit Vertrauen zu wenden vermag. Kein anderer Kardinal hat in dieser Zeit Briefe von ihr empfangen. Sie appelliert an seine Furchtlosigkeit und Wahrheitsliebe und sucht sie für die Reform der Kirche auszuwerten. Er möge seinen ganzen Einfluß bei Urban dafür einsetzen, vor allem auch für Ernennung guter Kardinäle. Offenbar hat Katharina noch keine rechte Vorstellung von den Schwierigkeiten im Verhältnis zwischen den Kardinälen und dem Papst.

Im Namen des gekreuzigten Jesus Christus und U. L. Frau!

Hochwürdigster, teuerster Vater in Christus Jesus! Ich, Katharina, Dienerin und Magd der Diener Jesu Christi, schreibe Ihnen in Seinem kostbaren Blut.

Ich wünsche in Ihnen einen feurigen Liebhaber der Wahrheit zu sehen, die uns frei macht. Schließlich vermag ja niemand etwas gegen die Wahrheit. Man kann sie aber nicht vollkommen besitzen, wenn man sie nicht kennt, weil man sie ja dann nicht lieben kann. Und wenn man sie nicht liebt, besitzt man sie folgerichtig auch nicht. Wir haben dazu das

Licht des heiligen Glaubens nötig, weil dieses Licht die Pupille für das Auge des Verstandes ist. Mit diesem Auge und dem Licht des heiligen Glaubens erkennt die Seele die süße Wahrheit Gottes und erkennt, daß Gott nichts anderes als unsere Heiligung will, und daß alle seine Gaben in diesem Leben nur zu diesem Zwecke gegeben sind: zur Selbstheiligung in ihm.

Wer zeigt uns diese Wahrheit, daß Gott nichts anderes von uns will und daß er uns nach seinem Bild und Gleichnis schuf, um in ihm selig zu sein durch Teilnahme an seinem ewigen Glück? Das Blut, das der eingeborene Sohn im Feuer seiner Liebe vergossen hat, und in dem wir neugeschaffen sind zur Gnade. Hätte uns Gott nicht geliebt und nicht unser Glück gewollt, so hätte er uns keinen solchen Erlöser geschenkt. So erkennt unser Geist im Licht des heiligen Glaubens im *Blute* die Wahrheit. Das muß die Seele entflammen! Und sie nährt sich in der Liebe zur Wahrheit und zieht es vor, lieber zu sterben, als sie zu vergessen. Ein solcher Mensch verschweigt die Wahrheit nicht, wenn es Zeit ist zu reden. Denn er kennt keine Menschenfurcht und fürchtet sich nicht, das Leben hinzugeben. Er ist ja schon längst dazu entschlossen in seiner Liebe zur Wahrheit und fürchtet allein Gott. Die Wahrheit tadelt furchtlos, denn sie hat die heilige Gerechtigkeit zur Genossin, diese Perle, die in jedem vernunftbegabten Geschöpf aufleuchten muß, vor allem aber in einem kirchlichen Würdenträger. Die Wahrheit schweigt, wenn die Zeit dazu da ist, und schreit dabei doch laut durch ihr Dulden. Sie ist ja keine Unwissende. Sie weiß vielmehr genau, wo die größere Ehre Gottes und das Heil der Seelen in Frage steht.

O teuerster Vater, verlieben Sie sich in diese Wahrheit, damit Sie eine Säule im mystischen Leib der heiligen Kirche werden, in der man dieser Wahrheit dienen muß. Denn in ihr ist die Wahrheit, die bedient werden will von wahrhaftigen Männern, die von ihr erleuchtet und entflammt und keine Unwissende oder Neulinge in der Wahrheit sind.

Die Kirche Gottes aber hat, wie mir scheint, großen Mangel an solchen guten Dienern. Denn der Nebel der Eigenliebe hat das Auge des Geistes so verdunkelt, daß scheinbar niemand mehr die Wahrheit sehen und erkennen und folglich auch nicht lieben kann. Sie sind ja voll von der sinnlichen Eigenliebe. Da bleiben Herz und Gemüt wahrheitsleer. Und so sind sie voll von Lügen und Verstellungen, sie, die zur Verkündigung der Wahrheit bestellt sind. Ja, teuerster Vater, so ist es! Ich kann Ihnen Beweise dafür liefern vom Orte meines augenblicklichen Aufenthaltes [Florenz]. Ich will schweigen von den Laien, von denen nur wenige gutwillig sind. Aber der Weltklerus, die Religiosen und vor allem die Bettelorden, die doch von der süßen Braut Christi dazu bestellt sind, die Wahrheit öffentlich zu verkündigen, sie verraten und ertränken sie auf der Kanzel. Ich fürchte, meine Sünden sind daran schuld. Man hat das Interdikt gebrochen. Nicht nur daß sie den gutwilligen Teil des Klerus überreden, guten Gewissens zu zelebrieren, und die Laien, beizuwohnen. Sie verkünden sogar, daß man andernfalls sündige. So haben sie das Volk zur Spaltung gebracht. Es ist ein wahrer Jammer, wenn man nur daran denkt, und gar, wenn man es sieht. Und warum tun sie das? Aus feiger Menschenfurcht und Gefallsucht und aus Verlangen nach dem Meßstipendium. Ach, ich sterbe und kann es doch nicht, wenn ich zusehen muß, wie jene, die doch für die Wahrheit sterben müßten, dieser Wahrheit bar sind.

Ich will daher, mein lieber Vater: entflammen Sie sich für die Wahrheit! Sie haben einen heiligen Anfang gemacht, indem sie erkannten, daß die Braut Christi eines guten und heiligen Hirten bedarf, und dafür haben Sie sich furchtlos eingesetzt. Möchte dieser Anfang sich dauernd wirksam zeigen! Ich bitte Sie, flüstern Sie dem Christus auf Erden fortwährend die Wahrheit in die Ohren, daß er in dieser Wahrheit die Kirche reformieren möge! Sagen Sie ihm mit furchtlosem Herzen, daß er ihr doch heilige und gute Hirten gebe, in der Tat und in der Wahrheit, nicht nur in schallenden Worten! Denn nur reden und nicht handeln hilft nichts! Wenn er nicht in der Tat gute Hirten einsetzt, wird er seinen Wunsch nach Kirchenreform nie zur Ausführung bringen.

Möchte er doch, bei der Liebe des Gekreuzigten, in starkem Vertrauen und in Milde die Laster ausrotten und Tugenden einpflanzen, seiner Macht gemäß. Möchte er doch Italien befrieden, damit wir endlich alle zusammen unter dem Banner des Kreuzes Gott unser Opfer darbringen aus Liebe zur Wahrheit. Bitten Sie ihn, daß er Vergehen nicht unbestraft lasse und besonders die Vergehen jener, die aus Selbstsucht den heiligen Glauben beflecken, bestrafe. Und er möge Diener Gottes um sich scharen, die ihm entschieden helfen, die Mühe auf sich zu nehmen. Denn wenn er den Eiter dieses Geschwürs beseitigen will, wird er Verfolgungen ertragen müssen und den Prügel der bösen Zungen, er, Sie selbst und die andern. Aber wenn ihr die Wahrheit liebt, werdet ihr dessen nicht achten. Jedoch gerecht und nachsichtig, das heißt, indem man keine übermäßigen, untragbaren Lasten auferlegt![2] Und ihr werdet den Kopf beim Pflügen auf keinen Fall umwenden, sondern voller Ausdauer sein bis zum Tode. Wenn ihr um die Wahrheit wißt und sie liebt, werden euch die Mühseligkeiten keine Furcht einflößen, ihr werdet in ihnen vielmehr eure Freude finden. Aber ohne diese starke und milde Liebe zur Wahrheit werden die eigenen Schatten euch ängstigen.

Einen andern Weg gibt es nicht. Deswegen sage ich das und wünsche ich, daß Sie die Wahrheit lieben. Ich bitte Sie bei der Liebe des Gekreuzigten und bei seinem Blut, das er in brennender Liebe vergossen hat, verloben Sie sich dieser Wahrheit. So wird sich der Wille Gottes in Ihnen erfüllen und die Sehnsucht meiner Seele, die Sie für die Wahrheit sterben

[2] Vgl. Mt 23,4, die Worte Jesu über die Schriftgelehrten: «Sie bürden schwere und unerträgliche Lasten auf und legen sie auf die Schultern der Menschen; sie aber wollen dieselben mit keinem Finger anrühren.»

sehen möchte. Mehr sage ich nicht. Verharren Sie in der milden, heiligen Liebe Gottes! Jesus die Süßigkeit, Jesus die Liebe!

24

AN MESSER SIMON KARDINAL VON LUNA, «während der Ekstase geschrieben». (KARDINAL PETER VON LUNA)

Juni/Juli 1378

Katharina ist in diesem Brief noch voll Vertrauen zum Kardinal von Aragon. Ergreifend ist ihr Zittern vor dem schon sich ankündenden Unheil und ihr Flehen, der Kardinal möge nie eine «wankende Säule» werden.

Im Namen des gekreuzigten Jeus Christus und U. L. Frau!

Teuerster Vater in Christus Jesus! Ich, Katharina, Dienerin und Magd der Diener Jesu Christi, schreibe Ihnen in Seinem kostbaren Blut.

Ich möchte Sie als starke Säule sehen im Garten der heiligen Kirche, jeder Selbstsucht bar, die den vernunftbegabten Menschen so kraftlos macht. Möge in Ihnen einzig die wahre Liebe leben, und möchten Sie, gegründet auf dem lebendigen Fels Jesu Christi, immer seinen Spuren folgen. Eine solche Liebe macht die Seele stark, denn sie vernichtet, was die Seele schwächt. Und nicht nur sie selbst wird stark, auch die Mitmenschen nehmen teil an ihrer Stärke. Besonders Sie und Ihresgleichen wirken diese stärkende Kraft, wenn Sie den Priestern und den Weltleuten das Beispiel eines heiligen, ehrenhaften Lebens geben und sie die Wahrheit lehren. Denn durch diese Verkündigung und einen guten Lebenswandel zeigt der Mensch, daß er Herr seiner Schwäche ward und stark gegen die drei Hauptfeinde: den Satan, indem er seinen hinterlistigen Versuchungen widersteht; die Welt, deren Verlockungen er nicht folgt, sondern ihren Vergnügen und Eitelkeiten entsagt; und schließlich gegen die Schwachheit des eigenen Fleisches, das er niedergetreten hat mit den Füßen der heiligen Frömmigkeit und dem Lichte der Vernunft. Er verzärtelt es nicht durch übertriebene Sorge, durch sinnliche Genüsse und köstliche Speisen. Er tötet es vielmehr ab durch Buße, Fasten und Nachtwachen und demütiges, beharrliches Gebet. So gerät er nicht in die Sklaverei des Fleisches, sondern dient der Vernunft, damit die Seele, wie es sein soll, herrscht und sich die Sinnlichkeit unterwirft. Wie demütigend und beschämend ist es für den Menschen, der doch Herr seiner Freiheit ist, so daß niemand [ohne seine Einwilligung] die Festung seiner Seele zu nehmen vermag – wie beschämend, wenn er zum erbärmlichen Sklaven dieser drei Feinde wird, und sie nach Belieben über ihn herrschen und ihm die Gnade rauben. Deshalb sind nur jene wahrhaft frei, die feststehn. Denn sie sind frei von feindlichen Fesseln und haben ihre Burg ausgerüstet mit wahren und königlichen Tugenden. Wie sanft vermögen solche Menschen, die vom Eifer um die Ehre Gottes und das Heil der Seelen beseelt sind, andern Kraft einzuflößen und mit ihrem guten Beispiel zur Tugend aufzumuntern, um derentwegen sie der Eigenliebe entsagt haben, die ja doch nur Schwächlinge zeugt. So macht also der starkgewordene Mensch auch andere stark.

Ich will deshalb, liebster Vater, daß Sie eine starke, standhafte Säule seien und sich durch nichts, was die Welt etwa uns anhaben könnte, umwerfen lassen, auch nicht durch Verfolgungen, die selbst unter euch Geistlichen im mystischen Leib der heiligen Kirche entstehen können! Machen Sie sich nicht frei von der Selbstsucht, so werden Sie ohne Zweifel ein Schwächling werden und dann aus Schwachheit umfallen. Deshalb wünscht meine Seele Ihnen solche Kraft, daß Sie nie schwanken, sondern Ihre Schultern unterstemmen, um den Schwachen zu Hilfe zu kommen. Geben Sie Ihrer Seele vom

Blute Christi, damit sie von Liebe verzehrt in die Schlacht eile, um männlich zu kämpfen. Das Gedächtnis erfülle sich mit diesem kostbaren Blut; der Verstand erfasse die Wahrheiten des Wortes, des eingeborenen Sohnes Gottes, der mit Blut unsere und des alten Satans Bosheit besiegt und ihn mit der Angel unserer menschlichen Natur gefangen hat. Und der Wille eile dahin wie trunken vom Blute Christi, diesem Abgrund seiner Liebe, um ihn zu lieben aus ganzem Herzen, aus ganzem Gemüt und mit allen Kräften bis zum Tod, nicht an sich denkend, sondern einzig an den gekreuzigten Christus. Auf den Altar des Kreuzes lege er sich hin und hole dort die Speise für die Seelen um der Ehre Gottes willen und harre aus in wahrer Geduld bis zum Ende. Er ertrage die Fehler des Nächsten im Angesichte Gottes mit tiefem Mitgefühl und das erlittene Unrecht mit Geduld. So sollen wir handeln, lieber Vater; es ist höchste Zeit dafür.

Ich glaube gehört zu haben, daß zwischen Christus auf Erden und seinen Jüngern ein Zwist ausgebrochen ist. Das bereitet mir unerträgliche Schmerzen wegen meines Abscheus vor der Spaltung. Ich fürchte sehr, daß sie wegen meinen Sünden kommt. Ich bitte Sie bei dem glorreichen, kostbaren Blut, vergossen im Feuer der Liebe: weichen Sie nie ab von der Tugend und von Ihrem Haupt. Flehen Sie bitte dringend den Christus auf Erden an, er möge doch bald Frieden schließen [mit Florenz]. Krieg nach innen und außen wäre zu hart. So hätte er den Weg frei, mit voller Kraft die Möglichkeiten einer Spaltung zu unterbinden. Sagen Sie ihm, er möge sich mit guten Säulen umgeben bei den künftigen Kardinalsernennungen. Es sollen gute Männer sein, die den Tod nicht fürchten, sondern bereit sind, mit Entschiedenheit bis zum Tode aus Liebe zur Wahrheit und zur Reform der heiligen Kirche auszuharren, und das Leben hinzugeben für die Ehre Gottes. Ach, zögern Sie nicht! Warten Sie nicht zu mit den nötigen Maßnahmen, bis der Stein euch an den Kopf fliegt.

Wie unglücklich ist doch meine Seele! Alles andere, Krieg, Schmach, Wirrsal, alles scheint so unbedeutend wie ein Strohhalm oder ein Schatten gegenüber diesem drohenden Unheil. Ich zittere, wenn ich nur daran denke; besonders da ich von einer gewissen Person[1] hörte, der der Geist zu erkennen gab, welch schweres und gefährliches Unheil droht, so daß der Krieg ihr im Vergleich dazu wie nichts erschien, denken Sie! Ich sage Ihnen, aus Schmerz darüber drohte ihr das Leben zu entschwinden. Sie wandte sich deshalb flehend an die göttliche Barmherzigkeit, das Unheil abzuwenden. Sie hätte Blut vergießen mögen in diesem heiligen, brennenden Verlangen, da ihr die Tränen ungenügend schienen zur Buße. Blutstropfen sollten es sein. Wie gern hätte sie sich töten lassen! Ich glaube, liebster Vater, es ist besser, ich schweige, als weiter darüber zu reden. Aber ich flehe Sie an, soviel ich nur kann, bitten Sie den Christus auf Erden und die andern, man möge bald diesen Frieden schließen und endlich alle Mittel ergreifen, die zur Ehre Gottes und zur Reform der Kirche führen und dieses Ärgernis beheben. Und wenn es doch käme, möchten Sie dann stark sein durch die Tugend und durch tugendhafte Männer, um der Finsternis begegnen und sie besiegen und im Lichte bleiben zu können. Ich trage gar keinen Zweifel, daß Gottes unendliche Barmherzigkeit es so fügen und die Finsternisse und die Fäulnis seiner Braut hinwegfegen wird. Und es wird zurückkehren ihr Wohlgeruch und ihr Licht zur gegebenen Zeit, wann es Gott in seiner maßlosen, unendlichen Güte und Liebe gefällt. Darin holt sich meine Seele Trost und Freude. Wenn das nicht wäre, ich glaube, ich würde vor Kummer sterben.

Seien Sie also mutig und eine nie wankende Säule. Ich selbst will dafür beten und beten lassen, daß Gott Ihnen das gewähre. Mehr sage ich Ihnen nicht. Verharren Sie in der milden, heiligen Liebe Gottes! Verzeihen Sie, Vater, meine

[1] Katharina selber!

Kühnheit und mein anmaßendes Gerede. Aber meine Liebe und mein Schmerz mögen mich bei Ihnen entschuldigen. Jesus die Süßigkeit, Jesus die Liebe!

25

AN DREI ITALIENISCHE KARDINÄLE

Oktober 1378

Der Brief ist bald nach dem Ausbruch des Schismas verfaßt (20. 9. 1378).

Ein Schreiben voll gewaltiger Kraft. Ihrem Zorn und ihrer Empörung legt Katharina keine Schranken an. Im Verhalten der drei italienischen Kardinäle sieht sie nichts als bösen Willen. «Teufel seid ihr geworden.» Die Furcht-Theorie bei der Wahl Urbans lehnt sie rundweg ab.

Es gab bei der Entstehung des Schismas nur noch drei italienische Kardinäle: Peter Corsini (von Florenz), Simon von Borsano (Kardinal von Mailand) und Jakob Orsini aus Rom. Alle andern waren «ultramontan». Der vierte Italiener, Kardinal Tebaldeschi, war eben in hohem Alter gestorben (anfangs September 1378). Die drei hatten bei der Wahl Urbans eine recht passive Rolle gespielt. Orsini weigerte sich, überhaupt an der Wahl teilzunehmen, weil unter den bestehenden Tumultverhältnissen die Wahl ja doch ungültig sei. Borsano nahm wohl teil, wollte aber unter solchen Umständen nicht gewählt werden. Von einer inneren Sicherheit über den Wahlakt kann man also bei den italienischen Kardinälen kaum reden. Aber nachher ließen sie es wie die französischen Kardinäle monatelang nicht an äußeren Anerkennungsakten fehlen. Als die Abfallbewegung der Franzosen begann, verließen auch die drei Italiener Rom, blieben aber neutral und suchten zu vermitteln. An der Wahl des Gegenpapstes beteiligten sie sich nicht, ließen sie jedoch ohne Protest unter ihrer stillschweigenden Anwesenheit in Fondi vor sich gehen. Klemens anerkannten sie zwar nicht, kehrten aber auch nicht zu Urban zurück. Sie blieben neutral. Ihre Lieblingsidee wurde nun der Konzilsgedanke: die umstrittene Wahl Urbans sollte einem Konzil zur Entscheidung unterbreitet werden. Dieser Plan wurde aber von beiden Lagern abgelehnt.

Für Katharina war das Verhalten der drei Italiener unverständlich. Sie erblickte darin nur Verruchtheit, was für einen Robert von Genf und manche französische Kardinäle allerdings zutreffen mochte. Für sie steht das Blut und der Leib Christi an erster Stelle, nicht das tote formelle Recht. Und durch ein Schisma wurde dieser Leib furchtbar zerrissen. Das hätten die Kardinäle vermeiden können. Subtile Distinktionen und historisch-kritische Untersuchungen lagen ihrem glutvollen, mystischen Denken himmelweit fern. In ihrem Schmerz über das Elend der Kirche ging das alles unter. Diesem Schmerz muß man manche Einseitigkeit zugute halten, wie sie das ja selbst am Ende ihrer Briefe immer wieder betont. Hier ist Kampf und Zorn und sogar Haß! Selbst die nationalen Leidenschaften werden zu Hilfe gerufen, übrigens ein ganz neues Element in ihren Briefen. Alles aber für das eine große Ziel: der Kirche die Einheit zu wahren.

Im Namen des gekreuzigten Jesus Christus und U. L. Frau!

Teuerste Brüder und Väter in Christus Jesus! Ich, Katharina, Dienerin und Magd der Diener Jesu Christi, schreibe Euch in Seinem kostbaren Blut.

Ich möchte Euch zum wahren, vollkommenen Licht zurückkehren sehen. Möchtet Ihr doch Eure Finsternis und Blindheit abtun. Dann würdet Ihr wieder meine Väter sein, sonst aber nicht. Denn Väter kann ich Euch nur nennen, wenn Ihr Euch vom Tode trennt und zum Leben zurückkehrt. Augenblicklich habt Ihr ja das Leben der Gnade von Euch getan. Denn Ihr seid Glieder, die vom Haupte abgeschnitten sind, von dem Ihr doch das Leben empfangen habt. Kehrt zurück zum Leben, zur Einheit im Glauben und zum vollkommenen Gehorsam gegen Papst Urban VI. Zu dessen Obödienz gehören alle, die erleuchtet sind und deshalb die Wahrheit kennen und sie lieben. Was man nicht sieht, kann man nicht erkennen und folglich auch nicht lieben. Und wer seinen Schöpfer nicht liebt und fürchtet, ist in Eigenliebe befangen und hängt in sinnlicher Lust an den Vergnügen, Ehren und Reichtümern der Welt. In Liebe geschaffen kann der Mensch nicht leben ohne Liebe. Entweder liebt er Gott oder aber sich selbst und die Welt in todbringender Liebe. Sein ganzes Denken ist dann auf diese vergänglichen Dinge gerichtet! Verblendet durch seine Eigenliebe, ist er unfähig, das Wahre und Gute zu erkennen. Nur für die Lüge ist er zugänglich, denn er ist ja ohne Licht. Besäße er es, so würde er klar erkennen, wie ihm aus seiner sinnlichen Liebe nur Pein und ewiger Tod ersteht. Ein Vorgeschmack und eine Bürgschaft auf die Hölle schon in diesem Leben! Denn wer sich und die Dinge der Welt ungeordnet liebt, wird sich selbst unerträglich.

Welche Verblendung des Menschen! Siehst du denn nicht, Unglückseliger, wie alles veränderlich, voll von Elend, häßlich und ohne allen Wert ist, was du für bleibend und wurzelfest, für liebenswert, schön und trefflich hältst? Zwar nicht wegen der Geschöpflichkeit an sich, da alles von Gott, dem höchsten Gut, geschaffen ist, sondern durch die maßlose Anhänglichkeit, mit der du an ihnen hängst. Wie schwankend sind doch Reichtum und Ehre der Welt, wenn sie einer ohne Gott, das heißt ohne Gottesfurcht, besitzt. Heute reich und mächtig, morgen arm! Wie häßlich ist doch unser Leib und sein Leben! Ein einziger Ekel, geradezu ein Sack voll Schmutz, den Würmern und dem Tode zum Fraß gegeben! Das Leben und die Schönheit der Jugend gehen vorbei wie die Anmut einer gepflückten Blume. Niemand vermag all die Schönheit zurückzuholen und zu erhalten. Sie fällt dahin, wann es dem ewigen Richter gefällt, die Blüte des Lebens zu pflücken. Und niemand weiß um das Wann.

Unglücklicher, die Finsternis deiner Eigenliebe macht dich blind gegen diese Wahrheit. Du nähmest sonst lieber alle Pein auf dich, als ein solches Leben zu führen, wie du es tust. Und gäbest es lieber hin, um liebend nach dem zu verlangen, der ist. Mit Entschlossenheit würdest du die Wahrheit verkosten und dich nicht wie das Blatt im Winde drehen. Du würdest deinem Schöpfer dienen und nur in ihm die Dinge lieben und außer ihm nichts. Wie wird der Mensch an der Grenze des Todes wegen seiner Blindheit hergenommen werden, und gar jener, den Gott aus dem Kot der Welt gezogen und zur höchsten Würde berief, die man sich denken kann, zum Verwalter am Blut des demütigen, unbefleckten Lammes!

Ach, wohin seid Ihr gekommen, da Ihr die Verpflichtung Eurer Würde nicht erfüllt habt? Ihr wart berufen, Euch an der Brust der heiligen Kirche zu nähren, um duftende Blumen in diesem Garten zu sein. Ihr wart bestellt zu Säulen, um das schwankende Schifflein und den Stellvertreter Christi auf Erden zu stützen. Als ein Licht wurdet Ihr auf den Leuchter gestellt, um den gläubigen Christen zu leuchten und den Glauben zu verbreiten. Ihr werdet schon wissen, ob Ihr all das erfüllt habt. Leider nicht, denn Eure Selbstsucht hat Euch die Einsicht geraubt. Aufrichtig gesagt, in den Garten der Kirche wurdet Ihr gepflanzt, um Licht und Kraft zu verbreiten und das Vorbild eines heiligen Lebens. Hättet Ihr diese Pflicht erkannt, Ihr hättet sie geliebt und sie angezogen wie ein Gewand.

Und wo ist Euer Dank für diese Braut, die Euch an ihrem Herzen genährt hat? Ich erblicke nichts als Undank. Undank, der alle Frömmigkeit versiegen ließ. Was beweist mir Euren Undank, Ihr feigen Mietlinge? Ihr verfolgt ja die Kirche, wo Ihr doch wie ein Schild den Schlägen der Spaltung widerstehen müßtet! Und dabei kennt Ihr genau die Wahrheit, daß Papst Urban VI. der wahre Papst ist, legitim gewählt zum

Summus Pontifex, nicht in Furcht. Wahrhaftig eher durch göttliche Fügung als durch Euer eigenes Dazutun! Ihr selbst habt es uns verkündet. Und heute habt Ihr den Rücken gekehrt, Ihr feigen, erbärmlichen Ritter. Euer eigener Schatten hat Euch Furcht eingejagt. Die Wahrheit, die stark macht, habt Ihr verlassen, um zur Lüge zu stoßen, die Leib und Seele schwächt und ihnen zeitliche und geistliche Gnaden raubt. Was ist der tiefste Grund für Euer Verhalten? Das Gift der Selbstsucht, das die ganze Welt verseucht hat. Sie hat aus Euch Strohhalme gemacht, Ihr Säulen! Nicht duftende Blumen seid Ihr, sondern Gestank, der die ganze Welt verpestet. Nicht Leuchten, um den Glauben zu verbreiten. Ihr habt Euer Licht unter den Scheffel des Stolzes gestellt. Nicht Mehrer des Glaubens seid Ihr, sondern als seine schändlichen Feinde verbreitet Ihr Finsternis in Euch und andern. Engel auf Erden solltet Ihr sein, um uns vor dem höllischen Teufel zu retten und die verirrten Schafe zur heiligen Kirche zurückzuführen. Nun seid Ihr selber Teufel geworden! Ja Teufel, da Ihr Eure Bosheit auch uns eingeben und uns dem Christus auf Erden abspenstig machen und dem Antichrist zuführen wollt, dem Werkzeug Satans! Und Ihr seid es nicht weniger, solange Ihr dieser Spaltung anhängt.

Eure Verblendung stammt nicht aus Unkenntnis. Auch seid Ihr nicht von Menschen falsch unterrichtet worden. Ihr kennt die Wahrheit. *Ihr* habt sie uns verkündet, nicht umgekehrt wir Euch. Was seid Ihr doch für Toren! Uns brachtet Ihr die Wahrheit, und Ihr hängt der Lüge an! Heute wollt Ihr diese Wahrheit verbiegen und uns das Gegenteil weismachen. Ihr sagt, Ihr hättet Urban aus Angst zum Papst gewählt. Das ist nicht wahr! Wer das sagt, lügt wider sein besseres Wissen. – Ich kann nicht ehrerbietig zu Euch sprechen, da Ihr selbst Euch der Ehrfurcht begeben habt! – Denn der, den Ihr aus Furcht gewählt habt, war der Kardinal von St. Peter, für jeden klar, der sehen wollte. (...)

So erwog meine Seele, daß wir ohne Licht die Wahrheit

nicht erkennen und lieben können. Deshalb schrieb ich Euch von meinem sehnsüchtigen Verlangen, Euch der Finsternis entrissen und zum Licht zurückgekehrt zu sehen. Dieses mein Verlangen gilt zwar für alle Menschen, aber in besonderem Maß für Euch drei. Denn über Euren Abfall bin ich viel mehr erstaunt als über den der andern und empfinde darüber den größten Schmerz. Wenn auch alle vom Vater sich trennten, Ihr wart verpflichtet, ihm als Söhne beizustehen und Euch zur Wahrheit zu bekennen. Auch wenn der Vater Euch immer nur getadelt hätte, durftet Ihr nie Seine Heiligkeit verleugnen und Euch zu Führern des Abfalls machen. Auch vom natürlichen Standpunkt aus – denn vom übernatürlichen aus sind wir ja alle gleich –, aber rein menschlich gesprochen ist der Christus auf Erden Italiener und Ihr seid doch auch Italiener. Die Leidenschaft zum Vaterland konnte also für Euch nicht in Frage kommen wie bei den Ultramontanen. Ich sehe also keinen andern Grund als Eure Eigenliebe. Zügelt sie endlich und wartet nicht auf die Zeit! Sie wartet auch nicht auf Euch. Zertretet diese Sucht voll Haß gegen das Laster und Liebe zur Tugend!

Kehrt also um, und zögert nicht, bis die Zuchtrute der göttlichen Gerechtigkeit Euch erreicht! Denn den Händen Gottes können wir nicht entrinnen. Wir sind seiner Hand verfallen, sei es seiner Gerechtigkeit oder aber seiner Barmherzigkeit. Da ist es dann besser für uns, unsere Sünden zu bekennen und so den Händen seiner Barmherzigkeit zu verfallen, als in der Sünde zu verharren und unter die Faust seiner Gerechtigkeit zu kommen. Denn unsere Sünden bleiben nicht unbestraft, vor allem nicht die Sünden gegen die heilige Kirche.

So will ich die Last auf mich nehmen, Euch unter Tränen und ständigem Gebet vor Gott hinzutragen und zusammen mit Euch Eure Buße zu tragen, wenn Ihr nur zum Vater zurückkehren wolltet, der Euch als wahrer Vater erwartet mit weiten Armen der Barmherzigkeit. Um Gottes willen flieht nicht vor ihr und weichet ihr nicht aus! Nehmt sie demütig an! Glaubt nicht den tückischen Ratgebern, die Euch dem Tode überliefert haben. Ach meine süßen Brüder. – Ihr werdet das nur für mich sein, so Ihr zur Wahrheit zurückkehrt –, widersteht nicht länger den Tränen und dem Angstschweiß, den die Diener Gottes um Euch vergießen, so daß Ihr vom Kopfe bis zu den Füßen darin baden könntet. Weist Ihr sie von Euch und verachtet Ihr ihr angstvolles und schmerzliches Verlangen, so wird das Gericht noch viel härter werden für Euch. Fürchtet Gott und sein Gericht! Ich hoffe von seiner unendlichen Güte, daß er an Euch das Verlangen seiner Diener erfüllen wird.

Laßt es Euch nicht lästig fallen, wenn ich Euch mit Worten zusetze. Denn die Sehnsucht nach Eurer Rettung hat sie mich schreiben lassen. Ich möchte es viel lieber mündlich und persönlich tun, wenn Gott es mir gestattete. Sein Wille geschehe! Überdies verdient Ihr eher, daß man Euch mit Taten zusetze, denn mit Worten. Ich mache nun Schluß und sage nichts mehr. Ginge es nach meinem Willen, ich würde noch nicht aufhören: so sehr ist mein Herz von Schmerz und Trauer erfüllt, wenn es die Verblendung jener sieht, die doch zu Leuchten gesetzt sind. Denn sie sind nicht wie Schafe, die sich an der Ehre Gottes, dem Heil der Seelen und der Reform der heiligen Kirche nähren, sondern wie Diebe, die Gott die geschuldete Ehre stehlen, um sie sich selber zu geben. Und sind Wölfe, die die Schafe zerreißen. Das ist meine große Bitternis. Ich flehe Euch an um jenes kostbaren Blutes willen, das mit brennender Liebe für Euch vergossen ward, schenkt meiner Seele, die um Euer Heil bangt, Erquickung!

Mehr sage ich nicht. Verharrt in der süßen, heiligen Liebe Gottes! Wascht Euch rein im Blut des unbefleckten Lammes. Dann werdet Ihr alle Menschenfurcht verlieren und erleuchtet in der heiligen Furcht verbleiben. Jesus die Süßigkeit, Jesus die Liebe!

26

VERMUTLICH AN RAIMUND VON CAPUA

15. Februar 1380 (?)

Ein Bruchstück; vielleicht das letzte Schreiben, das wir von Katharina besitzen. Es trägt weder Anschrift noch Datum, weder Eingangs- noch Schlußformel. Spätere Herausgeber geben kühn Urban VI. als Adressaten an. Das ist aber kaum wahrscheinlich. Der Papst wird nirgends persönlich angeredet wie sonst in den Papstbriefen. Mit mehr Grund sieht die neuere Forschung im vorliegenden Schreiben einen Anhang zum letzten uns erhaltenen Brief, der sozusagen als Katharinas religiöses Testament an Raimund von Capua gerichtet ist.

Der Brief ist nichts als die Niederschrift einer Vision Katharinas über die Kirche Gottes und ihre Not. Urban erscheint darin als notwendiges Übel, um die Bahn freizumachen für den Pastor angelicus, den ja das ganze Hoch- und Spätmittelalter erwartete. Zuerst mußte eben die Kirche schmerzvoll gesäubert werden, bis dann ein «anderer kommen wird, der sie mit Liebe umgeben und erfüllen wird»

(...) Denn ich war voller Angst und Pein wegen meiner schmerzlichen Sehnsucht, die von neuem vor dem Antlitz Gottes aufgebrochen war. Mein Geist schaute im Spiegel der ewigen Dreieinigkeit. In diesem Abgrund sah ich die Würde der vernunftbegabten Kreatur. Ich sah das Elend des Menschen in der Todsünde, die Notwendigkeit der heiligen Kirche, die Gott meinem Herzen offenbarte. Ich sah, daß niemand zu Gott zurückkehren kann, um seine Schönheit im Abgrund der Dreieinigkeit zu verkosten, ohne diese süße Braut. Denn wir alle müssen durch die Pforte des gekreuzigten Christus. Und diese steht nicht anderswo, als in der heiligen Kirche. Ich sah, wie diese Braut Leben spendete, da sie solche Lebensfülle besitzt, daß niemand sie zu töten vermag. Ich sah, wie sie Kraft und Licht schenkt, und niemand sie in ihrem Wesen schwächen oder verfinstern kann. Und ich sah, daß ihre Wirkung nie geringer wird, sondern sich beständig vermehrt.

Alsdann sprach Gott, der Ewige: «All diese Herrlichkeit, die dein Geist nie zu erfassen vermag, habe ich euch geschenkt. Blicke denn hin in Bitterkeit und Schmerz, und du wirst sehen, daß man zu dieser Braut nur durch das äußere Gewand hindurchgelangen kann, durch ihre irdische Gestalt. Aber du siehst wohl, daß niemand ihr Mark sucht, die Frucht des Blutes. Diese Frucht bringt nicht Anteil am Leben, sondern am Tod, wenn man sie nicht in wahrer Demut und heiligem Glauben mit dem Preis der Liebe erkauft. Ein solcher Mensch gliche dem Diebe, der stiehlt, was ihm nicht gehört. Denn die Frucht des Blutes gehört denen, die mit Liebe bezahlen. In der Liebe wurzelt sie [die Kirche] und ist die Liebe selbst. Und aus Liebe will ich, sprach Gott der Ewige, daß jeder meiner Diener ihr diene nach Maß und Art der Stellung, die sie von mir empfangen haben. Allein es schmerzt mich, niemanden zu finden, der ihr dient. Ja es scheint, daß alle sie verlassen haben. Aber dem werde ich abhelfen.»

Dann nahm meine Pein und mein feuriges Verlangen zu und ich schrie vor Gottes Antlitz: «Was kann ich tun, o unausdenkliches Feuer?» Und es antwortete seine Güte: «Opfere dein Leben von neuem und gönne dir niemals Ruhe. Dazu habe ich dich bestellt, dich und alle, die dir jetzt und in Zukunft folgen. Achtet darauf, nie nachzulassen, sondern euer Verlangen eher noch zu vermehren. Denn ich bin immer in Liebe dazu bereit, euch mit meiner Gnade leiblich und geistig zu helfen. Ich will nicht, daß ihr euch mit anderem beschäftigt. Ich habe deshalb Vorsorge getroffen und ihm [dem Papst], den ich zu eurer Leitung eingesetzt habe, einen Stachel gegeben auf geheimnisvolle und neue Weise, damit seine weltliche Macht meiner Kirche diene[1]. Ihr aber sollt ihr

[1] Der ganze Satz scheint verstümmelt zu sein.

[der Kirche] dienen, demütig und beharrlich mit gläubigem Gebet und andern notwendigen Übungen, wie ich es von dir und den andern verlange, ein jeder an seinem Posten. Widme all dein Leben, dein Herz und deine Liebe einzig dieser Braut, für mich, ohne dich. Blicke auf mich und den Bräutigam dieser Braut, den Papst, auf seinen guten und heiligen Willen in seiner Maßlosigkeit. Wie es nur eine Braut gibt, gibt es auch nur einen Bräutigam. Ich lasse es zu, daß er auf eine maßlose Art und durch die Furcht, die er den Untergebenen einflößt, die heilige Kirche auskehrt. Aber ein anderer wird kommen, der sie mit Liebe umgeben und erfüllen wird. Es geschieht dieser Braut, wie es der Seele geschieht: anfänglich wird sie von Furcht ergriffen, um dann nach Beseitigung der Laster von Liebe und Tugenden erfüllt zu werden. All das wird sie [die Kirche] mit liebender Geduld ertragen, süß und mild für jene, die in Wahrheit an ihrem Herzen sich nähren. Doch das sage meinem Stellvertreter, daß er seiner Gewalt entsprechend friedlicher werde und Frieden schließe mit jedem, der ihn wünscht. Und den Säulen der heiligen Kirche [den Kardinälen] sage, daß, wenn sie der großen Verwüstung abhelfen wollen, sie einig werden müssen. Und wenn sie glauben, bei ihrem Vater Fehler zu entdecken, sollen sie wie ein Deckmantel vor ihnen stehen. Sie sollen ein geordnetes Leben führen wie die, die mich fürchten und lieben. Sie sollen ihre Selbstsucht abwerfen und sich zusammentun. Dann werde ich, der ich das Licht bin, ihnen jenes Licht geben, das der heiligen Kirche so nottut. Wenn sie erkannt haben, was geschehen soll, sollen sie es in wahrer Eintracht rasch und offen mit großer Entschlossenheit meinem Stellvertreter unterbreiten. Er wird dann gezwungen sein, ihren guten Absichten zu willfahren, da er doch selbst guten und heiligen Willens ist.»

Meine Zunge ist unfähig, all diese Geheimnisse zu schildern, die mein Geist da erschaute und mein Gemüt empfing. So verging der Tag in tiefem Staunen und es kam der Abend.

So sehr fühlte ich mein Herz von der Liebe gezogen, daß ich nicht wiederstehen konnte, zum Gebet zurückzukehren, und ich fühlte mich in jener Stimmung, die man vor dem Tode hat. Von Reue ergriffen warf ich mich nieder, hatte ich doch voll Unwissenheit und Nachlässigkeit der Braut Christi gedient und auch andern dazu Anlaß gegeben. Als ich mich mit dem gleichen mächtigen Eindruck erhob, den mein Geist vorher [in der vorigen Vision] empfing, stellte mich Gott vor sich hin. Nicht wie ich ihm sonst immer gegenwärtig bin, sofern er ja alles in sich faßt, nein auf eine ganz neue Art, als ob Gedächtnis, Verstand und Wille nichts mehr mit meinem Körper zu tun hätten. Und so leuchtend spiegelte sich in mir jene Wahrheit, daß in abgründiger Tiefe die Geheimnisse der heiligen Kirche sich wiederholten und all die empfangenen Gnaden meines Lebens und der Tag meiner Vermählung mit Gott wieder ganz lebendig wurden. All das entschwand dann wieder wegen des wachsenden Feuers, so daß ich nur noch erwog, was ich tun könnte, wie ich mich Gott und der heiligen Kirche zum Opfer bringen und die Unwissenheit und Nachlässigkeit der mir von Gott Anvertrauten beseitigen könnte. Da fingen die Dämonen an, Verwünschungen über mich zu schreien, um mit ihrem Schrecken mein entflammtes Verlangen zu ersticken. Sie schlugen auf die Hülle meines Leibes ein. Mein Verlangen entflammte sich aber mehr und mehr und ich schrie: «Ewiger Gott, nimm das Opfer meines Lebens für den mystischen Leib der heiligen Kirche! Ich vermag nichts anderes zu geben, als was du mir gegeben hast. Nimm mein Herz und drücke es auf das Antlitz dieser Braut!» Da wandte Gott, der Ewige, das Auge seiner Gnade, riß mein Herz heraus und preßte es der heiligen Kirche ein. Mit solcher Gewalt hatte er es an sich gerissen, daß es gestorben wäre, hätte er es nicht sofort in seine Kraft gehüllt. Noch wollte er nicht, daß das Gefäß meines Leibes in Brüche ging. Da schrien die Dämonen noch viel ärger, wie in unerträglicher Pein. Sie versuchten mit aller Gewalt, mich zu schrecken, und drohten auf jede Weise die Erfüllung meines Opfers zu verhindern. Aber der Demut und dem Licht des heiligen Glaubens kann die Hölle nicht widerstehen. Mein Geist nahm sich zusammen und wurde ganz Feuer und vernahm vor dem Angesicht der göttlichen Majestät so viele liebliche und beseligende Verheißungen. Weil dies in Wirklichkeit in so geheimnisvoller Weise sich zutrug, kann es meine Zunge jetzt unmöglich mehr genügend schildern.

Ich sage nun Dank und nochmals Dank dem höchsten ewigen Gott, der uns auf das Schlachtfeld gestellt hat, als Ritter mit dem Schild des heiligen Glaubens für seine Braut zu kämpfen. Das Feld ist frei für uns, kraft jener Tugend und Gewalt, die Satan schlug, als er die Menschheit noch beherrschte. Nicht durch menschliche, sondern durch göttliche Kraft ward er besiegt. So wird also der Teufel nicht durch unsere körperlichen Leiden besiegt, sondern durch die Kraft der glühenden, herrlichen, göttlichen Liebe.

JOAN PERUCHO

Ein Ritterroman

Aus dem Katalanischen
von Jürg Koch

CARL HANSER VERLAG

Die Originalausgabe erschien erstmals 1957 unter dem Titel *Llibre de Cavalleries* bei Edicions Destino in Barcelona.

ISBN 3-446-16347-6

Satz: Dörlemann-Satz, Lemförde
Druck und Bindung: Kösel, Kempten
Printed in Germany

Zehn Männer ritten zu Pferd, mit karmesinroten Wämsern, perlenbestickten Strümpfen und außerdem einem Hut, zusammen mit einem Edelfräulein, das eine Krone in der Hand hielt, die zeigen sollte, daß ein so edler Herr es verdiene, gekrönt zu werden.

Und danach kam ein großes Schloß, in dessen Mitte ein großer Thron stand, ganz vergoldet und prächtig geschmückt mit Brokattüchern ringsherum, und auf dem Thron saß niemand.

Chronik des Kapellans von Alfons IV.,
dem Großherzigen

ERSTER TEIL

1. Die Ruinen

Durch finstere Gänge ging er auf das östliche Ende der Mauer zu, wo Licht durch eine Spalte drang. Plötzlich hörte er den Schrei der Möwen und sah das Meer zu seinen Füßen liegen. Der Wind peitschte gegen die Ruinen, gegen jene steinerne Stille, und es roch nach Thymian und Algen, nach Feuchtigkeit und verbranntem Buschwerk.

Die Krypta von Saintes-Maries-de-la-Mer tauchte auf, mit dem Grab Saras und der Burg König Renés. Sechshundert Männer unter der Standarte des Hauses Aragonien hatten den Palast Benedikts XIII. in Avignon verteidigt, der reichen und edlen Stadt, der Stadt der silbernen Pantoffeln und der Brücke, auf der man tanzt. Man sah die unversehrte Stadtmauer, die mit Geschmack errichtet worden war, zwischen dem Lächeln der höchsten Kirchenfürsten und den Parfüms der Hofdamen Johannas von Neapel. Es tauchten auf die Gesichter der Ritter, von Spinnweben verhangen und staubbedeckt, mit rostigen Kettenhemden und verhärteter, im Blick erstarrter Seele. Jagdhörner hallten wider in Olivenwäldern und Weinbergen, und jeder Ton brachte eine rätselhafte Unruhe über die Menschen, die auf den Feldern arbeiteten, unter der Sonne und im Schweiß ihres Angesichts, einem unausweichlichen Schicksal und dem Tode unterworfen.

Da war ein kleiner Vorsprung im nackten Fels. Zu allen Seiten wuchsen Büschel von spärlichem, harten und grauen Gras. Das Meer war von unbestimmter Farbe, wie geschmolzenes Metall, mit etwas ungewiß Nächtlichem oder Mondscheinhaftem.

Er streckte sich auf dem harten Fels aus und schloß die Augen. So ruhte er eine Weile und dachte an Eveline Nikopoulos. Danach wollte er sich erheben, und in diesem Augenblick schlüpfte etwas unter einen grüngefleckten Stein ganz in seiner Nähe, kam wieder hervor und streifte leicht seinen Arm. Eine Feuerzunge, stark und durchdringend, fuhr ihm die Schulter hinauf und blendete ihn. Für einen Augenblick wurde die Welt Licht, verglühte.

Er nahm seinen Arm mit einer Hand, wie um ihn vor dem Schmerz zu schützen, und drückte ihn gegen die Brust. Leicht vorgebeugt ging er einige Schritte vorwärts und hielt dann einen Moment inne. Er fühlte, wie der Arm rasch anschwoll.

Plötzlich überfiel ihn eine blinde, unerbittliche Wut. Er näherte sich dem Stein und untersuchte ihn. Er zog den Pullover aus und breitete ihn wie einen weiten Vorhang vor dem Schlupfloch aus. Er faßte den Stein an einem Ende, hob ihn mit einem Ruck und kippte ihn nach hinten. Mit der anderen Hand hielt er den Pullover, bereit, ihn auf die versteckte Beute fallen zu lassen.

Eine feuchte Oberfläche wurde sichtbar und in ihrer Mitte, in angespannter Unbeweglichkeit, eine Art Eidechse.

Die Hitze war erstickend. Benedikt XIII. trank aus seinem goldenen Becher und seufzte resigniert. Aus dem großen Waffenhof stiegen in einer

Spirale Flüche und Gotteslästerungen hoch, Bilder vergangener Zeiten, Sonette Petrarcas, Klagen Cola de Rienzis, Giftphiolen des Bischofs von Cahors, geheime Lesungen im großen Audienzsaal, der traurige Tanz Jaumes von Mallorca im Saló del Tinell, Echos verlorener kleiner Echos, die sich in der großen, von Matteo Giovanetti ausgeschmückten Kuppel verflüchtigten. Die Würdenträger der Torre de la Botelleria traten ein, und man mußte mit größter Aufmerksamkeit ihren Rechnungen und Forderungen folgen; nachher kämen die Würdenträger der Torre de la Guardaropa sowie jene der Tresoreria und die unendliche Reihe von Geschäften aller Art, bevor er in der Kapelle seines heiligen Vorgängers Clemens die Messe lesen würde. Aber die Luft war Feuer, die Schafe blökten, das Regenwasser färbte sich aschgrau, und die Becher aus Edelmetall fügten sich den wohlgeformtesten und weichsten weiblichen Lippen nicht mehr. Wahrlich, schlechte Zeiten kündigten sich an für die Christenheit.

Sie verharrte scheußlich und feierlich mit dem Stolz eines heiligen Gegenstandes, seltsam unbeweglich. Von Zeit zu Zeit sanken ihre Seiten leicht ein, bewegten sich rhythmisch.

Hastig schleuderte er den Pullover gegen den feuchten Fleck, machte ein Knäuel daraus und begann kniend, es vorsichtig abzutasten, bis er den winzigen Körper fand, der unter seinen Fingern pulsierte. Er fühlte sich heiter und erschreckt zur gleichen Zeit, erbebte unter einem Schauder, der ihm die Haare zu Berge stehen ließ.

Mit der Handkante schlug er zu und zerquetschte den Schädel des Reptils. Sofort erschien auf dem Weiß des Stoffes ein blutiger Fleck, genau an der Stelle, wo das Klubabzeichen und die Initialen aufgedruckt waren.

Er drehte sich eine Zigarette und zündete sie an. Er saß mit dem Gesicht zum Meer und strich über seinen Arm. Am ganzen Körper war er schweißnaß, aber die Wunde schmerzte ihn nicht. Unten in der kleinen Bucht schaukelte die *Maria de l'Estrella* sacht auf den Wellen.

Die Ruinen hatten eine seltsame Bedeutung, die er nicht zu entschlüsseln vermochte. Manchmal näherten sie sich mit einem geheimnisvollen Pulsieren, in einem Ansturm dunkler und unbegreiflicher Empfindungen, die sich in der Luft oder in der Abendschwüle verloren; oft aber dauerten sie an oder erwachten später wieder, in der Dunkelheit des Zimmers oder in einem Augenblick der Einsamkeit oder der Melancholie. Harte Gesichter aus Stein, verbraucht von der Zeit oder vom Haß, erkundeten empfindungslos die Zukunft, die wüste Ebene, die für sie sowohl Leben als auch Tod war.

Er machte sich auf den Rückweg zu der geschützten Bucht im Osten und nahm denselben Ziegenpfad, den er zu den Ruinen hinaufgestiegen war. Der Abhang war so steil, daß er einige Male mit seinem Schritt einen Stein ins Rollen brachte, der vor ihm hinunterhüpfte oder geräuschvoll in die Schlucht fiel.

Benedikt XIII. hatte in der Ruhe von Peníscola Schiffbruch erlitten, ohne Anhänger und ohne Standarten. In der süßen Ruhe von Peníscola, abends, im Violett des Sonnenuntergangs – der Farbe der Kardinäle –, ohne Hoffnung und ohne Leidenschaft.

Schon war er am kleinen Hafen angekommen. Er ging an dem Drahtzaun vorbei, der das Hotel del Migdia umgab, und kam an einem tennisspielenden Paar vorbei. Es waren Engländer, und sie sagte: All right, my dear. Und lachte fröhlich.

Als er die *Maria de l'Estrella* lostäute, versank die Sonne mit einem sterbenden Glanz hinter den Ruinen. Aufgerichtet blieb er im Heck beim Ruder stehen und fühlte sich unbeschreiblich heiter, geheimnisvoll erregt.

2. Vom Rätsel und von Tomàs' Namen

Der Kanzler blieb stehen. Trockenes Herbstlaub flog über die einsamen, kaum begangenen Wege, die auf der faltigen Pergamentkarte kaum zu erkennen waren. Ganz offensichtlich, sagte er sich, war der königliche Befehl wohlüberlegt und klug und geeignet, Licht in das Geheimnis der Unregelmäßigkeiten zu bringen. Der Kanzler war schwerhörig und aus diesem Grunde leicht erregbar. Außerdem war es nötig, bessere Edelmetallbecher zu konstruieren als die üblichen; Becher, die sich den Lippen der Hofdamen fügen würden. Die schöne kunsthandwerkliche Tradition des Bechermachens hatte sich in der Erinnerung verloren und in den alten Überlieferungen, die in der Kanzlei archiviert waren.

Von Zeit zu Zeit flog eine Wildente dicht über dem Boden vorbei, rätselhaft einsam. Ein Pfeil schwirrte, wie eine verliebte Bratsche, und alles verharrte für einen Augenblick in wundersamer Stille. Darauf erzitterten ein Lavendelstrauch oder ein paar Farnblätter, und eine Stimme befahl den Rückzug. Ein sanftes und mildes Lüftchen kam auf und verlor sich hinter den Bergen.

Es klopfte an der Tür. Ein Zimmermädchen trat herein und übergab ihm ein versiegeltes, ziemlich voluminöses Paket. Sie hatte feine und aristokratische Hände und ein ovales Gesicht, wie eine Jungfrau von Simone Martini. Durch das Fenster stachen unter der Sonne die Umrisse der kleinen

Dächer des Dorfes hervor, und die Mauersegler zwitscherten in heiterer und morgendlicher Aufregung.

Sie sagte, ihr Name sei Rosaura. Sie war jung und sittsam. Sie trug ein meerblaues Leinenkleid, Schürze und Häubchen waren weiß. Sie legte das Paket auf den Tisch. Wenn sie ihn ansprach, sagte sie mit großer Sanftheit »Herr«.

Er verspürte Lust, in den Speisesaal hinunterzugehen und Madame Nikopoulos zu treffen. Die Schwellung am Arm war jetzt verschwunden. Er verspürte ebenfalls Lust, ihr zu sagen: »Eveline, es war faszinierend«, und ihren Nacken zu küssen.

Er fragte sich, wer ihm dieses Paket geschickt haben könnte. Als er die Adresse betrachtete, bemerkte er, daß sein Name in einer veralteten Schreibweise geschrieben war. Es hieß dort Tomàs Çafont anstatt Tomàs Safont, wie es richtig gewesen wäre. Besonders verwirrt war er, als er nach dem Öffnen des Pakets sah, daß es sich um alte, in einem fremdartigen Latein abgefaßte Manuskripte handelte, die sich auf die Rechnungen eines alten und weit entlegenen Erbes bezogen. Er las: »Die XXIII Novembris solvimus magistro de Lupardo pro discoperendo deambulatorium supra stuplas LV sol – den 23. November bezahlten wir Meister de Lupardo für Wegausbesserungen den Betrag von 55 soldi«. Und weiter unten: »Pro manobris qui fuerount pro fusta portanda pro uno solerio faciendo in gardamanjario pro carnibus salsis . . . – für Handarbeiten, die entstanden, für Holztragen, um ein Gestell zu machen in der Speisekammer für den Speck . . .«

Graziös trank Eveline Nikopoulos einen Aperitif auf der Terrasse des Hotels zum Goldenen Hahn. Eveline war von ihrem Mann geschieden, einem reichen Industriemagnaten aus Lyon, der Naturseide herstellte und später, als dieser Markt zusammenbrach, Nylonfasern. Sie war leicht intellektuell angehaucht und liebte Sonnenbäder, vor allem an der Riviera. Manchmal wurde sie sentimental und anlehnungsbedürftig. Sie hatte eine Schwäche für Tomàs Safont.

Jetzt kamen die Kriegsleute mit ihren Armbrüsten zurück. Ihr Geschrei war unerträglich, wirklich unerträglich. Er mußte alles dem treuen alten Freund übergeben, samt dem königlichen Auftrag und dem Schutzbrief sowie den ergänzenden Instruktionen. Zurückgezogen in der mächtigen Burg von Miravet lebend, stiegen sie manchmal zur Wildschweinjagd nach Batea hinan oder gingen in Gandesa zur Kirche. Sie veranstalteten große Gelage mit gebratenen Gemsen und Wein, der von den auf steinigem Grund wachsenden Reben stammte und gehörig zu Kopf stieg. Sie ritten die Täler des Ebros hinunter durch die zerstörten Festungen der Templer, die schon vor langer Zeit von der begünstigten Macht der Hospaliter verdrängt worden waren. Mit schweißnassen Pferden kamen sie bis in Sichtweite von Tortosa, und die Standarten flatterten in der vom Delta aufsteigenden Meeresbrise. Dort unten, am Ufer des Flusses, gab es ein ganzes Viertel von Genuesern, aus der Zeit der Eroberung. Alles nahm ein düsteres und geheimnisvolles Aussehen an, und die feuchte Kälte der Rüstungen wurde etwas unangenehm. Bald entstand eine erwartungsvolle Stille.

Tomàs hatte die Hand von Eveline ergriffen. Sie nahmen schon den zweiten Martini und fühlten sich zu Vertraulichkeiten aufgelegt. Eveline bestellte die Martinis gleich für beide, aber stets mit Olive.

Sie gestand ihm, daß sie male. Eines Tages würde sie ihm die Bilder zeigen. Sie glaubte an die abstrakte Kunst, an Mark Tobey, Poliakoff und Bazaine, und war Fernand Léger einmal vorgestellt worden. In den guten Zeiten hatte Jean-Pierre ihr eine winzige Zeichnung von Paul Klee gekauft, die ihn achthunderttausend Francs gekostet hatte. Il était gentil. Gleich darauf fragte sie Tomàs, was er mache, welchen Beschäftigungen er nachgehe.

Tomàs antwortete, was das betreffe, so beschäftige er sich mit sehr wenig. Er lese, treibe Sport, habe Gefallen an Damen und an Geschichte. Er besitze ein großes elterliches Haus in Banyoles, in Katalonien, mit einem halben Dutzend Rassehunden. Auch habe er einen Abschluß als Wirtschaftsingenieur gemacht, wie das in der Familie üblich sei. Dennoch sei er zu einem großen Abenteuer berufen.

Der Kanzler lauschte aufmerksam, mit höchster Konzentration und einem von den Jahren und den Stürmen ein wenig verschwommenen Gesicht. Er strengte sich an, das Gebell zu überhören, das, wenn auch aus weiter Ferne, darum kämpfte, an die Oberfläche zu kommen.

»Ja«, sagte er. »Es ist eine seltsame und nicht

ganz verständliche Geschichte. Manchmal denke ich, es kann jeden Augenblick beginnen.«

Die Lautsprecher waren eingeschaltet worden, und man verstand die Ansage nicht recht. Eine Gruppe Menschen bewegte sich langsam auf der Tanzfläche unter den Akazien.

Vom entferntesten Punkt des Horizonts näherte sich der königliche Bote. Er ritt durch Gebell und Schlaflosigkeit.

3. Das Warten

Eine Figur kann sich nach links oder nach rechts bewegen, in vertikaler oder horizontaler Richtung, auch diagonal oder übereck springend, das heißt über zwei schwarze Felder und ein weißes, oder umgekehrt, je nachdem. Natürlich hängt alles von der Bedeutung der Figur ab und von ihrem Wert, als da wären: König, Dame, Läufer, Pferd, Turm und Bauer. Das folgt aus der Lehre von Al-Burruyu, dem gelehrten Verfasser der Abhandlung »Die Wachsamen«, der gesteinigt wurde mit dem stillschweigenden Einverständnis des Kalifen von Córdoba, da dieser seine Forschungen und Lehren fürchtete. Jetzt findet eine überstürzte Flucht nach links statt, begleitet von der Zerstörung der Verteidigungslinien und der Schutzvorrichtungen, in einer widersprüchlichen Aktion, die sich hinter der Strategie oder einem gewöhnlichen wissenschaftlichen Fehler verbirgt. Daher ging Gerbert nach Córdoba, auf der Suche nach Erfahrung im Quadrivium, nachdem er sich längere Zeit in Ripoll aufgehalten hatte, »gloriosum sapientissimunsque papam Gerbertum, aliono-mine Silbestrum nuncupatum – der ruhmreiche und hoch gelehrte Papst Gerbert, mit anderem Namen Silvester genannt.«

Rosaura stammte aus einer katholischen Familie vom Lande. Als junges Mädchen verspürte sie eine religiöse Berufung und trat mit achtzehn Jahren in eine »Stiftung junger Fräulein zur christlichen Erziehung der Armen« ein, die in der Gegend viel Unterstützung fand. Sie erreichte eine äußerst bedeutende Stellung neben der Leiterin, die religiöse Ekstasen erlebte, im Ruf der Heiligkeit stand und schwere Konflikte mit der kirchlichen Hierarchie hatte. Die Dinge verschlimmerten sich noch, als religiöse Erscheinungen und Wunder vorkamen, aber die Stiftung schlug sich durch, dank allgemeiner Güterschenkungen und hysterischer Anhängerschaft des Apostolats. Schließlich erreichte man eine Art Status quo, während man auf die Entscheidung Roms wartete. In der Zwischenzeit lernte Rosaura einen Kraftfahrer kennen, der mit dem Lastwagen auf den Wochenmarkt des Ortes fuhr. Sie verliebte sich, und der Skandal war so schrecklich, daß Rosaura sich gezwungen sah, die christliche Stiftung zu verlassen, weil jegliche Beziehungen zwischen den Geschlechtern, selbst platonische, als sündhaft galten. Der Kraftfahrer dachte, er habe sowohl das zivile als auch das kanonische Recht verletzt, und glaubte, er habe Beziehungen zu einer Nonne unterhalten. Verschreckt verließ er Rosaura, die in einem Dorf an der Küste eine Dienststelle antreten mußte.

»Armes Mädchen«, sagte Eveline leicht beschwipst. Sie hatte die Lippen zyklamrot geschminkt und versuchte das Make-up mit Hilfe eines Taschenspiegels aufzufrischen.

Der Bote erreichte entkräftet Perpignan, die Stadt, wo König Pere der Förmliche mit den Einwohnern tanzte. Adieu, Königreich Mallorca! Ja, aber gegenüber der gotischen Llotja steht ein

Haus mit einem Fenster. Und im Fenster kämmt sich ein Mädchen mit Tränen in den Augen.

»Platz-mi, cavaller francès – ich bin einverstanden, französischer Ritter.« Der Mond verdeckt die Schamröte ihres Gesichts hinter einer Wolke und entfernt sich gedankenverloren in Richtung San Miquel de Cuixà.

Die Eidechse rollt sich um ihren Schwanz und posiert als Siegel. Das Amt ist äußerst wichtig und verleiht dem Träger die hohe Würde des Hofes, der keinen festen Standort hat. Einen Tag in Lleida oder in Barcelona, einen anderen Tag in Valencia oder sonstwo. Da kommen viele Jahre zusammen, um das Land nach und nach kennenzulernen und sich in allen Gasthäusern den Magen zu verderben. Darüber hinaus gibt es nebst dem königlichen die geheimen Siegel: das Siegel für jede Privatangelegenheit oder jenes, das die Geschwätzigkeit der Sekretäre verbietet oder direkt von der Majestät kommt. Man muß sie auswendig kennen und sich verpflichten, sie getreu für sich zu behalten. In einigen sehr speziellen Fällen verlangt das Amt, die Form des Siegels zu erfinden. Zu erfinden und in den Bestand aufzunehmen.

Tomàs lehnt aus dem Fenster und betrachtet die nächtliche, mit Sternen besetzte Himmelskuppel. Er geht einige Schritte im Zimmer auf und ab und bleibt vor den alten Manuskripten stehen.

Jetzt ist er ins Bad gegangen, hat sich ein Glas mit Wasser gefüllt und trinkt ein wenig. Er findet im Spiegel sein Gesicht und nähert sich dem Spiegelbild. Mit zwei Fingern spannt er leicht die Haut der Wange und untersucht gleich darauf seine Zunge.

Er wendet sich wieder den Manuskripten zu. So verweilt er einen Moment in der Mitte des Zimmers, die Hände in den Taschen. Er fragt sich, was in aller Welt sie bedeuten, was die Eidechse bedeutet und das Siegel, was das wohl bedeutet.

Rosaura schluchzt leise in ihrem Zimmer unterm Dach. Sie ist halb entkleidet, und die durch das Fenster eindringende Nachtluft läßt sie frösteln. An der Wand hängt eine Lithografie der heiligen Theresia von Jesus und, etwas weiter weg, eine Kleiderstange mit ihrem Sonntagskleid. Wenn sie sich hübsch machte, denkt sie, fühlte sie sich stark und könnte gegen Madame Nikopoulos bestehen.

Schließlich vertieft sich Tomàs in die Lektüre. Er hat das Licht gelöscht und einzig das Nachttischlämpchen brennen lassen.

Der Kanzler seufzt, weil die Jahre ihn schwer belasten. Er hört immer noch das Bellen, aber nun ganz schwach, wie im Fieber. Er liebt die Blumen, seine Enkel rühren ihn, und ab und zu schreibt er an der Chronik.

Die Nacht ist kalt. Venus leuchtet fern.

4. Die Vorbereitungen

In der Avenue Foch Nummer 16 in Montpellier gibt es ein Geschäft mit einem Schild, worauf steht: »Chevreuil et Frères. Importations et exportations«. Es macht einen etwas düsteren und verstaubten Eindruck, und die Einrichtung des Ladens stammt offensichtlich aus dem neunzehnten Jahrhundert, mit verzierten Decken, wo man noch verblaßte Girlanden und welke Veilchen erahnen kann. Die Nachbarn fragen sich ab und zu, welcher Art von Geschäften sich Chevreuil et Frères wirklich widmen, da es äußerst selten vorkommt, daß jemand während der Öffnungszeiten hineingeht oder herauskommt. Der Laden ist beinahe immer geschlossen, und die einzigen Leute, die man kennt, sind Monsieur Dupont, der Geschäftsführer, und Hippolyte, der Bursche, der den Auftrag hat, die eisernen Gitter zu öffnen und den Eingang zu kehren – wenn ihm der Sinn danach steht. Es sind zwei unheimliche und beunruhigende Persönlichkeiten. Monsieur Dupont findet man an den Tagen, an denen Chevreuil et Frères nicht geöffnet hat, stets im Musée Fabre vor Altargemälden in der Abteilung für mittelalterliche Kunst; Hippolyte, von dem die Leute sagen, er sei nicht normal, spaziert einsam in seinem grauen Arbeitskittel durch den Park Le Peyrou und füttert die Schwäne im Teich. Eines Tages fand man zwei der Tiere vergiftet, und Geffroi, der Gendarm der Gegend, verdächtigte sogleich Hippolyte. Die Sache wurde aber nicht bis zum Ende verfolgt, denn auf dem Höhepunkt der Untersuchung veranlaßte eine geheimnisvolle Intervention, daß die Angelegenheit fallengelassen und zu den Akten gelegt wurde. Chevreuil et Frères hat eine Zweigstelle in Barcelona, in der Straße Les Trompetes del Rei Jaume I. Nummer 3.

Tiefblau ist das Meer an der Küste von Cotlliure, Banyuls und Portvendres. Kleine gekräuselte Wellen kommen am Strand an, mit ein wenig Schaum auf der Krone, und hauchen im Sterben einen schwachen Seufzer aus. Manchmal werden vor irgendeinem Café Sardanes getanzt, und die gebildeten Touristen kaufen Postkarten mit der »Venus del Collar« von Maillol. Weiter die Küste hinauf befinden sich die Sümpfe von Salses, die von aschgrauer Farbe sind und eine Art Beklemmung und, bis zu einem gewissen Grad, Angst verursachen, da die Grenzen zwischen Land und Meer unbestimmt und verdächtig sind. Aber an schönen Sonnentagen ist diese Gegend ein Traum, und die Autos kommen mit ihren Wohnwagen.

An jenem Nachmittag stattete Monsieur Dupont dem Besitzer des Hotel du Palais, so genannt, weil es neben dem Justizpalast liegt, einen geheimnisvollen Besuch ab, um nach jemandem zu fragen, den er aus Perpignan erwartete. Er sprach von Schenkungsurkunden und auf rätselhafte Weise auch von königlichen Dokumenten und Planiglobien; dann bezahlte er einen vereinbarten Betrag im voraus. Anschließend wandte er sich zur Boutique du Mouton de Panurge und kaufte drei

Bogen Pergament bester Qualität. In der Tür, beim Aufsetzen des Zylinders, stieß er so unglücklich an, daß ihm die Brille zu Boden fiel. Eines der Gläser rollte bis auf den Bürgersteig und zerbrach, als es über den Randstein sprang, in winzige Stücke.

Der Ritter hat all das mit ein wenig Melancholie betrachtet. Sein Gesicht ist empfindungslos, aus Granit, aber er ist schön und stolz, und ihm vertraut man die schwierigen Missionen an. Jetzt denkt er an seinen Lieblingswindhund und an das große und unvermeidliche Unglück des Lebens. Gewiß, er hat zarte Gesichter gesehen, von der Freude erregt, aber auch den Tod und den Verfall, der hinter allem lauert. Er weiß, daß nichts unveränderlich ist und daß die Ewigkeit wie ein großer Fluß gleichgültig dahinzieht. Was für einen Sinn hat dann noch das Leben und welchen Sinn der Tod? Leben und Tod sind vielleicht ein und dasselbe, und unterscheiden kann man sie nur in einer anderen Realität. Darüber denkt der Ritter nach, beinahe schon am Ende seiner Reise angelangt, und der Gedanke ist wie ein Schatten, der über sein Gesicht zieht.

Monsieur Dupont ist ein wenig nervös. Er hat sich das Kreuz der Ehrenlegion an den Rockaufschlag gesteckt und aus dem Schrank eine weniger verblichene Krawatte ausgesucht. Danach hat er die Kommode abgestaubt und ebenso die Formalinflaschen, in denen aufgerollt schlaff drei Eidechsen von undefinierbarer Farbe ruhen. Auch ein Fernglas und einen alten Kompaß hat er mit dem Lappen abgerieben.

Hippolyte lacht töricht hinter einer Rüstung, die, ein Bein vorgestellt, aufrecht dasteht, mit einer Lanze in der Hand. Er hat das Visier hochgeschoben und enthüllt so ein Wachsgesicht mit Glasaugen, in dem der Wahnsinn fiebert. Hippolyte schwingt eine verrostete Axt und versucht etwas zu sagen, ohne daß es ihm gelänge.

Durch die Lüfte fliegen Masken, Federn, heisere Laute, entzückende Boas, Salben und Enthaarungscremes, Gelächter, Schluchzen, Mimi Pinson, Daguerreotypien, Frachtscheine, verschlungene Lieben, stinkende Luft, Jucken, Schweiß und Achselhöhlen in einem unglaublichen, schwindelerregenden Wirbel.

Hippolyte bricht stammelnd zusammen vor dem steinernen Angesicht des Ritters, der das Amt des königlichen Boten bekleidet, stößt einen hysterischen Schrei aus und verkriecht sich hinter einem Vorhang.

Draußen rüttelt ein mächtiger Wind an Türen und Fenstern. Es ist ein gewaltiger, lautloser Wind auf dem Weg zu Himmelsräumen und Gestirnen.

5. Der Besucher

Er kam am frühen Nachmittag an und gab zunächst seine Visitenkarte ab; aber Tomàs sagte weder der Name Chevreuil et Frères etwas noch der von Monsieur Dupont. Gelassen trat er ein, würdevoll, mit dem anachronistischen Zylinder in der Hand und einem kalten Lächeln auf den Lippen.

Er sprach mit Tomàs über Zypern. Über Zypern und eine Ölgesellschaft mit Pipelines in Syrien und Zweigstellen in Israel. Er sprach auch von einer alten Geschichte, von Unregelmäßigkeiten, die ein gewisser Paläologe Dimas sich zuschulden hatte kommen lassen. Aber das Wichtigste waren unglaubliche Anteile, die es zurückzufordern galt; Anteile, die nicht ganz vorstellbar, dennoch aber sehr wirklich waren. Möglicherweise hatte Tomàs Safont schon etwas von alldem erraten – davon war er überzeugt – mittels der alten, kaum lesbaren Manuskripte.

Zum zweitenmal hörte der Kanzler aufmerksam zu. Um die Augen hatte er feine Fältchen, die die müden Lider berührten. Er lauschte durch die Zeiten und Stürme hindurch, durch das Gebell, das jedesmal schwächer und unwirklicher klang.

Die Gelegenheit war sicher einzigartig. Der wirtschaftliche Vorteil, wie schon gesagt, riesig und in gewisser Hinsicht verbunden mit Tomàs und der Familie Safont. Es ging um mehr als ein einfaches Geschäft. Vor Jahren hatte Tomàs Vater

Nachforschungen betrieben, und er könnte ihm den Briefwechsel zeigen, der lange vor seinem Tod zwischen Oleguer Safont und der Geschäftsleitung von Chevreuil et Frères über diese packende Frage geführt worden war.

Während Monsieur Dupont sprach, kroch aus seiner Tasche eine Schar gefräßiger weißer Ameisen, die an seinem vergilbten Cutaway hinaufkletterten, bis sie am Ärmel angelangt waren. Dort schnitten sie in einer kreisenden Bewegung die Naht auf und trennten, als wären sie eine kleine Säge, den Ärmel vom Cutaway, der sich langsam ablöste, wodurch das Futter und die Vlieseline zum Vorschein kamen. Monsieur Dupont klopfte sich in aller Ruhe leicht die Schulter ab, und die Ameisen verschwanden.

Zypern ist eine stolze Insel voller Gerüche, mit Ruinen, Eukalyptusbäumen und zerbrochenen Torsos aus uraltem Marmor. Die Schwierigkeiten, andererseits, waren bei weitem nicht unüberwindbar. Man brauchte lediglich eine Person, die, ausgerüstet mit den nötigen Dokumenten, die Angelegenheit an Ort und Stelle in Angriff nehmen würde. Der Aufsichtsrat von Chevreuil et Frères – und mit ihm die Geschäftsleitung – waren der Meinung, Tomàs sei die geeignete Person, die die beiden unerläßlichen Qualifikationen in sich vereinige: Zum einen war er jung, zum anderen war er mit der ganzen Sache eng verknüpft. Natürlich würden Chevreuil et Frères die notwendigen Formalitäten erledigen. Mehr noch: man hatte die Vorarbeit und die Route schon sorgfältig geplant. Da war kein Detail, das nicht mindestens zweimal studiert und überdacht worden wäre. Wie Tomàs sich denken könne, sei der Plan geheim und dürfe der ausgewählten Person erst mitgeteilt werden, wenn diese ihre Zustimmung gegeben habe, und auch dann nur unter bestimmten Bedingungen und in einem besonderen und genau festgesetzten Augenblick.

Monsieur Dupont machte eine Pause. Auf dem Zylinder tauchten erneut die Ameisen auf und schnitten mit mathematischer Präzision vier Fingerbreit des oberen Teiles ab. Ohne Zweifel hätten sie ihre Aufgabe weitergeführt, denn sie kletterten schon zur Hose hinunter, als ein weiteres diskretes Klopfen von Monsieur Dupont sie verschwinden ließ.

Er verlange nicht von ihm, daß er sich sofort entscheide. Er halte es auch nicht für ratsam. Aber die Zeit dränge, und er müsse sich innerhalb einer Frist von maximal zwei Tagen äußern. Sie könnten nicht länger warten. Sollte er zustimmen, würde Tomàs spätestens Freitag in Sant Feliu de Guíxols auf der *Aurora de Llevant* einschiffen, die zum Auslaufen bereit liege. In sechs Meilen Entfernung von der Küste würde er auf das Schiff umsteigen, das Chevreuil et Frères eigens zu diesem Zweck geheuert hätten und wo er die Instruktionen erhalten würde, von denen vorher die Rede gewesen sei. Überflüssig zu sagen, daß die Angelegenheit der äußersten Geheimhaltung unterliege, und die Antwort nur ja oder nein sein könne, telegrafisch übermittelt an Chevreuil et Frères Avenue Foch Nummer 16, Montpellier. Monsieur Dupont fügte hinzu, er hoffe, daß alles höchst zufriedenstellend verlaufen werde. Deshalb glaube er, im Sinne des Aufsichtsrates zu sprechen, wenn er seiner vollständigen Gewißheit Ausdruck gebe über den Erfolg des Unternehmens und über den glücklichen Kurs, den Tomàs zu steuern verstehen würde. Nein, er solle nichts sagen. Er würde die Antwort morgen oder übermorgen erwarten, die so in Ruhe bedacht sein würde.

In einem Blitzangriff schnitten die Ameisen die Stiefelspitze des sonderbaren Geschäftsführers ab, wurden aber durch eine energische Bewegung des Fußes abgeschlagen, ohne daß Monsieur Dupont ihnen die geringste Beachtung geschenkt hätte. Die Ameisen hatten seine Zehen und die zerlöcherten Socken enthüllt.

Das Gesicht des Kanzlers verschwamm zunehmend in einem ungewissen Licht. Es war wie eine sich auflösende, ausfransende Nebelwand.

Plötzlich hörte man das grauenerregende Geschrei Hippolytes, der in Formalin liegend stark blutete, zwischen den zerbrochenen Flaschen und den Eidechsen, die nervös auf ihm herumhuschten.

Monsieur Dupont lächelte verlegen, wie zur Entschuldigung. Er murmelte etwas Unverständliches und verschwand durch die Tür.

Die Schwüle war groß, und man atmete einen Geruch verfaulter Sonnenblumen.

6. Tomàs' Abschied

Tomàs glaubte, aus einem Alptraum erwacht zu sein. Dennoch – und er wußte nicht aus was für einem geheimnisvollen Grund – fühlte er einen unwiderstehlichen Drang, die Einladung zu der Reise anzunehmen. Dem allem lag etwas Absurdes zugrunde, gewiß, ein Hauch von Irrenhaus und Hysterie, aber gleichzeitig war es erregend und fesselnd, und er wußte, es würde die Mühe lohnen, das Abenteuer zu beginnen. Außerdem fühlte er sich zu einer solchen Tat berufen, und Großmutter Matilde hatte es schon immer gesagt, wenn sie mit ihrer Häkelarbeit zwischen den gestickten Decken und den Mahagonimöbeln saß. Während der langen Abwesenheiten seines Vaters war Tomàs von der Großmutter erzogen, mütterlich umsorgt worden, die ihm Alben voll alter Fotografien zeigte und ihn verwöhnte. Er wußte, daß seine Vorfahren in gewisser Weise berühmt waren und daß er der Alltäglichkeit aus dem Weg gehen mußte.

In Jerusalem leuchtet seit der Zeit des ersten Kreuzzuges ein katalanischer Kandelaber. Die Schatten des Brudermörders Berenguer Ramon werden sichtbar, reuevoll und büßend, in schlafwandlerischem Kampf gegen die Ungläubigen und die Leute des Grafen von Cerdanya. Katalanische Ritter krümmen sich unter den Pfeilen, auf dem ausgebrannten Fels, zwei Schritte vom Abgrund des Durstes und des Todes. Der Wind häuft

Sand und entwurzelte Sträucher an, bis die mumifizierten, einsamen Körper bedeckt sind. Die Sonne senkt sich auf die verwüstete und öde Erde.

Eveline hat Tomàs eine kleine Szene gemacht. Sie ist außerordentlich enttäuscht, vielleicht sogar etwas gekränkt. Das Ganze sei eine reine Komödie. Wie sie denn Tomàs' Begründungen glauben solle? Monsieur Chevreuil, wer ist denn Monsieur Chevreuil? Sie sei griechischer Abstammung und könne ihn begleiten, wenn er das wolle. Aber nein, er will natürlich nicht. Tomàs hat den ganzen Vormittag gebraucht, um Eveline zu beruhigen, und es ist ihm nur mit dem Versprechen gelungen, ihr oft zu schreiben und sie nach drei Monaten wiederzutreffen, so lange würde nach seinen Berechnungen die Reise dauern. In Wirklichkeit hat Tomàs keine Ahnung, wie lange die Reise dauern wird, aber er umfaßt die Taille Evelines über dem seidenen smaragdgrünen Badeanzug und küßt ihren Nacken. Eveline hat unwiderstehliche Beine, braungebrannt und elastisch, vollkommen. Ausgestreckt im Sand unter dem Sonnenschirm betrachtet Tomàs das entzückende Knie Evelines vor einem harmonischen Hintergrund aus Himmel und Meer, klassisch und mediterran.

Am Nachmittag ist Tomàs wieder zu den Ruinen gegangen. Es geht eine außergewöhnliche Autorität und Würde von ihnen aus. Tomàs liebt das Leben, alles, was lebendig ist und sich ganz und gar selbst behauptet. Er weiß ein gutes Essen zu schätzen und was die Flüchtigkeit des Lebens wert ist. Aber die Ruinen besitzen eine einzigartige Faszination. Er ist in die so geliebten finsteren

Gänge eingedrungen und hat die schlaflosen, wachsamen und schrecklichen Mauern berührt. Danach geht er zu der Stelle, wo die Eidechse zum erstenmal aufgetaucht ist, und sieht den Stein und den Abdruck, den dieser auf dem Moos hinterlassen hat. Er betrachtet das Meer, ein wenig nachdenklich.

Drei Ritter sind nahe einer schlammigen Kuhle von ihren Pferden gestiegen. Sie benetzen das Gesicht mit Wasser und trinken ein wenig, nicht viel. Jetzt beobachten sie den Flug von großen, unheilverkündenden Vögeln, die ihnen schon den ganzen Weg gefolgt sind, zwischen Geröll und Fieber. Der Himmel ist wolkenlos, und von der Erde steigt, wie aus einem Backofen, ein trockener, versengender Dunst auf. Einer der Ritter hat eine große, bis zum Kinn reichende Narbe im Gesicht. Jetzt betrachten sie wieder die großen Vogel in ihrem weiten und schweigenden Flug.

Rosaura hat das letzte Seidenhemd von Tomàs gebügelt. Sie faltet es an den Seiten zusammen, schlägt die Ärmel nach hinten um und achtet sorgfältig darauf, daß nur das Vorderteil sichtbar bleibt, mit den Initialen und dem makellosen Kragen.

»Eine gute Hausfrau wirst du sein, Rosaura, wenn du einmal heiratest.«

»Ja, Herr. Das heißt . . . nein, Herr.«

»Und hübsch außerdem. Und fein wie nur du allein, der Glanz des Hauses, Rosaura.«

Rosaura kullert eine Träne aus den Augen, die auf den Lippen verweilt. Sie denkt, er dürfe ihr das nicht sagen, der Herr, es schmerzt sie, und der

Hals schnürt sich ihr zu. Der Herr soll nur gehen und sie dalassen, wenn sie ihm nichts bedeutet, und das weiß sie ja wohl. Aber um der Liebe der Heiligen Jungfrau willen soll er ihr so etwas nicht sagen, daß sie eine gute Hausfrau würde, wenn sie einmal heiratet, denn das weiß sie selber, aber sie will keinem eine gute Hausfrau sein außer ihm und wünscht sich, seine Dienerin zu sein, und ihm die Hemden zu bügeln und daß er Madame Nikopoulos verläßt.

Tomàs hat Mariano benachrichtigt, er solle ihn am nächsten Morgen um acht Uhr mit dem Taxi abholen. Um Punkt acht. Vor kurzem hat er ein Telegramm an die Avenue Foch Nummer 16 in Montpellier aufgegeben. Im Telegramm steht lakonisch »ja«, wie zu erwarten war.

7. Die Abfahrt

Die Wolken sind weiß, bauschig, weich und leicht. Langsam dehnen sie sich aus, getrieben vom schwachen Hauch der Tramuntana, nehmen verspielte, wechselnde Formen an, jedesmal großflächigere.

Tomàs sitzt an Marianos Seite, der beinahe schlafwandlerisch den Wagen steuert. Von Zeit zu Zeit verlangsamt er die Geschwindigkeit, nähert sich dem Straßenrand und zündet eine dicke Caporal am Stummel der vorherigen an. Hin und wieder sagt er etwas, nur selten, oder nickt leicht mit dem Kopf.

Die Straße hat keine Kurven, und sie passieren mit erschreckender Geschwindigkeit die Plakate von Shell oder La vache qui rit.

In der Nähe der Grenze, in El Voló, will Tomàs noch einen alten Freund seines Vaters besuchen, Ramon Serra, Besitzer einer großen Korkpflanzung. Sie fragen einen Mann, der vor einem Café Geranien gießt und seine Arbeit unterbricht, um sie zu betrachten. Es ist Mittagszeit, und niemand ist auf der Straße. Ein wenig weiter entfernt ist ein Hund stehengeblieben, um sich heftig eine Flanke zu kratzen, und überquert dann die Straße.

Ab und zu kämpft ein Bild aus vergangener Zeit darum, Gestalt anzunehmen. Das Wasser ist grün und trüb, mit leuchtenden Reflexen, unter einer schattigen Reblaube. Das Becken ist aus altem und verwittertem Stein, und manchmal bilden sich im

Wasser konzentrische Wellen, die sanft vergehen. Ein Gesicht oder etwas Unscharfes und Entferntes versucht an die Oberfläche zu kommen, gerät außer sich und treibt dahin oder versenkt die Wut unter dem Lachen, die Lippen unter den Schwertern, das Herz unter einer sinnlichen Seerose.

Monsieur Serra ist im ganzen Umkreis beliebt. Man nennt ihn liebevoll Monsieur Le Tap – Herr Korkzapfen. Er ist groß und stark wie eine Korkeiche und hat eine männliche, entschiedene Stimme, die schreckenerregende Register erreichen kann. Als passionierter Jäger kennt er die Gegend wie seine Hosentasche vom vielen Herumstreifen mit Lleó und dem Gewehr. Häufig kehrt Lleó um, läßt sich zu den Füßen Ramon Serras nieder und legt die Schnauze auf seine Stiefel. Dann dreht er die Augen nach oben und schaut ihn an.

Tomàs hat mit dem alten Freund seines Vaters gegessen. Ein Spitzenvorhang aus Buchs filtert das grüne Licht durch die Jalousie des Fensters, das zum Garten geht. Wenn Ruhe herrscht, hört man das Rauschen der Blätter einer großen Linde, deren Zweige sich zum Fenster neigen. Die Gläser und das Silber auf dem Tischtuch schimmern. Ramon Serra hat aufmerksam zugehört, eingehüllt in den Rauch einer guten Zigarre.

Beim Sprechen hat Tomàs die obersten Knöpfe seines Hemdes geöffnet. Das Gesicht des Kanzlers nähert sich und beobachtet Tomàs und die Karte. Man sieht das von Ungeheuern durchpflügte Meer und ein winziges Schiff mit den vier Barren, dem Wappen Aragoniens. Etwas weiter weg liegen die geheimnisvollen Länder Afrikas, mit vielen Feldzelten, errichtet unter der Glut der Wüste und der Krummsäbel Kaunús. Karawanen ziehen langsam dahin, auf der Suche nach Zimt und Kautschuk, zwischen kleinen grünen Oasen, und noch weiter, in der Ferne liegt das furchterregende, fremde Asien. Weit aufs Meer hinaus gebaut, hat Sant Joan d'Acre die Form einer Burg, mit den Schiffen der Christen, die ein- und auslaufen, und dem Schatten Rogers unter der Standarte der Templer. Man sieht Chios, das Land des Harzes, die zahlreichen Inseln Griechenlands, Ephesos, die katalanischen Konsulate in Damaskus und Alexandria und die Händler aus Barcelona. Etwas weiter oben ist Konstantinopel zu sehen und die Byzantiner sowie die schmachtenden Blicke der Jungfrauen aus Athen. Allem haftet ein Geruch nach Gewürzen und Myrrhe an.

Sie waren um Viertel nach acht in Sant Feliu de Guíxols angekommen. Tomàs mußte noch einige Stunden in Banyoles auf dem Gut Palol de Rebardit haltmachen, wo er die nötigen Anweisungen gab, bevor sie nach Sant Feliu weiterfuhren.

Sie erreichten den Ort von der Straße La Ferreria aus und gingen direkt zur Pension Fonda del Comerç, die von einer Witwe geführt wurde, der Senyora Vilaseca. Auf beiden Seiten der Vorhalle steht ein Topf mit einer Zimmerpflanze, und an der Wand hängt ein Schild der Tourismus-Generaldirektion, das die Klassifizierung der zweiten Kategorie verzeichnet, und ein verblaßtes Seestück aus der Zeit von Martí Alsina. Am Eingang, im oberen Stockwerk, zu dem man über einige Stufen aus roten Steinfliesen hinaufsteigt, gibt es eine Glastüre mit einer Gravur, auf der in gotischer Schrift zu lesen steht »Fonda del Comerç«. In der Rezeption, wo die Meldescheine der Reisenden ausgefüllt werden, hält sich gewöhnlich ein großer kastrierter Kater auf, der zum Summen der Fliegen einschläft.

Einige wenige Gäste nahmen gerade das Abendessen im Speisesaal ein. Das Licht fing sich im Glas der Öl- und Essigkaraffen und entwischte dann zu einem großen Spiegel, wo mit Klebestreifen ein Plakat des örtlichen Fußballklubs befestigt war. Des weiteren gab es ein Buffet mit zwei Stapeln Tellern und Weinflaschen.

Nachdem sich Tomàs von Mariano verabschiedet hatte, der am nächsten Morgen früh aufbrechen würde, stieg er in sein Zimmer hinauf. Er beauftragte ihn noch, die Farbe der *Maria de l'Estrella* etwas aufzufrischen und außerdem den Motor zu kontrollieren. Vor allem die Zündkerzen.

In einer Ecke entsteht eine blasse Helligkeit, und das Gesicht Hippolytes erscheint, der weiterhin im Spital von Montpellier liegt. Ein Urwald von kalligraphischen Initialen steigt auf, von Lampen mit grünem Weinlaub, von gegerbtem Leder und verlassenen Stiefelknechten.

Eine einsame Kröte beginnt ihren Gesang, regelmäßig und ohne Eile. Tomàs legt sich ins Bett, und bald schläft er fest ein.

8. Das Einschiffen

Der Wind, der aus dem Landesinnern kommt, heißt Cerc. Er macht sich die engen Schluchten zunutze, rollt donnernd in die weite Ebene und erschreckt die Esel oder bringt die Wetterfahne zum Tanzen. Es gibt auch andere Winde mit ganz bestimmten Namen, die eindeutige Folgen für die Landwirtschaft haben. Die Kirchenglocken reagieren besonders empfindlich auf die Wirkung der Winde, und man kann sagen, daß in verschiedenen Archiven das Echo ihrer verletzten Stimmen aufgezeichnet ist. Vor allem aber ist der Wind von einzigartiger Wichtigkeit für die Seefahrt oder wenigstens für eine bestimmte Art der Seefahrt. Man denkt dabei natürlich an die Segelschiffahrt. In den nautischen Abhandlungen wird besondere Sorgfalt darauf verwandt, die wohltätigen oder schädlichen Einflüsse der Winde darzustellen, und die Seeleute wissen aus Erfahrung, wie richtig diese Überlegungen sind. Auf dem Meer findet der Wind keinen Widerstand, und dann geschieht es, daß er sich mächtig und furchtbar, unverantwortlich und launisch zeigt.

Die *Aurora de Llevant* ist eine jener kleinen Briggs, die Küstenhandel betreiben. Sie liegt an einer Ecke der Mole verankert, und die arbeitsame Besatzung lädt Salpeter und gepreßte Korkplatten. Aus der Heckkabine, wo zweifellos die Küche eingebaut ist, steigt ein schwacher Rauch auf und verbreitet einen intensiven Geruch nach

Stockfischfrikassee. Ein Seemann im Hemd und mit Kochmütze kommt ab und zu heraus, lehnt an der Reling und sieht den anderen beim Beladen zu.

Der Kapitän heißt Pere Escofet, stammt aus Cambrils und sieht entschlossen aus; er ist aber eher von kleiner Statur. Als Tomàs ihn begrüßt, stellt er sich ein wenig auf die Zehenspitzen. Ja, alles sei vorbereitet. Er also sei Tomàs Safont, der Bevollmächtigte von Chevreuil et Frères? Sehr erfreut. Sein Schiff sei natürlich nicht sehr bequem. Keiner von jenen italienischen Dampfern, von denen die Zeitungen so viel schrieben. Gestatten Sie, daß ich lache. Tatsache sei, daß ein paar Stunden Reise im Flug vergehen. Auch sei es ja wohl fürstlich – er sagte »fürst-lich« –, ein ganzes Schiff zu mieten, um dann nach sechs Meilen auf ein anderes umzusteigen. Hätte er nicht die besten Referenzen von Chevreuil et Frères gehabt, mit denen sein Bruder schon gearbeitet hatte, hätte er den Auftrag bestimmt nicht angenommen. Jeder würde sagen, daß das nach Schmuggel oder Spionage rieche (natürlich nur, wenn man Chevreuil et Frères nicht kenne), und er fahre doch schon immerhin zweiunddreißig Jahre zur See, ohne jemals Schwierigkeiten gehabt zu haben. Außerdem seien die Papiere in Ordnung und die notwendigen Formalitäten abgeklärt. Das Ganze geht mich also nichts an, und jeder ist frei, zu tun, was ihm beliebt. Er nehme an, und wie ihm scheine, mit gutem Recht, seine Erläuterungen hätten Tomàs nicht irritiert, sondern, im Gegenteil, dazu gedient, jegliches Mißverständnis zu klären, das unter den gegebenen Bedingungen hätte auftauchen können. Und jetzt, wenn es Tomàs genehm sei, würden sie einen Rundgang durchs Schiff machen.

Da ist das Schiff, es taucht auf wie ein Gespenst. Die Fahne ist nicht eindeutig bestimmbar. Außer derjenigen der Grafen-Könige, der ruhmreichen alten Flagge Barcelonas, flattert am Mast abwechselnd der schwarze Adler der Hohenstaufen oder die Fahne des Herrschers von Mallorca. Das Schiff hat einmal gegen die französischen Galeeren Karls von Valois gekämpft, des »Verrückten des Hutes und Windes«, dann wieder gegen die furchtlose Macht Genuas oder gegen die bewaffnete Schlauheit Venedigs, alles zur Mehrung des Ruhms und des Reichtums des Königs von Aragonien sowie seiner Brüder und Cousins aus Sizilien und Perpignan. Auch unter Seeräuberfahne war es schon unterwegs, in königlichem Auftrag, an den Küsten Griechenlands, wo die Kompanie glanzvoll an einem Reich und einem heldenhaften Leben schmiedet; über seine Landungsbrücke hat das Schiff Gesandte und Konsuln zu allen Häfen des Mittelmeeres gebracht, und es fährt auch im Interesse der Händler, die in barer Münze, mit Kupferrealen zahlen.

Tomàs hat das Gepäck fertig gemacht und die Fonda del Comerç verlassen. Durch die Straße weht ein sanfter und erfrischender Wind. Ein paar Mädchen spazieren Arm in Arm die Promenade hinauf und hinunter und kichern, wenn ein Bekannter sie grüßt. Verstohlen und kokett unterdrücken sie ihr Lachen. Am Rand der Promenade, um die Tische der Bar El Velòdrom, trinken die Leute Bier oder Johannisbeersirup. An einem dieser Tische diskutieren einige Herren die Lokalpolitik und schauen hin und wieder zu den vorbeiflanierenden Mädchen oder rühren bedächtig in ihren Gläsern. Dann wischen sie sich den Schnurrbart mit dem Taschentuch ab und seufzen leise, voller Melancholie. Das Licht nimmt sanfte und seidige Tönungen an, wird zart und unwirklich, und schon erstrahlt die Schaufensterbeleuchtung des Hemdengeschäfts oder des Tabakladens.

Als Tomàs an der Mole angekommen ist, steigt ihm im Vorbeigehen an der Wand eines alten Lagerhauses plötzlich ein starker Geruch von Salpeter und Urin in die Nase. Pere Escofet, mit der Kapitänsmütze auf dem Kopf, schreitet mit langen Schritten das enge Deck des Schiffes ab und blickt immer wieder nervös auf die Uhr.

»Sie müssen wissen, daß es zehn Minuten später ist als abgemacht.«

Jetzt ist es schon dunkel. Der Kapitän gibt mit energischer Stimme seine Kommandos. Ein kühler Wind kommt auf, und Tomàs zieht einen Wollpullover über.

Man sieht die Lichter von Sant Feliu. Von weitem kommen die Töne eines Plattenspielers übers Wasser. Unauffällig und einsam fährt das Schiff mit der Fahne unter den Sternen und dem Wind.

9. Das Umsteigen

Monsieur Dupont schreibt einen sehr langen Bericht an einem jener geneigten Pulte, deren Oberfläche mit grünem Saffianleder bezogen ist. Man hört das beharrliche Geräusch der gefräßigen Termiten, die lange, unterirdische und düstere Gänge durch das ganze Haus bauen. Von Zeit zu Zeit erscheint in einem Winkel eines Möbels ein kleines Loch, und darunter bildet sich schnell ein riesiger Haufen Sägemehl. Man kann beobachten, wie die Sägemehlspäne rieseln, in feinsten Partikeln, die sich zu einem dünnen Strahl vereinigen und eine Pyramide mit scharfer Spitze formen. Plötzlich versiegt der Strahl, und Ruhe kehrt ein.

Monsieur Dupont hat den Zelluloidkragen abgenommen und fährt mit zwei Fingern zwischen Hemd und Haut durch. Im ganzen Haus ist ein Klopfen, eine seltsame Vibration zu hören. Es ist schon spät nachts. In einem Bild an der Wand bewegt sich leicht eine Figur. Lautlos geht eine Tür auf und läßt das verblaßte Abbild eines Ritters hinein, der grußlos den Raum durchquert. Monsieur Dupont schreibt. Man hört das Kratzen der Feder auf dem Pergament. Die nebulöse und zerfranste Erscheinung des Ritters hat sich hinter Monsieur Dupont aufgestellt und betrachtet das Dokument, das dieser niederschreibt. Von weitem kräht ein Hahn. Das Licht schwankt und flackert in immer kürzeren Abständen. In der Ferne hört man Trompeten und Pikkoloflöten, und im Raum häuft eine

Art unsichtbarer Wirbelwind Echos und wehmütige Erinnerungen, Seufzer und Tränen.

Es ist ruhig geworden. Tomàs und der Kapitän rauchen schweigend zwei toskanische Stumpen, während das Schiff seinen Kurs hält. Die Luft ist feucht, und die Sterne leuchten intensiv. Der Kapitän Escofet sagt zu Tomàs, sie seien bald am Treffpunkt, und er hoffe, dort das Schiff von Chevreuil et Frères vorzufinden. Tomàs hat sich an die Reling gelehnt, das Gesicht der undurchdringlichen Dunkelheit der Nacht zugewandt, und lauscht dem Plätschern des Wassers und dem Spritzen der Schaumkronen, die vom Bug gespalten werden. Manchmal netzt die Gischt seine Wangen, berührt seine Lippen, und hinterläßt einen salzigen Geschmack. Tomàs strengt sich vergeblich an, die geheimnisvolle Dichte und Dunkelheit der Nacht zu erforschen.

Der Kanzler ist zufrieden. Er lächelt kraftlos und lehnt den Kopf in die Kissen. Auf diesen Moment war schon lange gewartet worden. Man zweifelte bereits an der Wirksamkeit seiner bis dahin unangefochtenen Autorität und seinem Scharfsinn. Er trinkt in kleinen Schlucken den alten Wein, den ihm eine Woche zuvor sein Neffe, Prior von Poblet, geschickt hat. Eine gute Rebsorte und eine gute Erde. Er erinnert sich daran, wie einst die Gefolgschaft das Kloster verließ, und auf dem Weg nach Prades durch den großen Kastanienwald kam, und daran, wie er, schon am Rand von Siurana, zwischen steilen Schluchten und Felsen den flehenden Blick eines Bauernmädchens auffing.

Der Kapitän hat seine Hand auf den Arm von Tomàs gelegt, und dieser bemerkt, wie sein Körper sich strafft und reglos wird. Jenseits der Finsternis ragt ein riesiger Schatten, unförmig und unbeleuchtet, aus der Dunkelheit. Der Kapitän gibt eilig Befehle, und das Plätschern des Wassers gegen den Bug verstummt langsam. Die *Aurora de Llevant* dreht vorsichtig bei, bis sie neben der schattenhaften Erscheinung liegt. Tomàs sieht gespannt zu, und sein Herz schlägt aufgeregt. Das Manöver ist vollkommen. Die beiden Schiffe nähern sich einander lautlos.

Rosaura bestickt ein Taschentuch in ihrer Kammer. Sie sitzt auf dem Bett und denkt an Tomàs. Es klingelt, und sie neigt sich ein wenig zum Spiegel, um das Häubchen zurechtzurücken. Eilig geht sie die Treppen des Hotels hinunter.

Der Kanzler ruft sich das Gesicht des Mädchens ins Gedächtnis. Er denkt an seine Jugend und an das harte Leben, das er führte, unter fremden und wechselnden Himmeln. Die Augen des Mädchens beunruhigen den Kanzler, der in kleinen Schlucken den Wein trinkt, den ihm sein Neffe aus Poblet geschickt hat. Er erinnert sich auch an die Berge, das kalkige Wasser des Montsant und von Prades und an jene Augen, die ihn auf beunruhigende Weise anschauten. Der Kanzler trinkt den letzten Schluck und denkt daran, daß die Jahre nicht wiederkehren.

Von dem verschwommenen Umriß des Schiffes klingen nicht genau definierbare Stimmen herüber. Jetzt haben sie ein kleines, unstetes Licht angezündet, und man hört das Geräusch des Tauwerks und der Seilwinden. Das Gesicht des Kapitäns Pere Escofet bekommt einen mißtrauischen und wachsamen Ausdruck, und er durchforscht aufmerksam die Dunkelheit, obschon das Meer zärtlich und sanft ist in dieser mondlosen Nacht. Das Schiff ist schon ganz dicht herangekommen.

Auch Eveline Nikopoulos denkt an Tomàs. Sie hat Albert Pepratx junior aufgefordert, Totó suchen zu gehen, den gelockten Pudel; wer weiß, was er wohl unter diesen herumstreunenden, armseligen Hunden treibt. Albert Pepratx ist ein gutaussehender Junge, der Wasserski fährt, und der Sohn eines Aufsichtsrats des Bankinstituts Crédit Lyonnais.

Eveline denkt also an Tomàs, während Hippolyte im Krankensaal des Spitals Fliegen jagt. Drei Fliegen summen herum und stoßen gegen die Scheiben bei dem Versuch, hinauszukommen. Hippolyte bewacht sie, furchteinflößend.

Ramon Serra hat für einen Augenblick seine Lektüre unterbrochen und sitzt nachdenklich da, während Lleó zu seinen Füßen liegt und ihn anblickt.

In der feuchten Luft liegen wachsame Ruinen, harte Schwingungen von Metall, Samt und Federn, die kraftlos herabfallen, unmotiviert, in einem abgestandenen und moderigen Dunst.

Tomàs hat sich vom Kapitän verabschiedet, der ihm viel Glück wünscht und ihn zur Vorsicht ermahnt. Ein Boot hat ihn zur Breitseite des Schiffes gebracht. Er ist die Treppe hinaufgestiegen, und ein paar kräftige Hände haben ihm geholfen, an Deck zu steigen.

In diesem Augenblick weiß Tomàs, daß das große Abenteuer beginnt.

Aus der Dunkelheit, aus der tiefen Dunkelheit, erhebt sich ein mächtiger, gewaltiger Wind. Es ist der große Wind auf dem Weg zu Himmelsräumen und Gestirnen.

ZWEITER TEIL

1. Die Seefahrt beginnt

Arnau de Çafont war ein großer Admiral in den Diensten des ritterlichen Königs. Als dieser nach Bordeaux ging, um Karl von Anjou zum Turnier zu fordern, erfüllte Arnau de Çafont wichtige Missionen im Mittelmeer und kam mit vielen wundersamen Neuigkeiten zurück, unter anderen derjenigen vom feurigen Wasser oder vom Wasser, das brennt. Keiner schenkte dieser aufsehenerregenden Nachricht Glauben, aber die königliche Gunst bezeugte dem Admiral gütig ihre Dankbarkeit für seine Kühnheit. Arnau de Çafont kehrte nach Blanes zurück, an den Ort, aus dem er stammte, heiratete die anmutige Tochter des Ritters Guerau de Brossa und widmete sich vorwiegend der Jagd und der Vergrößerung seiner ohnehin bereits ausgedehnten Besitztümer. Im Laufe der Jahrhunderte starb der ursprüngliche Stamm der Çafont aus, aber ein Zweig blieb noch erhalten, in Banyoles; ein Zweig, der, sagen wir, rein ländlich war, und sich auf den Gütern von Roderic, dem Prior von Sant Pere de Roda, niedergelassen hatte. Durch ein erneutes Wunder an Fleiß und Intelligenz entwickelten sich die Çafont aus Banyoles, indem sie die Gelegenheit nutzten, die lehnsrechtlichen Bindungen aufzulösen, zu einer der wichtigsten Landbesitzerfamilien Kataloniens, mit Grundstücken in der ganzen Provinz. 1870, als per Gesetz das Personenstandsregister eingeführt wurde, änderte sich der Name der alten Familie in Safont.

Größtenteils war diese Vorgeschichte Tomàs dank der Übermittlung seiner Großmutter Matilde bekannt, die sie ihm an den Winterabenden in allen Einzelheiten erzählte, doch mußte Monsieur Dupont diese Daten mit saurer Mühe über seine Zweigstelle in Barcelona ermitteln.

Eine fremdartige Stimme hieß Tomàs willkommen, als er auf der Brücke des Schiffes von Chevreuil et Frères eintraf, nachdem er die *Aurora de Llevant* verlassen hatte. Die Stimme sprach ein ungewöhnliches Katalanisch, das sich aus der Sprache des Prinzipats und all seiner verschiedenen Dialekte zusammensetzte. Man hätte sagen können, manche Wörter seien mallorquinisch oder valencianisch, und selbst die Lautbildung war an dieser verwirrenden Mischung beteiligt, mit einem gewissen archaischen oder altmodischen Einschlag. Die Stimme sagte, ihr Name sei Pere Llobet, und sie befehlige das Schiff oder, besser gesagt, die Galeere seit siebzehn Jahren, und in den Werften von Barcelona habe sie lobend von seinem Verwandten Arnau de Çafont sprechen hören. In Erfüllung der königlichen Anweisungen unterstelle sie sich den Befehlen von Tomàs, was die weitere Route und die Bestimmung der Galeere anbetreffe, und sie führe außerdem die geheimen Instruktionen bei sich, direkt aus der Hand des Kanzlers empfangen und mit dem Spezialsiegel der Mission versehen, die Tomàs übergeben werden sollten. Jetzt, glaube er, sei es das Wichtigste, auszuruhen, und er habe ihm ein gutes Bett vorbereitet. Währenddessen werde die Galeere Kurs auf Messina nehmen, wo Tomàs ihm das nächste Ziel angeben müßte.

Die Dunkelheit war undurchdringlich. Irgendwo auf dem Deck flackerte unstet eine Fackel im kräftigen Wind und ließ vage Gestalten erscheinen. Von Zeit zu Zeit trat ein Gesicht hervor, die deutliche Bewegung einer Hand oder das flüchtige Blitzen eines metallischen und glänzenden Gegenstandes. Manchmal wurde die Dunkelheit von einem fahlen Licht erhellt, dem Licht des Sonnenaufgangs oder der Dämmerung, weit, weit hinter den realen und greifbaren Dingen, weit hinter dem Raum noch und der Zeit, und dann erschien die sanfte Wölbung eines Hügels, bekrönt von seinem Lieblingsbaum, und die weiße Umzäunung des Stalles unter den Blättern der Maulbeerbäume und Pfeffersträucher. Zu der Eingangstür führten drei Stufen, und in der Vorhalle stand der Schrein mit der barocken Statue der Mare de Déu del Mont. Die Dienstboten schliefen noch und ebenso die sechs Hunde von Tomàs. Aber bald würde die alte Magdalena erwachen, die alte Magdalena, die mit sechzehn Jahren ins Haus gekommen war; sie kam aus Faió und konnte weder lesen noch schreiben. Auch den See konnte man erahnen und das Gehöft von Can Morgat, dessen Besitzer das Ochsengespann samt Pflug vertrieben hatte, vor der wundersamen Überschwemmung. Alles wurde schwerelos, mit einem seltsamen Beigeschmack von Melancholie, alles entfernte sich, entfernte sich und wurde immer kleiner, und die Bienen summten im Schwarm, schwindelerregend und einschläfernd.

Einmal allein in der Kabine, die ihm zugewiesen worden war, öffnete Tomàs, noch bevor er schlafen ging, das dreifache Siegel der Instruktionen. Unter dem Licht der Öllampe bissen sich die drei scharlachroten Eidechsen in den Schwanz, lebhaft und empfindlich, und das Pergament entrollte sich vor seinen Augen. Da waren winzige Buchstaben in einer komplizierten und bizarren Kalligraphie, die das Dokument nervös zu verschlingen schienen. Während er zu lesen versuchte, spürte Tomàs, wie er zunächst in einen dunklen Gang von Wind und Wahnsinn eindrang – in etwas Unterirdisches und Makabres –, um dann später in eine endlose Wüste voll unfruchtbarer Erde und Granitbrocken zu gelangen, wo eine Handvoll Schatten zwischen Standarten umhergingen. Ein Antlitz erhob sich, kam immer näher, und er sah, wie die Gesichter der Kapitäne Pere Escofet und Pere Llobet verschmolzen. Identische Gesichter, die sich häufig ganz voneinander lösten, wobei eines aus dem anderen heraustrat, oder sich überlagerten und ein und dasselbe wohlwollende Lächeln zeigten. Ein mächtiges Geheul rollte durch das Gewölbe der Jahrhunderte, und im Blut pochte rasend der Puls, unbekannten und mysteriösen Wegen entgegen.

Tomàs beugte sich vor der zitternden Flamme, vor dem Geheimnis und dem Abenteuer.

Das ganz reine, schwarze Wasser pflügend, hielt das Schiff mit gehißter Fahne Kurs auf Sizilien.

2. Der Sultan

Al-Kasim, der mächtige Sultan Ägyptens, hatte drei Töchter, die auf die Namen Hafez, Arusa und Meniem hörten. Auch hatte er einen Verräter an seinem Hof, der hieß Osman und konspirierte, um ihn abzusetzen. Aber der Sultan, der ein gutmütiger Mann war, tolerierte seine Gegenwart, weil er vom Unglück Osmans überzeugt war und außerdem, weil eine gewisse Unsicherheit das Leben unter jener erdrückenden Sonne ein bißchen spannender gestaltete.

Al-Kasim machte einen Rundgang durch die zierlich und fein gestalteten Gärten des Palastes und lauschte der himmlischen Musik des Wassers, die dank eines genialen Systems von Kanälen und Springbrunnen immer von neuem überraschte. Kürzlich hatte er aus Syrien Stecklinge der berühmten Granatapfelbäume Russhu kommen lassen, eine Sorte mit kleinen, jedoch saftigen Früchten, den süßesten der Welt. Der Sultan liebte seinen Garten, und es gefiel ihm, den Gärtnern Anweisungen zu geben und ihre Arbeit zu überwachen. Eine summende Biene verharrte unbeweglich in der Luft, zwei Fingerbreit über den Staubfäden einer goldenen Frucht, und der Sultan fand Zerstreuung in der Erinnerung an die Verse des großen Dichters Ibrahim-Said, die vom Wasser, den Gärten und den Bienen handelten.

Kaduz, der Königspfau, kreischte, während er den goldenen Fächer der Federn entfaltete und im

Gleichgewicht hielt. Majestätisch vollführte er eine scheinbar einstudierte halbe Volte und hielt an, stolz die Aufmerksamkeit des Königs der Könige Al-Kasim erheischend. Er hatte einen winzigen Kopf mit einem seltsamen Federkleid, das in der Sonne leuchtete.

Erregt trat Almanzar auf und sagte einige Worte zum Sultan. Dessen Gesicht spiegelte eine Mischung aus Überraschung und Neugier. Einen Augenblick lang verharrte er nachdenklich, während er sich den gewellten seidigen Bart streichelte, einen beneidenswerten Bart.

Kaduz kreischte erneut und versuchte mit höchster Anstrengung, die eigene Schönheit zu übertreffen. Sein Schrei verlor sich wie ein Juwel in der sanft und weiblich anzufühlenden Seide oder schwebte mutwillig im Blau, um die Segel und Windfähnchen am Mast, und löste sich schließlich auf im Rhythmus der Galeerensträflinge, ein durch die eigene Ruchlosigkeit versklavtes Gesindel, das manchmal von Fieber geschüttelt wurde und ruderte, unaufhörlich ruderte, von Ketten gefesselt wie auch vom Gesetz.

In der Luft hing ein Geruch von Knoblauch, Käse und saurem Wein. Wenn sie in ein Hitzeloch gerieten, stieg ein starker Dunst aus Fäulnis und Schweiß auf. Die Männer fluchten. Vom Achterdeck aus beobachtete der Kapitän Pere Llobet ein Manöver oder aß eingemachte Pflaumen, schwarz und hart, die er in einem Säckchen bei sich trug, und trank aus einem irdenen Krug. Wenn ihn etwas beunruhigte, rief er laut den Ausguckposten an, der vom einzigen Mast der Galeere aus dem

Wind trotzte. Die Männer vertrieben sich die Zeit damit, die Dolche zu schleifen oder die Armbrüste zu reparieren, und lachten laut. Einige Matrosen flickten ein zerrissenes Segel und fetteten die Lederstücke auf Deck mit etwas Speck. Andere sangen derbe, rauhe eintönige Lieder, in denen Altarbilder vorkamen, wo sich alles miteinander vermischte: das Schaf und der Dudelsack, die herausfordernde Grazie Annas, der Wirtin mit den breiten Hüften, und der männliche Mut jener, die auf See kämpfen und sich die Weibsbilder mit Gewalt untertan machen. Manchmal blähte sich plötzlich das Segel, und die Seile ächzten unter dem unerwarteten Stoß; das Schiff erschauerte, machte einen Sprung über die Wellen, und immer gab es zwei oder drei Riemen, die dem Ansturm nicht standhielten. Das machte den Kapitän wütend, rief aber auf Deck ein lustiges Stimmengewirr und Gestampfe hervor. Auf dem Vorder- und Hinterdeck waren zwischen den Wappen des Reeders und der Stadt liebliche Szenen aus dem Matrosenleben gemalt und ein Gesicht, das jenseits des Meeres blies.

Auch jenseits des Meeres blies der Wind, und Al-Kasim fragte sich, was der große König, Herr Aragoniens, wohl wünsche. Kaduz kreischte noch immer, und es war eine leichte, erfrischende Brise aufgekommen. Der Kanzler kündigte ihm den Besuch eines Gesandten an, »unseres sehr geliebten Sohnes«, der in geheimer und außergewöhnlicher Mission komme. Was für eine Art Besuch konnte das sein, von einem, der nicht als offizieller Botschafter kam? Sollte eine Heirat zwischen Hafez,

Arusa oder Meniem und einem Verwandten des großen Königs geplant werden? Nein, das war unmöglich. Der Sultan ließ Almanzar holen, der sich eiligst mit dem neuesten Friedensvertrag einfand. Beide machten sich daran, den Geist und den Wortlaut des Dokuments zu untersuchen, wo es hieß: »Am letzten Tag des Rabi und am zweiten des Mondes. Es wisse jeder, der das vorliegende Schreiben liest, daß Wir, der Fürst und Diener Gottes, Al-Kasim, Sohn des Fürsten der Gläubigen Abu Abd Allah ben Yussuf, Sohn von Farach, Sohn von Nasr, Sultan von Ägypten und seiner Untertanen gewillt sind, erhabener Herrscher, König von Aragonien, Valencia und Murcia und Graf von Barcelona, Euer treuer Freund zu sein und zu bewirken, daß zwischen Uns und Euch fester Friede und treue Freundschaft herrschen, in deren Namen Eure Freunde unsere sein werden und Eure Feinde die unsrigen.

Ebenso sind Wir gewillt und einverstanden, daß all jene in Unser Land kommen und es durchqueren mögen, die mit irgendeinem Gut zu handeln wünschen. Es wird ihnen gestattet sein, alle Dinge, die sie wünschen, auch auszuführen, und Wir verbürgen uns für die Sicherheit ihrer Person und ihrer Güter, solange sie die vereinbarten Abgaben entrichten, und gewähren einen Abzug von zehn Prozent, mehr als in Genua und Venedig üblich, und diese Abgaben werden an den Zollstationen erhoben, wie es Sitte ist.

Jedoch wird es keinem Eurer Vasallen gestattet sein, das Unserer Hoheit unterstehende Land zu durchqueren, um in die Länder der Herrschaft dessen zu kommen, den man den großmächtigen Priester Johannes nennt, den Wir für unseren Erbfeind halten, obgleich Wir ihn weder kennen noch mit Bestimmtheit wissen, wo sein Reich liegt. Auch dürft Ihr keinerlei Vertrag mit ihm vereinbaren, der sich zu Unserem Nachteil auswirken könnte. Dies sei Euch als Bedingung auferlegt.

Und damit es festgehalten sei und Ihr davon überzeugt seid, ordnen Wir an, das vorliegende Dokument schriftlich niederzulegen, das Wir unterschreiben und mit unserem Siegel bekräftigen, am letzten Tag des Rabi und zweiten des Mondes. Es wurde am genannten Datum abgefaßt. So gilt es. Ende.«

Al-Kasim und Almanzar blickten sich nach der Lektüre an und zuckten die Achseln. Al-Kasim strich sich wiederholt über sein Ohrläppchen.

Unerwartet öffnete sich eine rote Seerose dem Mond.

3. Der Auftrag

Tomàs kannte den Inhalt und die Bedeutung der Instruktionen jetzt fast auswendig. In geheimnisvollen und nicht immer genauen Formulierungen forderte ihm der königliche Wille einen schwierigen und gefährlichen Weg ab, der aber auch Ehre und Ruhm im Übermaß versprach. Zunächst wurde von Tomàs verlangt, er solle das Brennende Wasser aufspüren und seine Wirkung erkunden, indem er, wie die dunkle und schwierige Formulierung verstehen ließ, seine Kenntnisse in Geologie und anderen Wissensgebieten nützen sollte, und es, wenn möglich, in den Besitz der Krone bringen. Tomàs verfügte über zwei besonders günstige Eigenschaften, die seine Wahl bestimmt hatten. Erstens war er natürlich ein Spezialist auf dem Gebiet, mit allen modernen Garantien für einen Erfolg, auch wenn er seinen Beruf nicht ausübte; zweitens sprach seine Verwandtschaft mit Arnau de Çafont für ihn und die Tatsache, daß er der letzte Vertreter der illustren Linie war, die ihrerseits so eng und treu mit den Interessen der Dynastie verbunden war. Letzteres war von äußerster Wichtigkeit und vielleicht ausschlaggebend für seine Wahl zum königlichen Gesandten, denn um so hohen Zielen zu dienen, war eine durch Tradition und Adel bewiesene Ergebenheit erforderlich. Nach mühseligen Überprüfungen, die von eigens dazu bestimmten Bevollmächtigten vorgenommen worden waren, bestand nicht der geringste Zweifel, daß Tomàs der einzige war, der den gefährlichen Auftrag übernehmen konnte. Dieser schloß als Zugabe noch zwei kleinere Aufträge mit ein, die im Verlauf der Reise erledigt werden konnten, da der Umweg nicht allzugroß war und der königliche Wille es nicht eilig hatte. In der Reihenfolge der Niederschrift waren das: die Verwendung oder den Verbleib des phantastischen Schatzes in Erfahrung zu bringen, der vor langer Zeit dem jetzigen Despoten Dimas, dem Paläologen übergeben worden war, dem ehemaligen Seneschall eines der zerstreuten Heere der untergegangenen Kompanie, damit er für die Krone die zunehmend unsicheren katalanischen Gebiete festige und dann annektiere. Tomàs würde über die Vollstreckungsgewalt verfügen und solle vom Paläologen Dimas, wenn nötig, mit Gewalt, Rechenschaft verlangen. Schließlich vertraute man dem edlen Abkömmling der Çafont eine diplomatische Mission an: durch Ägypten solle er in die Länder des berühmten allerchristlichsten Königs, des Priester Johannes, reisen und seine Herrlichkeit um eine Reliquie der vom christlichen Königshaus sehr verehrten heiligen Eufrigis bitten. Wenngleich dieser Auftrag keineswegs der wichtigste von den drei erwähnten war, so wurde Tomàs doch empfohlen, äußerstes Geschick auf das Gelingen dieses Unternehmens zu verwenden, denn das Herz und der Wille des Königs hingen mit Liebe daran.

Tomàs betrachtete den Hafen und die Stadt Messina, die immer näher rückten; verschwommen erkannte er drei oder vier ankernde Schiffe.

Der Statthalter Gonçal de Born hatte die nötigen Befehle erteilt, um das Schiff würdig zu empfangen, dessen Ankunft ihm rechtzeitig aus Catania gemeldet worden war. Die Hafenarbeiter standen an der Mole, bereit, die Arbeiten, die man ihnen zuteilte, auszuführen. Auch eine Schar Kinder und müßiger Frauen war herbeigeeilt, für die die Ankunft eines Schiffes stets ein Grund zur Freude war oder eine Gelegenheit, Geld zu verdienen. Ebenfalls konnte man fliegende Händler mit kleinen Karren beobachten, die Feigenbrot und eingeweichte Lupinen verkauften. Unter einem breiten, als Schutz gegen Sonne und Regen aufgespannten Zeltdach sah man Berge von geräuchertem Fisch, trocken wie Staub, sowie volle Weinschläuche und sechs oder sieben Schafe.

Die Instruktionen waren im folgenden etwas ausführlicher. Es war Tomàs' Aufgabe, Ägypten zu durchqueren, und es hing von seiner Geschicklichkeit ab, den Sultan davon zu überzeugen, daß die Expedition vollkommen friedlich sei. In diesem Punkt war schon Vorarbeit geleistet worden, denn die königliche Kanzlei empfahl ihn wärmstens und sprach ihm ihr ganzes Vertrauen aus; aber es oblag Tomàs, das Vertrauen des mächtigen Al-Kasim zu gewinnen. Die Instruktionen führten des weiteren aus, Tomàs habe freie Hand, und das Schiff mit der Besatzung unterstehe ganz seinem Befehl. Sollte irgendein Mißgeschick oder eine unüberwindbare Schwierigkeit auftauchen, genüge es, sich an den Bevollmächtigten der Krone zu wenden, in diesem Fall habe man darunter Chevreuil et Frères zu verstehen, der ihn im Rahmen des Möglichen unterstützen würde. Ebenso müsse Tomàs sich vor Augen halten, daß er, wenn seine Mission im Land des Priesters Johannes auch friedlich sei, dennoch keine Gelegenheit versäumen dürfe, sich ein Bild zu machen über die Beschaffenheit des Bodens, der Verteidigungsmaschinen, der Flora und Fauna, Farbe und Form der Bewohner und über alles, was von Interesse sein könnte, und daß es äußerst löblich und dem königlichen Willen genehm sei, wenn er am Ende der Reise einen diesbezüglichen Bericht verfassen würde.

Die Glocken der Kirche Santa Maria ertönten. Der Statthalter stieg in Begleitung seiner zehn Mann starken Garde die Treppen hinunter. Er gab einem Kind im Kirchenportal ein Almosen und wischte sich den Schweiß ab. Es war zwölf Uhr mittags.

Die Steinplatten waren mit Wasser gespritzt worden, und unter der Sonne stieg eine tropische Feuchtigkeit auf.

Tomàs betrachtete Messina vom Achterdeck aus, und eine Möwe flog kreischend über die Bläue des Meeres.

4. Die Reise nach Ägypten

»Die Eigenschaften der vegetativen Seele, die auch die begehrliche genannt wird, bestehen darin, sich nach Nahrung zu sehnen, sie zu suchen, sich daran zu erfreuen, wenn sie vorhanden ist, und Schmerz zu empfinden, wenn es ihr daran mangelt; die richtige Nahrung auszuwählen und die widerstrebende abzulehnen und sowohl das Einzelwesen als auch die gesamte Gattung zu erhalten. Die Erhaltung des Individuums wird durch die Ernährung erreicht und die Erhaltung der Spezies durch die Fortpflanzung. Diese Erhaltung heißt physische Verbesserung. Die Körper der vegetativen Seele sind nicht aus Fleisch, sondern aus gleichen Teilen zusammengesetzte Glieder, die einander ähneln, und haben verschiedene Kräfte: anziehende, zurückhaltende, verdauende, ausstoßende, ernährende, vergrößernde und formbildende. Vom Erkennen und Fühlen hat sie die Gabe, die sechs Seiten des Raumes zu unterscheiden, die Venen zu den feuchten Orten zu leiten und die Nerven zu den weiten Stellen zu lenken und die engen zu meiden.« Dies war der Text des Philosophen Ben Al-Sayyid aus Al-Andalus, den der Sultan von Ägypten las oder, besser gesagt, sich vorlesen ließ, in Sorge wegen der zahlreichen lästigen kleinen Pflanzenschädlinge, während er, bequem auf Kissen gelagert, eine Tasse Tee trank und versuchte, sich von der Unruhe abzulenken, die der

Brief des mächtigen Christenkönigs bei ihm geweckt hatte.

Tomàs betrachtete sein Abenteuer als wunderbare Erfahrung und erlebte Augenblicke unvergleichlicher Erregung. Oft fragte er sich, ob er denn zur Welt der Sterblichen gehöre oder einen Fieberanfall oder Halluzinationen durchlebe. Das war während der ersten Tage. Alles was geschah, besaß aber eine solche Natürlichkeit, das Abenteuer war mit einer derart zwingenden Logik geplant und in Gang gesetzt worden, daß Tomàs begann, trotz aller Absurdität und Hirngespinste, die Vorfälle zu begründen und sich mit ihnen zu identifizieren. Das ging so weit, daß er auf Rhodos den sich gegen die Katalanen etwas reserviert zeigenden Großmeister der Hospitaliter in einem Wutanfall beschimpfte und, die Vorteile seiner persönlichen Situation mißbrauchend, ein Jahrhundert vorgriff und dem Ritter zu dessen großer Verblüffung die großen Dienste vorhielt, die der Orden den noch nicht geborenen Anton Fluvià und Pere Ramon Sa-Costa zu danken haben würde, großen Persönlichkeiten der Zukunft. Tomàs bewies großen Eifer und verstand Autorität zu zeigen; er plante die Route der Expedition mit der Hilfe von Pere Llobet, der die Tücken des Meeres besser kannte als zehn Admiräle zusammen. So entschied man, daß es zunächst das Wichtigste sei, nach Ägypten zu gehen und mit Al-Kasim zu sprechen, um eine Erlaubnis für die Weiterreise nach Äthiopien zu erhalten; von dort, wenn erst einmal das Land des Priesters Johannes lokalisiert wäre, über das Rote Meer und quer durch die wüsten Ebenen Arabiens und durch die Große Tatarei, um das Königreich des Erdöls zu erforschen; danach würde Tomàs sich mit Pere Llobet in Jaffa wiedertreffen, und nach dem Einschiffen auf die Galeere würden sie in Richtung Zypern fahren, mit Kurs auf Byzanz. In der Zwischenzeit vertraute Tomàs darauf, Neuigkeiten von Chevreuil et Frères zu erhalten.

Die Galeere lichtete also den Anker und nahm Kurs auf Alexandria, wo sie der Konsul Guillem Barquet mit großer Freude empfing. Er war ein außergewöhnlich warmherziger Mensch und sammelte sehr seltene Katzen. Noch in derselben Nacht gab er ein Fest in einem Speicherhaus, zu dem alle katalanischen Händler eingeladen waren, um die Ankunft von Tomàs zu feiern; der Minoritenbruder Ramon Sintes, der den Gottesdienst in der ans Speicherhaus angebauten Kirche Santa Caterina betreute, verzichtete aber darauf, daran teilzunehmen, wohl, weil er dachte, das Fest sei wie gewöhnlich nicht sehr erbaulich. Tatsächlich jedoch war es großartig, und als Aufmerksamkeit gegenüber dem königlichen Gesandten gab es Wein und Essen im Überfluß, und zum Abschluß gaben zwanzig Tänzerinnen aus der Gegend eine Vorführung in Bauchtanz, ein Vorgeschmack auf die orientalische Raffinesse. Tomàs wurde vom Gastgeber in Beschlag genommen, der gern erfahren hätte, in welcher Mission er unterwegs war; aber nach langem Bemühen überzeugte er sich davon, daß es unmöglich war, der Sache auf den Grund zu kommen, und gab sich geschlagen. Sein Glück versuchte auch Galeazzo

Conti, der Konsul der Genueser, der unerklärlicherweise an dem Fest teilnahm, obwohl er nicht eingeladen war; etwas beschwipst sagte er zu Tomàs: »Quando si tratta di Barcellona è sottinteso che la parola ›viaggi‹ comprende non solo i pellegrinaggi, ma anche i viaggi ›d'affari‹.« »Wenn man von Barcelona spricht, versteht es sich von selbst, daß das Wort ›Reise‹ nicht nur die Pilgerreise bedeutet, sondern auch die Geschäftsreise.« Und rülpste.

Am nächsten Tag brach Tomàs nach Kairo auf, der Residenz Al-Kasims, mit einer Gefolgschaft von zehn kriegstüchtigen Männern, die Pere Llobet vorher ausgesucht hatte. Dieser und Tomàs verabschiedeten sich voneinander, indem sie übereinkamen, daß die Galeere einen Monat in Alexandria bleiben würde unter dem Vorwand, Handel zu treiben, um später nach Jaffa auszulaufen, und sie verbreiteten das Gerücht, vor allem im Hinblick auf die Genueser und Venezianer, sie brächten Pilger ins Heilige Land. In Jaffa würde die Galeere so lange wie nötig bleiben und auf Tomàs warten, der kein bestimmtes Datum nennen konnte.

Sie verließen Alexandria zu früher Stunde und entkamen so der großen Hitze, die bald die Stadt lähmen würde.

5. Der Garten Allahs

Al-Kasim empfing den Gesandten des Königs von Aragonien mit vollendeter Höflichkeit im Audienzsaal. Er erkundigte sich sogleich nach der Gesundheit des hochgeschätzten Herrschers und fragte Tomàs, ob eines der Mitglieder der königlichen Familie im heiratsfähigen Alter sei.

Darauf erschien Hippolyte in der Gestalt Almanzars, um nach einer dreifachen Verbeugung ein Getränk zu servieren, in dem eine leichte Bitterkeit lag. Rätselhafterweise zwinkerte Hippolyte Tomàs zu und nahm seinen Platz zwei Schritte hinter Al-Kasim ein.

Tomàs wurde äußerst gesprächig. Er lobte die Gottesfürchtigkeit Al-Kasims und fügte hinzu, die Verehrung des Königs von Aragonien gelte vor allem der heiligen Eufrigis. Es gebe niemanden auf der Welt von adliger Geburt, den dieses Detail nicht rühre. Die zarten Seelen, fügte er hinzu, sind verwandt.

Al-Kasim pflichtete ihm bei. Offensichtlich befand er sich am Eingang zu einer Art süß klingender Glocke mit verzauberten Springbrunnen und verliebten Sklavinnen aus dem Garten Allahs. Hippolyte unterbrach die sanfte Träumerei Al-Kasims, ließ ihn das Ausreisedokument unterschreiben, den Schutzbrief für die Grenze, alles in einer angenehm parfümierten Wolke.

Als Tomàs versuchte, seinem Dank Ausdruck zu verleihen, stürzte Osman in den Raum, der neidische Verräter, der mit großem Geschrei versuchte, Al-Kasim aus dem Traum seiner glücklichen Stumpfsinnigkeit zu wecken. Schnell gab Hippolyte zwei riesigen Eunuchen ein Zeichen, diese warfen sich auf Osman, der, als er sich bezwungen sah, wie ein Weib schrie, und schleppten ihn zu einer kleinen Tür. Das Gesicht Hippolytes hatte sich zu einer grausamen, gierigen Grimasse verzerrt, und er beobachtete das Verschwinden Osmans mit obsessivem und diabolischem Wohlgefallen.

In den Besitz des Schutzbriefes gelangt, zog Tomàs sich vorsichtig zurück. Er durchquerte die weiten Säle des Palastes, so schnell er nur konnte, ohne daß jedoch seine Würde als königlicher Gesandter gelitten hätte; als er in einen Hof kam, sah er sich inmitten des köstlichen Schauspiels der badenden Haremsdamen des Sultans. Eine kurze Vision von spritzendem Wasser, prächtigen weiblichen Gestalten, sehr ähnlich jenen, die den heiligen Antonius in Versuchung geführt hatten, rosafarbenen, grünen oder gelben Schleiern, die sie sanft umflatterten, und zwei Dutzend tiefen Blikken aus schwarzen, mit Kajal geschminkten Augen. Tomàs war darauf bedacht, sich zu beeilen, weil er trotz des außergewöhnlichen Anblicks wußte, daß das Wichtigste war, den Ausgang zu finden.

Draußen angelangt, holte er tief Luft. Er und seine Männer ritten los und machten sich auf den Weg nach Süden, nachdem sie bei einem Juden, der, wie sich herausstellte, in Sevilla geboren war, die nötigen Vorräte gekauft hatten. Außerhalb von

Kairo wollten die Männer von Tomàs den Schutz der Gottesmutter erbitten und beteten kniend ein Ave Maria, damit diese sie vor den Gefahren bewahre, die in dem unbekannten Land der Ungläubigen auftauchen könnten.

Bald fanden sie wieder zum Nil und folgten seinem Lauf, immer Richtung Süden. Von Zeit zu Zeit studierte Tomàs eine Karte, und auf seinem Gesicht spiegelte sich ernste Besorgnis. Die Landschaft war von üppiger, phantastischer Fruchtbarkeit.

Plötzlich beobachteten durch einen Busch hindurch Ramon Serra und Lleó die kleine Karawane. Lleó schnaufte hastig und ließ die Zunge weit heraushängen, während Ramon Serra, der gute Monsieur Le Tap, den Baedeker konsultierte und zustimmend nickte.

Nachdem die Sonne einmal untergegangen war, war die Abendluft lau und angenehm. Der Boden war wellig, und liebliche Felder waren zu sehen, bewässert durch kleine, vom Nil ausgehende Kanäle. Ein ungewohnter Wunsch erwachte in den Herzen der Ritter, und jeder erwartete den Beginn eines wunderbaren Abenteuers. Große Vögel zogen langsam Kreise in der Weite des Raumes, und hie und da begann ein Frosch zu quaken.

Monsieur Le Tap schob mit dem Stock ein Büschel eines dickblättrigen Gewächses beiseite. Zwischen den Zweigen hing inmitten des Netzes reglos eine kleine, aber dicke Spinne mit einem Kreuz auf dem Rücken wie die Kreuzfahrer. Aus der weiten Flußsenke stieg eine frische, beruhigende Brise auf, welche die unsichtbaren dünnen Fäden bewegte und die Spinne hin- und herwiegte. Aufgeschreckt floh die Spinne schnell nach unten, zögerte dann, verließ das Netz und versteckte sich unter einer winzigen, verdorrten Pflanze. Es entstand eine Stille voller Resonanz, und in der Ferne verlor sich die Staubwolke, die die Reittiere aufgewirbelt hatten.

6. Die Wüste

Bald verließen sie den fruchtbaren Weg entlang des Nils und drangen in wüste Ebenen vor, wo vereinzelte Patrouillen Al-Kasims den Schutzbrief überprüften. Hin und wieder stießen sie auf eine armselige Besiedlung aus Lehmbauten in einer grünen Senke, und dann sahen sie sich umgeben von einer zerlumpten Kinderschar und von zahnlosen Alten. Bei solchen Gelegenheiten besorgten sie sich frischen Proviant und füllten die Schläuche mit Wasser, das ihnen in ihrer Situation köstlich schien.

Die Tage verrannen, und die Erde zerbröckelte unter den Hufen der Pferde. Sie hatten die Rüstungen abgelegt, weil die Sonne erbarmungslos brannte; die Männer fluchten lauthals, ohne recht zu wissen, warum.

Es war eine Krankheit. Auf der Haut bildeten sich Geschwüre, die sich bald entzündeten und abstoßend aussahen. Sie wußten nicht recht, wie sie sich dagegen schützen sollten, und Tomàs mußte ihnen verbieten, den Kopf zu entblößen. Aber auch so begann eines Mittags einer der Männer mit lauter Stimme zu reden, ohne Sinn und Verstand, und wollte seinen Gefährten angreifen. Sie fesselten ihn mit starken Stricken, aber in der Nacht starb er in einem Anfall von Wahnsinn unter wilden Verrenkungen.

Das Wasser war klar und durchsichtig. Manchmal war es grün und dunkel, eingezwängt zwischen den steinernen Wänden eines weiten Bekkens, und hin und wieder fiel ein Blatt von der mit Wein bewachsenen Laube. Alles ist leicht feucht, und die Stufen sind abgenutzt, kantenlos, porös und grau vom Alter, mit ein wenig Moos bewachsen. Manchmal springt man abends mit den Freunden hinein und unter Wasser sieht man trüb die Leitungen der Pumpe oder einen sehr weißen, unförmigen Fuß, der sich bewegt. Wieder an der Oberfläche, läuft das Wasser aus den Haaren und rinnt über die halbgeschlossenen Augen und den Mund. Man kann noch einige Züge schwimmen bis zur gegenüberliegenden Steinwand.

Jetzt waren sie in eine sehr trockene und bergige Gegend gekommen, ohne die geringste Spur von Vegetation. Sie ließen die Zügel locker, und die Reittiere suchten den begehbarsten Weg. Sie kamen nur sehr langsam vorwärts. Eines Tages sahen sie auf einem Grat in schwarze Umhänge gehüllte Männer, die sie beobachteten. Sie riefen sie an, aber diese blieben unbeweglich, in der Höhe verharrend, gegen die Bläue des Himmels.

Wenn man wieder an die Oberfläche gelangte, schwamm dort immer etwas Laub, getrieben von den Bewegungen des Wassers, und man sah die Spiegelung der Wolken und einen Teil des Bauernhauses. Nachher pflegten sie, noch naß, am Steintisch zu picknicken, und der Wind verursachte zuweilen eine Gänsehaut. Man besah sich beim Abtrocknen einen Zehennagel oder griff zu den Kleidern.

Monsieur Dupont griff nach dem Anzug, der auf dem Stuhl lag, und untersuchte traurig die Stiefel.

An jenem Morgen hatte er der Zweigstelle in Barcelona geschrieben und sie angewiesen, im königlichen Archiv nach Dokumenten zu suchen, die Berichte enthielten über jene weit entfernten Länder des Priesterkönigs. Er bürstete sein verblichenes Jackett und versicherte sich dann, ob in der Tasche der Weste noch die sechshundert Francs vom Vortag waren. Danach nahm er den *Roskoff* vom Nachttisch, mit drei phosphoreszierenden Kugeln. Er hing an einer Kette, an deren anderem Ende als Pendant die Geldbörse aus Silberdraht mit zwanzig Francs in Nickel befestigt war. Monsieur Dupont bekam einen Hustenanfall und inhalierte einen Sud aus Rauten, einer Pflanze, der man wundersame Wirkung gegen Bronchialleiden zuspricht. Das wußte er, denn seinerzeit hatte er das Buch gelesen, das der hochberühmte Botaniker Chevalier Robert de Lamarck-Boucher et de la Truanderie geschrieben hatte.

Die Sonne brachte buchstäblich die Steine zum Zerspringen. Die Gegend, die sie durchquerten, war nicht so sehr felsig, sondern steinig, übersät mit weichen, ockerfarbigen Steinen, die bei der kleinsten Berührung zerkrümelten. Sie zogen weiter, besessen von dem Gedanken, überwacht zu werden, denn je mehr sie vordrangen, desto häufiger erschienen an praktisch unzugänglichen Stellen die Männer in den langen schwarzen Umhängen. Sie standen unbeweglich da und verschwanden lautlos. Oft durchschnitt ein fremdartiger Schrei die Luft, wie die Klangfarben einer unheilverkündenden Weissagung.

Die Nächte waren sternenschimmernd, und

von der Erde stieg eine dumpfe Vibration auf, so, als sei ein Wettkampf zwischen schweren Streitwagen außer Kontrolle geraten. Nicht ein einziges armseliges Pflänzchen wurzelte in dieser Gegend des Todes und der Trostlosigkeit.

7. Ulm

Die Stadt Ulm ist die Stadt des Todes und des Schreckens. Monsieur Dupont war ein wenig besorgt aus diesem Grund und auch der Informationen wegen, die er an jenem Morgen erhalten hatte. Die Doktoren der Rechte, als Hohes Tribunal in der Verfassung verankert, regieren die Stadt und sprechen Recht. Das Gesetz ist unveränderlich. Der Text des Gesetzes ist heilig. Es gibt fünf Kategorien von Gesetzesämtern. Zu der ersten, in aufsteigender Reihenfolge von der untersten zur obersten, gehören die Schreiber des Gesetzes, die den Text für jeden Einwohner der Stadt abschreiben; denn sie alle werden mit dem Gesetz geboren und sterben mit dem Gesetz. Die Einwohner von Ulm müssen das Gesetz auswendig kennen und stets eine Abschrift davon bei sich tragen. Dann kommen die Prüfer des Gesetzes, die untersuchen, ob die Kopien der Schreiber dem unveränderlichen Original genau entsprechen; sie bilden die unmittelbar höhere Stufe in der Hierarchie. Es gibt auch Kommentatoren, die den Text auslegen, schriftlich oder mündlich, privat oder öffentlich; sie fallen manchmal gefährlichen Irrtümern anheim und werden von der Unfehlbarkeit des Hohen Tribunal zerschmettert. Es folgen die Wachhabenden, welche die Vergehen derer anzeigen, die den geheiligten Vorschriften nicht Folge leisten, und schließlich die Doktoren der Rechte, die über den definitiven Sinn des

Gesetzes befinden; sie bilden die regierende Oligarchie der Stadt.

Seit undenklichen Zeiten widmet sich die Bevölkerung von Ulm methodisch dem Bau von Streitwagen, um irgendwann das verhaßte Reich der Dreifachen Tugend zu verheeren. Alltäglich erproben sie auf der großen Esplanade der Verwüstung die Streitwagen, die tagsüber aus den Schmieden hervorgegangen sind, und berauschen sich am teuflischen Geist der Rache und des Krieges. Die Stadt ist von hohen Mauern umgeben, und auf jeder Zinne steckt ein Spieß mit dem Kopf eines Feindes. Der Kult des Todes ist die Religion der schrecklichen Stadt Ulm.

Die alte Magdalena flickt einen Bettüberwurf aus weißem Garn mit teefarbenen Stickereien. Ihr vollständiger Name ist Magdalena Huarte de la Cruz. Sie wurde in Saragossa geboren, in einer wohlhabenden Familie von Notaren und Geistlichen. Der Vater Magdalenas war ein Mitschüler von Tomàs' Großvater in der Ingenieurschule in Madrid; er war ein vom Unglück verfolgter und durch Ehestreitigkeiten geplagter Mann. Schon als junger Mensch bekleidete er eine wichtige Stellung bei den Refineries del Gàllego, und nach dem Scheitern seiner Ehe und der Geburt seiner Tochter ruinierte er sich mit einer Börsenspekulation. Zu alldem machte er noch Spielschulden, und als er sein Ehrenwort nicht einlösen konnte, beging er Selbstmord. Über den Verbleib der Mutter Magdalenas wußte niemand etwas. Ein Jahr nach der Geburt verließ sie Tochter und Ehemann ohne ein Wort. Magdalena blieb in Faió, im Haus ihrer Amme, einer guten Bäuerin, die ihrem Mann beim Bestellen eines undankbaren und verbrauchten Stück Landes half.

Die kleine Karawane drang immer tiefer in das Gebiet des kargen Gebirges ein. Monsieur Dupont war in engstem Kontakt mit Barcelona und entwickelte große Betriebsamkeit. Der Himmel war rot, und über einem goldenen Feld blitzten drei Eidechsen wie Edelsteine. Etwas Märchenhaftes lag in der Luft, ein aufbrausendes, heroisches Verlangen nach Turnieren, und in solchen Momenten geschieht es, daß die Streitrosse sich aufbäumen und stolz wiehern und der Ritter sich nur mühsam im Sattel hält, bevor er den Gegner angreift, mit gepanzertem Pferd und schwerer Rüstung. Fortwährend denkt eine Dame an den Ritter, und ein Lächeln schwebt vorbei wie ein Sehnen, oder es fällt eine leuchtende Rose auf das Herz eines Gedichtes. Der Himmel ist blau, und amethystblau ist die Dame gekleidet, in den Farben der Hoffnung und der Liebe.

Die Schädel ragten über die kleinen festgestampften Erdhaufen, grellweiß, aber mit den schwarzen Löchern der Augenhöhlen. Tomàs hob den Arm, und die Männer blieben stehen. Jaume Descarrega aus Besalú stieg ab und kniete nieder. Es war ein makabrer Anblick. Die Männer waren stehend eingegraben worden, nur der Kopf blieb frei, und davor standen Teller, jetzt voll Erde, mit Resten von Datteln. Die Schädel waren im Halbkreis angeordnet und sahen sich auf tragische Weise gegenseitig an.

Bevor sie reagieren konnten, war es schon zu

spät. Die Männer in den schwarzen Umhängen hatten das ganze Tal besetzt und verharrten unbeweglich, in bedrohlicher Stille. Sie waren über alle Abhänge der rauhen Berge verteilt und verschlossen den Ein- und Ausgang der unheimlichen Senke. Widerstand war zwecklos, und Tomàs zog es vor, Verhandlungen aufzunehmen. Sie alle befiel jedoch ein unerklärliches Schuldgefühl, weil sie dabei überrascht worden waren, wie sie – vielleicht – einen Akt der Sühne störten, der sie zweifellos nichts anging.

Tomàs trat vor und sprach die rituellen Worte.

8. Die Gefangenschaft

Magdalena lebte bis zu ihrem siebzehnten Lebensjahr in Faió, wie ein wildes kleines Tier, voller Kraft und Leben, und kletterte barfuß die Ziegenpfade hinauf und hinunter. Manchmal stieg sie zum Fluß hinab und badete. Durch einen wundersamen Zufall weilte der Großvater von Tomàs eines Tages in Faió, wo er für eine ausländische Firma den Plan für einen neuen Kanal erarbeitete, der die dürstenden Ländereien der Garrigues bewässern sollte. Im Gasthof machte er die Bekanntschaft der kleinen Magdalena, die regelmäßig dort vorbeikam, um Schafskäse zu verkaufen. Als Tomàs' Großvater erfuhr, daß jenes Mädchen die Tochter seines Freundes war und daß dieser unter solch tragischen Umständen gestorben war, fühlte er sich tief gerührt und empfand eine gewisse Verantwortung für die Waise. Magdalena kam nach Banyoles, ins Haus der Safont, und wurde dort wie eine leibliche Tochter erzogen. Sie dankte es ihm mit Liebe und der Treue eines Hundes; sie hätte sich für den Großvater von Tomàs umbringen lassen.

Währenddessen, weit weg in einer anderen Zeit, waren Tomàs und seine Männer noch immer gefangen in der Stadt Ulm. Die Doktoren des Rechts hatten das Urteil gesprochen, gegen das es keine Berufung gab. In Ulm gibt es in keiner Instanz Berufung, und wer gegen den Geist und den Buchstaben des Gesetzes verstößt, ist unmittelbar dem Vollzug des Urteils ausgeliefert. Man muß hinzufügen, daß sich in Ulm das Urteil immer gegen den Beklagten richtet und daß die ganze Rechtsprechung verbrecherisch ist.

Der Doktor des Rechts, der Tomàs verhörte, trug einen schwarzen Umhang und einen konisch geformten Hut gleicher Farbe. Sein Gebaren war aristokratisch und distanziert. Er stellte einige allgemeine Betrachtungen an über den geheiligten und unfehlbaren Charakter des Gesetzes und sagte schließlich: »Diesem Gesetzesdiener obliegt es, von Euch all das zu erfahren, von dem Ihr meint, daß es Euch nutzen könnte. Sagt mir also, was hattet Ihr und Eure Männer auf dem Gebiet der Stadt zu suchen?«

Als der Doktor des Rechts erfuhr, daß Tomàs im Auftrag eines in der Ferne lebenden christlichen Königs auf dem Weg ins Land des Priesters Johannes war und er deshalb das Gebiet der Stadt durchquerte, erstarrte sein fahles Gesicht plötzlich, und nur die Lippen zitterten ein wenig.

»Die Stadt ist unverletzlich, und wir pflegen keinerlei Beziehungen zu Eurem König. Ich muß annehmen, daß das, was Ihr das Land des Priesters Johannes nennt, das Königreich der Dreifachen Tugend ist. So muß ich es verstehen und Eure Tat entsprechend strafen.«

Das Küstengebiet der Maresme besteht bis kurz vor Barcelona aus Dörfern, die beinahe alle zwei Dorfkerne haben: einen auf dem Berg und einen am Meer. Im Dorfkern am Meer stehen vor allem die Chalets und die Villen der Heimkehrer aus den Kolonien, die dem heutigen Katalonien zum

Reichtum verholfen haben. Der Reichtum ist etwas farblos und konzentriert sich auf die Industrie und den Handel. Die Hauptstraße aus Frankreich führt durch diese Dörfer am Meer und gelangt über die tristen Vororte Sant Adrià und Sant Andreu nach Barcelona. Barcelona ist eine große, betriebsame und moderne Stadt. Sie besitzt aber auch bedeutende Ruinen. Im Gotischen Viertel steht graziös und schlank der Aussichtsturm von König Martí. König Martí gefiel es, die Stadt und das blaue Meer zu seinen Füßen zu betrachten. Dann dachte er an sein ausgedehntes Reich und an seinen in Sardinien gestorbenen Sohn. Auf dieser Insel, in Alghero, spricht man noch immer das alte Katalanisch:

Torna a ta mare,
filla negreta,
oh, bella esclava
Barceloneta!
Kehr zu deiner Mutter zurück,
braunes Mädchen,
oh, schöne Sklavin
Barceloneta!

Tomàs und sein kleines Gefolge wurden dazu verurteilt, in den Schmieden zu arbeiten, wo die Streitwagen hergestellt wurden. Dort erfuhren sie, daß das Königreich der Dreifachen Tugend – oder das Land des Priesters Johannes – an die Stadt Ulm grenzt, und daß man, um es zu erreichen, nur die große Ebene hinter den Bergen zu durchqueren brauchte. Tomàs gewann das Vertrauen des Obersten der Wache und nach und nach kleine Freiheiten. Eines Tages lernte er einen Böttcher aus der Straße der Schatten kennen, dessen Söhne das Hohe Tribunal nur deshalb hatte hinrichten lassen, weil sie in der Nacht Wasser holen gegangen waren. Dieser Mann nährte einen unsichtbaren und verstohlenen Haß gegen die Stadt und verschaffte Tomàs die Mittel zur Flucht. Dem äußeren Anschein nach war der Böttcher aus der Straße der Schatten einer der eifrigsten Befolger des Gesetzes, und die Tatsache, daß seine Söhne gegen den Geist und den Buchstaben des Gesetzes verstoßen hatten, gaben keinen Anlaß zum Verdacht.

Wenn die Sonne aufgeht, färbt sich die Stadt zart rosa; es beginnt bei den Glockentürmen der Sagrada Família, der Kathedrale, den Kirchen El Pi und Santa Maria und erreicht schließlich das Kloster Pedralbes. Die Morgenluft ist ein wenig kühl, und man sieht die städtischen Straßenkehrer auf der Diagonal, wie sie den Asphalt abspritzen.

Eine Blüte bricht auf in einem Garten in Sant Gervasi oder in Sarrià. Die Sonne steht schon etwas höher. Etwas später fährt ein Auto der Schwestern von Jesús i Maria vorbei, das die Mädchen zur Schule bringt.

9. Die Flucht

Der Böttcher aus der Straße der Schatten besaß ein Haus mit einem Geheimgang, der außerhalb von Ulm wieder ans Licht kam. Der Böttcher hieß Afruzo, hatte einen Meisterbrief der Zunft der Schönen Handwerke, und man sagte, die Fässer aus seiner Hand seien wahre Kunstwerke. Afruzo bearbeitete das Holz mit Sanftheit und jener unabdingbaren Tugend, die seiner Kunstfertigkeit soviel Ruhm verlieh.

Tomàs und Afruzo vereinbarten den Tag der Flucht. Sie warteten, bis es dunkelte und die Streitwagen auf der Esplanade der Verwüstung erprobt wurden. Die Schmieden waren nahezu verlassen. Jaume Descarrega und vier weitere Männer fielen unversehens über die Wachen des Hohen Tribunals her und fesselten sie. Danach gingen sie vorsichtig hinaus und erreichten im Schutz der Dunkelheit das Haus Afruzos. Sie hörten den Lärm der Menschen und die dumpfe Vibration der Wagen außerhalb der Mauern. Afruzo hieß sie sogleich, den Geheimgang zu betreten, und nachdem sie Fackeln entzündet hatten, gingen sie endlose Stufen hinunter. Aus der Finsternis stieg ein modriger Geruch auf, und ab und zu spürten sie beim Gehen die schauerliche Liebkosung einer Spinnwebe im Gesicht. Auch hörten sie, ohne zu wissen, woher es stammte, jedenfalls nicht von weither, das Geräusch tropfenden Wassers.

Afruzo sagte ihnen, der Geheimgang sei uralt, aus der Zeit der zweiten oder vielleicht sogar der ersten Verschwörung gegen das Gesetz, und er habe ihn rein zufällig entdeckt. So gingen sie viele Stunden, praktisch die ganze Nacht hindurch, bis in den Morgen hinein. Plötzlich sahen sie weit vorn einen kleinen hellen Punkt, der stetig größer wurde, je näher sie kamen. Die Herzen klopften vor Freude. Als sie sich am Ausgang der Höhle befanden, atmeten sie frische Luft und betrachteten die unendliche Ebene, den einzig möglichen Weg zum Reich des Priesters Johannes. Nahe der Höhle fanden sie sechs Pferde, die sich die Zeit damit vertrieben, in einem Sack herumzuwühlen, den man ihnen vor das Maul gebunden hatte. Afruzo sagte, man müsse sofort aufsteigen, um den Vorsprung nicht zu verlieren. Je schneller sie die Berge verlassen haben würden, desto eher seien sie in Sicherheit, denn die Leute aus Ulm würden es nicht wagen, mit ihren pfeilschnellen Streitwagen in die karge Ebene vorzudringen, aus Angst, sie könnten dadurch das Reich der Dreifachen Tugend alarmieren und so die geplante Invasion vereiteln, die sie über so lange Zeit und über so viele Generationen und Jahrhunderte hinweg sich zur Aufgabe gemacht hatten.

Ramon Serra ahnte dies und vieles andere. Ein wenig nervös ging er hin und her. Lleó betrachtete ihn verständnislos. Ab und zu betrat Monsieur Serra die Bibliothek, setzte die Brille auf, las die Titel auf den Buchrücken und wählte einen Band aus. Er setzte sich dann unter die große Linde und blätterte leicht besorgt in dem

Buch. An den Samstagen nahm er den Wagen und fuhr nach Perpignan, zum Stammtisch im Café de la Llotja, wo er seinen Freund Charles Rebeyrol traf, den großen Historiker, der starkes Interesse geweckt hatte mit seinen Artikeln in den »Etudes Roussillonnaises«.

Eines Tages sagte er zu Albert, dem Vorarbeiter der Fabrik, er würde für sechs oder sieben Tage abwesend sein. Er füllte einen Scheck für den Wochenlohn des Personals aus und gab ihn Albert. Er brachte Lleó zu dem Bauernhof in Ceret, der ganz in der Nähe lag, und sagte den Pächtern, sie sollten ihn im Garten machen lassen, was er wolle. Er verreise nur für kurze Zeit.

An jenem Morgen brach Ramon Serra nach Montpellier auf. Der kleine Trupp von Tomàs brach ebenfalls auf, zusammen mit Afruzo, zog durch die wüste Ebene zu den Ländern des berühmten und rätselhaften Priesters Johannes. Die Berge Ulms blieben hinter ihnen zurück, entfernten sich immer mehr. Fünf Pferde trugen je zwei Reiter, weil die Expedition jetzt wieder aus zehn Männern sowie Tomàs bestand. Die Landschaft war von einer Trostlosigkeit und gleichzeitig von solcher Erhabenheit, daß das Blut gefror. Niemals zuvor hatten jene Männer so wie jetzt die Bedeutung und den Wert der Welt des Abenteuers und der Märchen erkannt. Im Hintergrund wurden die Berge blau, umgeben von einer wunderbaren Aura, wurden schwerelos und unwirklich in dem Maße, wie die Pferde weiter in jenes steinerne Meer vordrangen.

Wie ein Feuerwerk ging es los; zart und dünn

drehte es sich in langsamen Bewegungen, drehte sich im Raum, weitete sich zu bizarren Spiralen aus, erlosch, um sich gleich darauf wieder zu entzünden. Am Anfang flackerte es nur, gehorchte keinem Gesetz oder konkreten Plan, eine reine Phantasie der Sinne, die ermattet verblaßte. Aber später wurde die Erscheinung regelmäßiger, symmetrisch und wohlklingend, und die Töne gewannen flüchtige, verzauberte Nuancen.

Bald sah man einen Schatten am Horizont; einen Schatten, der zunächst noch ganz unscharf, nach einer Weile das unbeschreibliche Grün zarter Blätter annahm. Die Gegend veränderte sich schlagartig. Sie sahen sich nun mächtigen Wäldern gegenüber von üppigem Laubwerk. Der Himmel war erfüllt mit jenem fremdartigen Feuerwerk, und die Landschaft wurde lieblich, mit weiten Wiesen weichen und saftigen Grases.

Sie näherten sich immer mehr dem Wald. Auf einer Lichtung tauchten große Zelte auf, aus rotem, grünem und gelbem Stoff. Ein Zelt war größer als alle anderen und weiß und topasblau gestreift. Davor reckten sich auf einer Art rundem Platz schlank und hoch große Stangen mit flatternden Fahnen. Einige Ritter erschienen zwischen den Zelten, und Tomàs und seine Leute konnten beobachten, daß sie goldene Rüstungen trugen, die im Licht funkelten. Die Ritter verfielen in einen leichten Trab und hoben grüßend die Arme, während sie sich vor einem großen Portal aufstellten, einer Art Triumphbogen, an dessen vergoldeter Front ein mit den verschiedensten Edelsteinen geschmücktes Schild glänzte. Man konnte darauf lesen:

ALLERCHRISTLICHSTES KÖNIGREICH
DER
DREIFACHEN TUGEND

10. Das Reich des Priesters Johannes

Die Ritter mit den goldenen Rüstungen bereiteten dem Gesandten des großmächtigen Königs von Aragonien einen seinem Rang gebührenden Empfang. Sofort brachen Boten nach Addis auf, der Hauptstadt des Königreichs, um die königliche Majestät von der Ankunft Tomàs' zu unterrichten, der mit der ausgesuchtesten Liebenswürdigkeit und Höflichkeit behandelt wurde. Die Ritter teilten ihm mit, sie seien die am weitesten vorgerückten Wachposten des Königreiches und überwachten Tag und Nacht die große Wüste, die sie vom Reich des Schreckens, das heißt von Ulm, trenne.

Die Ritter beklagten darüber hinaus das Abenteuer von Tomàs und seinen Männern, und sie befragten Afruzo, der sich zum Christentum bekannte und sie über wertvolle und äußerst interessante militärische Fakten informierte. Abends gaben sie unter dem topasblaugestreiften Zelt ein großes Bankett, bei dem die erlesensten Speisen gereicht und sehr geistreiche Gespräche geführt wurden. Es gab zwei Arten von Rittern: die weißen und die schwarzen, und, wie Tomàs herausfand, waren dies unter der Bevölkerung des Reiches der Dreifachen Tugend die generellen Charakteristika. Unnötig zu sagen, daß Bildung und Lebensart identisch waren und sie sich nur in der Hautfarbe unterschieden.

Am Ende des Banketts riefen sie speziell die drei theologischen Tugenden – Glaube, Hoffnung und Liebe – an und sangen ein Tedeum zum Dank für die Rettung des Gesandten des großmächtigen und innigstgeliebten Königs von Aragonien.

Der König von Aragonien war auch Gegenstand besonderer Aufmerksamkeit seitens Monsieur Serras, der in der Universitätsbibliothek von Montpellier unermeßliche Anstrengungen vollbrachte, um ein Geheimnis zu entschlüsseln, das niemand zu verstehen vermochte. Ramon Serra wußte natürlich nichts, da Tomàs, den Instruktionen folgend, ihm nichts Konkretes gesagt hatte; aber dank einer wunderbaren Eingebung, die vielleicht damit erklärt werden könnte, daß er ein Mann war, der von Natur aus die Jagd und also auch das Abenteuer liebte, gelang es ihm, wie durch einen dichten Nebel das außergewöhnliche Schicksal von Tomàs zu erahnen.

Der liebenswürdige Monsieur Le Tap logierte im Hotel du Palais, nahe beim Justizpalast. Manchmal ging er nach dem Abendessen an dem Haus vorbei, in dem Paul Valéry geboren worden war, und dann zog er respektvoll den Hut. Danach ging er ins La Voile, das luxuriöse Café beim Bahnhof, wo der Kaffee wirklich ausgezeichnet war. Es muß jedoch festgehalten werden, daß Monsieur Serra in den sechs Tagen, die er in Montpellier weilte, jeden Vormittag während der Öffnungszeiten in der Universitätsbibliothek und im Départementsarchiv verbrachte. Eines Tages sah er die traurige Gestalt Monsieur Duponts, der in Manuskripten blätterte; er fiel ihm besonders auf.

Das Reich des Priesters Johannes war ein Land,

wie es sich niemand vorstellen kann. Inmitten der märchenhaften Vegetation erhoben sich Berge von Edelsteinen, von einer unübertrefflichen Brillanz und Transparenz. Man sah riesige Aquamarine, Achate, Brillanten, Rubine, Amethysten und Topase, in einem Zusammenspiel verschiedenster reflektierender Farbnuancen. Geleitet von einem Herold, erlebte die Gefolgschaft von Tomàs, nach Überwindung der ersten Verblüffung, Momente einer berauschenden Entrückung. Mit der Hilfe Jaume Descarregas, der zu seinem Vertrauten geworden war, bemühte Tomàs sich verzweifelt, den natürlichen Trieb der Soldaten zu bremsen, sich beutelustig auf die Reichtümer dieser außergewöhnlichen Gegend zu stürzen.

Jetzt waren sie auf dem Weg nach Addis, wo der Priesterkönig Tomàs eine Audienz gewähren würde. Bei der Ankunft in Osula, einer Stadt aus rosa Marmor, bemerkten sie zum erstenmal, daß die Hunde und Katzen – und überhaupt alle Haustiere im Reich der Dreifachen Tugend – mechanische Spielzeuge waren, die sich geschickt bewegten. Als sie an einem Balkon vorbeiritten, flog einer dieser Roboter auf, diesmal in Form eines Vogels, und ließ sich, nachdem er eine sanfte Kurve um den Kopf des Herolds beschrieben hatte, auf dessen breiter Schulter nieder, die Flügel im mechanischen Rhythmus bewegend. Tomàs traute seinen Augen nicht, und als er den Herold fragte, antwortete dieser, als wäre es die natürlichste Sache der Welt, die Untertanen des Reichs der Dreifachen Tugend zeichneten sich durch ihre mechanischen Arbeiten aus, und das

Land sei, wie die Geschichtsarchive bewiesen, nach seiner Romanisierung aus unerforschlichen Gründen sämtlicher Gattungen von Lebewesen verlustig gegangen, ausgenommen der höchsten, das heißt natürlich der menschlichen, die von unserem Herrn Jesus Christus vom Elend und der Sünde erlöst wurde.

Der Herold schwieg, und der Vogel kehrte auf den Balkon zurück. Von Zeit zu Zeit fanden sie jetzt entlang des Weges goldene Schilder, worauf stand:

GLAUBE, HOFFNUNG UND LIEBE

Die Leute trugen seidene Kleider in den heitersten Farben. Bald entdeckten die Ritter in der Ferne zwischen unzähligen Gebäuden eine Kuppel wie jene Brunelleschis, auf der ein Kreuz glänzte.

Es waren Addis, die Hauptstadt des Reiches der Dreifachen Tugend, und der Palast des Priesters Johannes. Einige zarte, anmutige Mädchen sangen Hymnen zu ihrem Empfang und bedeckten sie mit Blumen. Sie hielten darauf in der Nähe einer Art Mausoleum an und betraten eines jener farbigen Zelte, wie sie gebräuchlich waren in dem Land.

»Das Grab der heiligen Eufrigis«, sagte der Herold und zeigte es Tomàs.

Diesem schlug freudig das Herz.

11. Der Priesterkönig

Der allerchristlichste Priester Johannes befand sich jedoch zu jener Zeit nicht in Addis, sondern in den großen Zedernwäldern, um dem Fest der Poesie vorzusitzen, und er hinterließ zu treuen Händen, man solle Tomàs doch bitten, die Güte haben zu wollen, noch ein Stück weiterzureisen, damit er ihn persönlich begrüßen könne. So rasteten sie also einen Tag in Addis, einer Stadt voller wunderbarer Vorzüge, und ruhten sich von der Mühsal der Reise aus.

Der Priester Johannes war ein großer und magerer Mann mit einem Gesicht, das Güte ausstrahlte. Er empfing Tomàs, umgeben von seinem Hofstaat, auf einer Lichtung des dicht belaubten Zedernwaldes. Als Tomàs vor ihm auf die Knie ging, erhob er sich von seinem Thron und hieß ihn väterlich, sich zu erheben.

»Mein Sohn, setze dich an meine Seite und erzähle mir von deiner Reise und von den Tugenden deines Königs und der anderen christlichen Könige, von denen wir nichts Genaueres wissen. Ich weiß, daß du im Lande Ulm warst, und das macht mich traurig, weil ich weiß, was dies für einen Christen bedeutet. Unser Königreich ähnelt leider einer von Dornen umgebenen Blüte. Setz dich und erzähle mir.«

Um der Erwartung des Hofes und der Anteilnahme des Priesters Johannes gerecht zu werden, erzählte Tomàs die Geschichte seiner Abenteuer, soweit es ihm erlaubt war. Er übertrieb ein wenig die Macht und den Ruhm des hochedlen Königs von Aragonien und mahnte jene treuen Christen, standzuhalten wie eine Insel im Sturm und stets wachsam zu sein gegen die Feinde des Glaubens. Er stellte einige politische Betrachtungen an und ließ dabei diskret einfließen, was ein mögliches Bündnis oder wenigstens ein enger Kontakt mit den christlichen Königreichen des Abendlandes, vor allem mit Aragonien, bedeuten könnte; zum guten Schluß überraschte er alle Vasallen des Priesters Johannes mit der Offenbarung der tiefempfundenen, beispielhaften Verehrung des Monarchen von Barcelona für die edle, umsichtige und weise heilige Eufrigis, die Patronin des Reichs der Dreifachen Tugend.

Tomàs bemerkte eine Spur Rührung in den Augen aller Anwesenden, besonders in denen des Priesters Johannes. Er hielt die Stunde für gekommen.

»Der sehr fromme und große König von Aragonien, der Euer allerchristlichsten Majestät ausgesuchteste Geschenke übersandte, die während der unglücklichen Reise durch das Land Ulm verlorengingen, schickt mich, Euch seiner brüderlichen Liebe zu versichern und von Eurer königlichen Hoheit eine Reliquie ebenjener so berühmten heiligen Eufrigis zu erbitten, mit dem Angebot, selbstredend gerne das gleiche tun zu wollen mit jedwedem katalanischen Heiligen, von denen es unübertreffliche und viele von erprobter Wundertätigkeit gibt, oder Euch in irgendeiner anderen Angelegenheit dienlich zu sein. Er schlägt außerdem vor, dauerhafte Verbindungen aufzunehmen in allen Glaubensdingen und, wenn es möglich sein sollte, auch was den Handel von Gütern betrifft.«

Es entstand eine Stille. Der Priester Johannes erhob sich von seinem Thron und sagte: »Im Namen der drei theologischen Tugenden segnen Wir Euch, edler Ritter Tomàs, Gesandter des hochedlen Königs von Aragonien, Unseres Bruders, dem Ihr sagen sollt, daß Wir gerührt das brüderliche Abkommen annehmen, das er so liebenswürdig anbietet. Sagt ihm auch, daß Eure schöne Rede mir recht ans Herz gegangen ist, in der Ihr die heilige königliche Verehrung für die jungfräuliche Märtyrerin Eufrigis kundgetan habt, die Unsere und Unserer Vasallen Patronin ist und die Beschützerin des Königreichs der Dreifachen Tugend gegen die Angriffe Unserer erbitterten Feinde, die diejenigen der ganzen Christenheit sind. Wir sind freudig bereit, ihm die geschätzte Reliquie zu übergeben, und um zu zeigen, wie weit Unsere brüderliche Zuneigung geht, werden Wir ihm den ganzen rechten Arm der Heiligen übergeben, von Stolz erfüllt dank der Gewißheit, daß er in künftigen Tagen in der hochedlen Stadt Barcelona verehrt werden wird. Sagt Eurem hochgeschätzten Herrscher auch, daß Wir seine äußerst weisen Pläne zur Verteidigung des Glaubens in Betracht ziehen und ihn bitten, das Nötige zu veranlassen, damit Wir einen beglaubigten Abgesandten in Unserer Nähe haben, der Uns sein Urteil in all den Fragen kundtun kann, in denen es nötig sein sollte. Ebenso sagt ihm, daß Wir Uns dem Handel nicht verschließen, nein, im Gegenteil, wenn es sich als machbar erwiese, würden Wir jede Art von Beziehungen in dieser Hinsicht begrüßen. Und jetzt, mein Sohn, empfange eine weitere Segnung, eine besonders feierliche, und überbringe sie meinem geliebten Bruder, dem Herrscher Aragoniens, dem ich viel Erfolg und ein langes Leben wünsche.«

Dies sagte der Priester Johannes, und die Ritter spendeten Beifall.

Hinter den Bäumen erstrahlte das Gesicht Monsieur Duponts vor Freude. An jenem Morgen verlangte er zum Frühstück Milchkaffee, mehrere Croissants, Butter und Marmelade. Er lächelte Ramon Serra jovial zu, in einer Art, die innerste Befriedigung verriet.

»Ich weiß nichts von dem, wonach Sie mich fragen. Dennoch will ich nicht unhöflich sein. Es ist möglich, daß Sie im königlichen Archiv von Barcelona Ihren Wunsch erfüllen können. Es ist jedoch nicht sicher. Wenn Sie wollen, gebe ich Ihnen die Adresse unserer Zweigstelle in Barcelona, in der Nummer 3 der Straße Les Trompetes del Rei Jaume Primer, wo man erfreut sein wird, Ihnen behilflich zu sein, wenn Sie in meinem Namen fragen. Mein Name ist Dupont, sehr zu Diensten. Dupont, Geschäftsführer von Chevreuil et Frères.«

Das Fest der Poesie war prachtvoll. Tomàs saß zur Rechten des Priesters Johannes; bis auf einzelne bruchstückhafte Verse entging ihm aber alles wegen seines fiebrigen Zustands. Er war zu beschäftigt damit, den Erfolg seiner Mission zu genießen.

12. Tomàs verlässt das Reich der Dreifachen Tugend

Tomàs' Aufenthalt in der unmittelbaren Nähe des Priesters Johannes war kurz. Es drängte ihn, das Abenteuer fortzusetzen, und außerdem hatte er sich bereits mit allen Einzelheiten jenes so fremdartigen Landes bekannt gemacht. Er beschloß also abzureisen, je früher, desto besser, und teilte dies dem ehrwürdigen Priesterkönig mit.

Dieser beklagte es zutiefst, weil er eine lebhafte Zuneigung für Tomàs verspürte, und überreichte ihm nach einer feierlichen religiösen Zeremonie, der alle hohen Würdenträger des Hofes beiwohnten, den Arm der heiligen Eufrigis in einem langen, mit rotem Samt gefütterten und mit goldenen Nägeln beschlagenen Futteral. Er übergab ihm auch einen geheimen Brief für seinen geliebten Bruder, den Herrscher Aragoniens, und eine Königskrone aus Edelsteinen mit den vier Barren Aragoniens. Zu guter Letzt und als liebenswürdige Aufmerksamkeit für die Damen der königlichen Familie übergab der Priester Johannes Tomàs drei Käfige mit den dazugehörigen mechanischen Vögeln, die ungewöhnliche Melodien pfiffen, darunter auch *La filla del marxant*, das Lied von der Tochter des Hausierers.

Der Herrscher der Dreifachen Tugend machte Tomàs ein persönliches Geschenk, das ihn im Land der Ungläubigen gegen alle lauernden Gefahren gefeit machen würde. Es handelte sich um einen äußerst kunstvoll gefertigten Ring mit filigraner Goldschmiedearbeit und dicht besetzt mit Rubinen, auf dem das Bildnis des Priesters Johannes zu sehen war.

»Der Schutz wirkt aber nur im Land der Ungläubigen, vergiß das nicht, mein Sohn.«

Tomàs küßte die Hand des Herrschers, den er mit Vater ansprach, und verließ ihn mit seinem Gefolge, nachdem er für all die empfangene große Güte gedankt hatte. Afruzo folgte ihnen, hielt sich jedoch ein wenig abseits.

Als sie unter sich waren, baten die Männer Tomàs – alle außer Jaume Descarrega –, er solle sie, da es sie tief schmerze, jenes köstliche und äußerst reiche Land zu verlassen, und da sie außerdem dem König in so zahlreichen und berühmten Feldzügen gedient hätten, als Preis für so viele Jahre des Elends und der Gefahren von der Verpflichtung befreien, ihn zu begleiten, da er ja, wie der Priester Johannes gesagt habe, von nun an unverletzlich sei und deshalb auch keiner Eskorte bedürfe. Sie wünschten genau wie Afruzo, in jenem Land zu bleiben, um in Ruhe den Rest ihres Lebens zu verbringen, da sie, wie nie zuvor und unverhofft, eine große Neigung fühlten, sich zu verheiraten und Kinder zu haben.

Tomàs gewährte seinen Männern, die vor Freude und Dankbarkeit weinten, diese Gnade und machte sich in Begleitung von Jaume Descarrega auf den Weg zu seiner Herberge, um die Abreise vorzubereiten. Er war ein wenig traurig.

Im Hintergrund, im Halbschatten, betet die alte Magdalena den Rosenkranz und erfleht Schutz für

Tomàs. Sie hat zwei Öllämpchen vor der Statue der Heiligen Mutter Gottes vom Berge angezündet und bekreuzigt sich vor einem Bild des heiligen Martirià, dem Schutzpatron von Banyoles. Zwischen den Akazien sieht man den See, die Fischerboote und ein rotbemaltes Paddelboot.

Tomàs und Jaume Descarrega haben mit ihren märchenhaften Schätzen das Land der Dreifachen Tugend verlassen. Sie machen sich auf den Weg zum Roten Meer, wo sie eines jener Schiffe zu finden hoffen, die Sklavenhandel betreiben. Sie führen sechs Pferde mit Warenballen und Lebensmitteln mit sich.

Die Ritter mit den goldenen Rüstungen geleiten sie bis zu einer anderen Grenze, der südlichen, die das gleiche Portal aufweist wie jene, die das Land Ulm vom Reich des Priesters Johannes trennt.

Tomàs betrachtet den Kompaß. Die Gebiete, die sie durchqueren, fallen nun ab, mit sanften Hügeln und Tälern, wie der Busen eines jungen Mädchens. Über allem weht der Hauch einer parfümierten Melancholie, einer in der Erinnerung verwurzelten Traurigkeit. Die beiden Männer reiten stumm dahin.

Tomàs betrachtet den Horizont und seufzt.

DRITTER TEIL

1. Britannien

Miss Dorothy Higgins saß an der Schreibmaschine im Büro des britischen Konsulatssekretariats in Damaskus. Miss Dorothy war Methodistin und schon in reiferem Alter, aber sie trug äußerst verführerische Nylonblusen und sah immer noch gut aus. Ihr Hobby war die italienische Renaissancemalerei, und sie pflegte die Ferien in Florenz oder Venedig zu verbringen. Vom Ponte Vecchio aus verschickte sie parfümierte Postkarten an eine alte Schulfreundin, Miss Parker, die in der British Union Oil Company arbeitete und im allgemeinen ihren Sommer an der Costa Brava verbrachte, genauer gesagt, in Tossa. Auf die Dauer ging einem Miss Dorothy ihres selbstgefälligen Tones wegen auf die Nerven.

An jenem Abend war Miss Dorothy mit Jim Oliphant zum Essen verabredet, einem Agenten des Intelligence Service, der in geheimer Mission im Heiligen Land weilte. Oliphant oder Jimmy, wie ihn seine Freunde nannten, hatte sich nach seiner erfolgreichen Tätigkeit während des Krieges in Jugoslawien – den Beschlüssen seiner Abteilung folgend – auf hethitische, israelische und arabische Angelegenheiten spezialisieren müssen. In letzter Zeit lebte er glücklich, trank seinen Whiskey und hatte keine großen Sorgen. Jimmy Oliphants Jacke beulte sich auf der linken Seite immer ein wenig aus wegen der Luger, die er vorschriftsmäßig im Halfter unter der Achselhöhle trug.

Trotzdem war Jimmy neuerdings ein wenig unruhig. Scheich Ben-Alei, sein Freund und Vertrauter, der ihm bei der Untersuchung über den Drogenhandel, die er gerade durchführte, behilflich war, hatte ihm erzählt, man habe zwei Ausländer auf einer ungewöhnlichen Karawanenroute gesehen, die schon seit undenklichen Zeiten wegen der zunehmenden Ausdehnung der Wüste nicht mehr benutzt worden war. Ahnend, daß die Information Jimmy interessieren würde, hatte der Scheich vier Männer als Posten aufgestellt, damit sie ihm regelmäßig die Bewegungen der zwei Fremden meldeten. In diesem Moment waren sie in der Oase des Todes, nahe der verlassenen Stadt Gúria, und die Richtung, der sie zu folgen schienen, war verwirrend, lag doch vor ihnen einzig die Wüste. Das erschreckte Jimmy, denn genau in jener Gegend verlief die große Ölpipeline. Es war ihm nicht geheuer, und er sagte sich, daß man auf der Hut sein müsse. Er überlegte einen Augenblick und gab dem Scheich Anweisung, ihm die Nachrichten in sein Büro im Konsulat in Damaskus zu liefern und die Spur der Fremden zu verfolgen und sie scharf zu überwachen. Der Scheich bettelte um Bakschisch, und Jimmy gab ihm das Geld, nachdem er die Scheine sorgfältig im Geldbeutel abgezählt hatte; dann tranken sie den letzten Schluck türkischen Kaffee.

Durch den Eingang des Zeltes sah man das trockene und steinige Land. Die Pferde wieherten ab und zu und stampften nervös mit den Hufen gegen den harten Stein. Auch hörte man Bruchstücke des Gesprächs, das die um ein kleines Feuer sitzenden Männer des Scheichs führten.

Dahinter breitete sich die Wüste aus, mit Millionen weißer Dünen, denen der launische Wind Dauerwellen aus Sand gemacht hatte. Die Nacht brach herein, gefolgt von einem Schwall heißer, erstickender Schwüle und von Schlaflosigkeit. Am Himmelszelt funkelten die Sterne wie kleine diamantene Punkte. Da gab es welche, die stärker leuchteten, und andere, die einsam blinkten. Manchmal war ein leichter weißer Nebel zwischen dieser schweigend schimmernden Schar zu sehen, und das Herz blieb einen Augenblick stehen, angehalten von dem aufregenden Schauspiel. Die Stille wurde undurchdringlich, beinahe spürbar verkrampft, und wurde nur manchmal durch das unvermutete Abrutschen einer Düne oder das umherschweifende Klagen eines Widerhalls unterbrochen. Der Sand stieß einen traurigen und geheimnisvollen Seufzer aus, erfüllt von einer versteckten Bedeutung, in der man Fürchterliches erahnte. Des Nachts war die Stimme der Wüste schwach, jedoch schmerzlich und fesselnd.

Miss Dorothy ordnete die Papiere auf dem Tisch. Sie zupfte mechanisch den Gürtel über dem Rock zurecht und zündete sich eine Zigarette an. Einen Moment lang verharrte sie nachdenklich. Sie verwahrte einige Dossiers in einem Metallschrank und verließ den Raum, nachdem sie die Tür sorgsam verschlossen hatte. Im Toilettenraum malte sie sich die Lippen an und sagte dann im Empfangszimmer zum Pförtner, er solle ein wenig mehr Sorgfalt darauf verwenden, ihren Tisch abzustauben.

Unten auf der Straße schlug Miss Dorothy den Weg zum Geschäftsviertel ein. Sie betrat eine Parfümerie und wählte ein sauber und erfrischend riechendes Kölnischwasser. Die Angestellte bediente Miss Dorothy mit respektvoller, eifriger Ehrerbietung.

Jimmy trank an der Theke von Freddys Bar einen Bourbon mit Eis und Soda, als Miss Dorothy eintrat. Sie erschien in einem eng geschnittenen Kleid aus Rohseide und trug eine riesige rote Orchidee im Ausschnitt. Der Barmann zwinkerte Jimmy zu und stieß einen leisen Pfiff aus.

Die Brechungen der Spiegel belebten und intensivierten das Licht. Die Wände des Lokals waren mit sorgsam befestigten Geldscheinen aus aller Herren Länder dekoriert. Das Publikum bestand aber vor allem aus Engländern und Bürgern des Commonwealth.

Jimmy drückte Miss Dorothys Hand. Während sie das Menü auswählten, flüsterte er ihr etwas ins Ohr.

In jenem Augenblick vergaß er die Wüste und die beiden geheimnisvollen Fremden.

2. Die Stadt Gúria

Tomàs und Jaume Descarrega lagerten im Schutz einer sehr hohen Lehmmauer am Rande der Stadt Gúria. Es war eine reiche Stadt, belebt durch ein großes Handelszentrum, in dem alle Karawanen, die die Wüste durchquerten, zusammentrafen. Die Angst, bei den Bewohnern Habgier zu wek-ken, hatte Tomàs zu dem klugen Entschluß bewogen, die Stadt nicht mit der ihm anvertrauten kostbaren Fracht zu betreten. Er überließ also Jaume Descarrega die Wache über die Warenballen und die Pferde und drang in das Labyrinth ein, das die engen Gassen Gúrias bildeten. Vorher hatte Tomàs noch einmal die Instruktionen gelesen.

Jaume Descarrega blieb allein zurück und überlegte einen Moment lang, ob es für ihn vielleicht nicht besser gewesen wäre, zusammen mit den Gefährten im Reich der Dreifachen Tugend zu bleiben. Er könnte jetzt alles genießen, was die Erde an Genüssen bereithält, und sähe sich nicht gezwungen, von Pontius zu Pilatus zu reisen im Dienst eines Herrn, der von einem geheimnisvollen Wind des Wahnsinns getrieben schien. Er hatte jedoch beschlossen, bei Tomàs zu bleiben, und spürte, wenn auch undeutlich, den Zauber, der von seiner edlen Persönlichkeit ausging. Auch wußte er bestimmt, daß er, komme was da wolle, Tomàs nie verlassen würde.

Er kratzte sich heftig die Haut unter dem Hemd. Dann wurde er von Selbstmitleid erfüllt, als er sich an den Leidensweg erinnerte, den die Fahrt über das Rote Meer bedeutet hatte, an Deck eines verlotterten Schiffes und als Sarazene verkleidet, und an die darauf folgende langsame lange Reise auf der Suche nach einem unerreichbaren und fremden Land, das irgendwo in der Nähe der Großen Tatarei gelegen war und das – wenn man Tomàs Glauben schenken wollte – ihnen ein Wunder offenbaren würde, das unglaubliche Wunder des Brennenden Wassers.

Die Gassen waren verwinkelt und schwach beleuchtet. Tomàs blieb vor einer Tür stehen, aus der ein getragener Singsang und das Geräusch von Stimmen drangen. Am Eingang saßen, in der Art der Sarazenen gegen die Mauer gelehnt, Männer mit glasigem Blick, die trotz der Schläfrigkeit, die sie überkam, jenen Tönen zu lauschen schienen, die sich hart und sinnlich hinzogen.

Es war eine Kaschemme übelster Art mit einer endlosen Reihe von Gängen, wo Leute auf dem Boden saßen und tranken oder mit Klatschen den Gesang von Frauen begleiteten, die von Zeit zu Zeit auch tanzten. Man bekam kaum Luft, und ein scharfer Rauch setzte sich im Hals fest. Tomàs strebte danach, diese Höhle so schnell wie möglich wieder zu verlassen, und stieß eine schwarzäugige Frau zurück, die sich ihm an den Hals gehängt hatte. In der Nähe des Ausgangs spürte er, wie man ihn am Ellenbogen packte, und gleichzeitig murmelte ihm jemand ins Ohr: »Muzeim-Said, der Händler, erwartet Euch. Geht zu ihm.«

Die Luft im Freien belebte Tomàs neu, der sich

zuvor ganz benebelt gefühlt hatte. Der Gesang drang noch immer aus der Tür, rhythmisch und monoton, begleitet vom Geräusch klirrender Armbänder und kleiner, durchdringender Trommeln.

Er kam zu einem Brunnen in der Mitte eines kleinen Platzes und tauchte Gesicht und Arme in das Steinbecken. Zwei Schatten hatten sich von der Mauer gelöst und folgten ihm schweigend.

Im Dämmerlicht des Sonnenuntergangs studierte Jim Oliphant eine Militärkarte, auf der neben anderen Faktoren von strategischer Bedeutung die Kontrollstellen entlang der großen Pipeline eingezeichnet waren. Er fragte den Scheich, ob er ganz sicher sei, die Spur der beiden Ausländer nicht verloren zu haben. Der Scheich antwortete, seine Männer verlören nie eine Spur und die beiden Fremden befänden sich weiterhin in Gúria: Früher oder später würden sie die Absichten der geheimnisvollen Männer herausfinden. Jimmy Oliphant sagte nichts; als er sich den Schweiß abwischte, sah er auf dem Taschentuch den köstlich roten Abdruck der Lippen von Miss Dorothy.

Tomàs folgte einer der Gassen. Auf einem anderen Platz begegnete er einem Jungen, der eine Tränke reinigte, und fragte ihn nach der Adresse von Muzeim-Said.

Der Junge betrachtete ihn neugierig und antwortete, jeder kenne Muzeim- Said und wisse, wo er wohne, und es sei seltsam, daß er ihn danach frage. Muzeim-Said, fügte er hinzu, sei der reichste Händler Gúrias und lebe in der Straße des

Statthalters, ganz in der Nähe. Tomàs dankte ihm und folgte der ihm angegebenen Richtung.

Bald befand er sich vor dem Haus Muzeim-Saids. Es war groß und schien sehr geräumig; auf einer Seite setzte es sich in einer Mauer fort, die einen Garten oder Park mit dicht belaubten Bäumen beschützte. Am Eingang hing ein Schild mit arabischen Schriftzeichen, das den Reisenden begrüßte:

Muzeim-Said
Händler
Sei willkommen im
Namen Allahs

Tomàs stand eine Weile unentschlossen da, bevor er klingelte. Es ging eine sanfte, erfrischende Brise. Die beiden Männer, die Tomàs folgten, waren in einem gewissen Abstand stehengeblieben, und die Stadt schlief langsam ein in der Ruhe und der Stille.

Er trat einige Schritte vor und zog kraftvoll an der Kette einer Glocke.

3. Muzeim-Said

Ein Negersklave öffnete die Tür und führte Tomàs, ohne ein Wort zu sagen, in einen Hof, der von einer überdachten Galerie umgeben war. Der Sklave zog das linke Bein nach. Sie gingen unter Arkaden hindurch, die von zierlichen Säulen getragen wurden, und durchquerten den Hof, der ganz mit indischen Rosen bepflanzt war sowie mit sechs oder sieben Zitronenbäumen, deren Zweige im Wind raschelten.

Der Sklave geleitete Tomàs in einen sehr geräumigen Saal, der als Magazin benutzt wurde. Überall sah man Waren in säuberlichster Ordnung aufgereiht, und ein undefinierbarer, stark süßlicher Duft schwebte in der Luft. Säcke voller Muskatnüsse türmten sich auf den Regalen neben weiteren, die Zimt, Pfeffer und andere Gewürze enthielten. Da gab es auch Dosen voller Mastix und Flakons mit Salben aus Armenien für Haar und Bart, geordnet nach männlichen und weiblichen Düften. In der Abteilung für Salben gab es außerdem Gefäße, gefüllt mit Lorbeer- und Myrtenöl.

Auf der anderen Seite quollen aus den Truhen die Stoffe aus Seide und reinstem Leinen, bestickt oder unbestickt, allerlei Tand, verzierte Lederwaren, Becher und ziselierte Waffen und auch Musikinstrumente. Eine Lyra, die so zart und empfindlich war, daß sie melodische Seufzer ausstieß, sobald sie von einem leichten Luftzug liebkost wurde, erregte Tomàs Aufmerksamkeit.

Eine ausgedehnte Zwischenebene im Hintergrund des Magazins, die von einer Seite zur anderen reichte, dominierte die Räumlichkeiten. Tomàs nahm die Stufen, die hinaufführten, und sah, daß es sich um den Empfangssalon und gleichzeitig das Büro handelte, geschmückt mit Kissen, Perserteppichen und Kupfertischchen. Von dort aus konnte man ein Gespräch führen, ohne das Magazin aus den Augen lassen zu müssen.

Eine Hand schob einen Vorhang zur Seite, und ein etwa sechzigjähriger Mann von respektgebietendem Äußeren trat ein. Seine Züge waren edel, sein Blick lebhaft. Er bedeutete Tomàs, Platz zu nehmen.

Eine Weile verharrten sie in Schweigen. Häufig drang zu ihnen die süße Klage der Lyra, und ihr Widerhall verlor sich in der geschlossenen Weite des Raumes. Der Neger brachte Gläser mit Raki und verschwand, ohne das geringste Geräusch zu machen.

Muzeim-Said betrachtete Tomàs ernst und sagte: »Ich unterhalte seit vielen Jahren dauerhafte und herzliche Beziehungen mit der Welt der Christen und weiß, daß trotz allem nichts von Dauer oder unwandelbar ist. Ist denn etwa die Wahrheit unwandelbar? Ich weiß einzig, daß die Menschen, sowohl Muselmanen wie auch Christen, bestenfalls einem Hirngespinst folgen, etwas, das im Grunde genommen ihr verworrenes Leben rechtfertigen soll. Wichtig ist nicht so sehr, daß sie das erreichen, was sie sich vornehmen, sondern der Glauben, der sie beseelt. Diese Männer sind die Sieger. Diese Männer gefallen mir.«

Muzeim-Said machte eine Pause. Dann fuhr er fort: »Ich weiß, was Ihr in diesem Land vorhabt. Ich habe Nachricht erhalten aus Montpellier, und mir ist das Interesse bekannt, das in einer anderen Zeit durch die Entdeckung eines mutigen Ritters, Arnau de Çafont, geweckt wurde. Jener konnte nichts Genaueres herausfinden. Ihr hingegen könnt es. Das Brennende Wasser ist kein Hirngespinst, es existiert wirklich. Ich, Muzeim-Said, weiß, wo es zu finden ist, aber es ist ein gefährliches Unterfangen, äußerst gewagt und beinahe unmöglich für jemanden, der den Hin- und Rückweg nicht kennt. Mein Vater hat mir den Ort gezeigt, als ich zum Mann wurde, und mein Vater kannte ihn vom Großvater und dieser vom Urgroßvater. Dieses wundersame Wasser wird eifersüchtig vom Stamm der *nekhé* bewacht, der von den schrecklichen *thoulus* abstammt, die in längst vergangenen Zeiten auf einen anderen Planeten ausgewandert sind.«

Die Worte Muzeim-Saids strömten in die Stille. Während der Pausen erklang hin und wieder die Lyra und umgab die Worte des alten Händlers mit einem geheimnisvollen Nimbus.

»Findet Euch Morgen bei Sonnenuntergang am Nordtor der Stadt ein, an der Pforte der Athleten. Ich werde Euch ins Land des Brennenden Wassers geleiten.«

Muzeim-Said netzte die Lippen an seinem Rakiglas. Man spürte eine süße, klingende Erschütterung, und es verschwand eine der Figuren auf dem Perserteppich, ein Reiter auf einem Schimmel. Die anderen verharrten ungerührt mit ihren mongolischen Augen und den gezückten Schwertern.

Tomàs erhob sich und sprach einige Worte des Dankes. Muzeim-Said machte eine ablehnende Handbewegung und führte, während er sich ehrerbietig verbeugte, seine rechte Hand zum Herzen, zu den Lippen und zur Stirn.

Als Tomàs hinter dem Sklaven, der das Bein nachzog, zur Tür kam, huschte ein scharlachrotes Reptil schnell über die Schwelle.

4. Das Brennende Wasser

Als Jim Oliphant erfuhr, daß die beiden Fremden mit einer dritten Person in der verlassenen Stadt Gúria Kontakt aufgenommen hatten und in Begleitung derselben Richtung Ölfelder aufbrachen, zögerte er keinen Augenblick. Er befahl dem Scheich, zwanzig seiner besten Schützen auszuwählen, und sobald die kleine Truppe zusammen war, machte er sich im Eilmarsch auf den Weg zur großen Pipeline. Es handelte sich mit Sicherheit um einen typischen Sabotagefall, den es zu verhindern galt, und außerdem mußte die Identität der fremden Agenten herausgefunden werden. Der geschickte Weitblick Jimmy Oliphants führte sogar dazu, daß er dem Konsul eine chiffrierte Botschaft sandte, in der er Bericht erstattete über die aufgedeckte Verschwörung, damit dieser, wenn die störende Macht einmal entlarvt wäre, sofort die Regierung informieren könnte.

Tomàs und Jaume Descarrega trafen sich mit Muzeim-Said außerhalb der Stadt, an der Pforte der Athleten. Sie bildeten eine merkwürdige Karawane, beladen mit den Ballen und den riesigen Vogelkäfigen des Priesters Johannes, die, obgleich mit Tüchern bedeckt, die Aufmerksamkeit eines jeden erweckten, sowie mit dem langen Futteral der heiligen Eufrigis, das Tomàs persönlich transportierte. Es war eine merkwürdige Karawane, und Muzeim-Said war über alle Maßen überrascht, als er den Gesang der Vögel und das metallische Schlagen der Flügel hörte. Tomàs beeilte sich, die Angelegenheit herunterzuspielen, und lenkte das Gespräch listig in andere Bahnen.

In diesem Moment betrat Rosaura die Bühne, das zarte Fräulein, das vor einem Bild der heiligen Theresa für Tomàs betete, damit er viel Glück auf seiner überstürzten und geheimnisvollen Reise haben möge. Mit der Wange liebkoste Rosaura ein Taschentuch, das Tomàs vergessen hatte, und netzte es mit heißen, runden und entsagungsvollen Tränen.

Jimmy Oliphant befahl den Schützen des Scheichs, entlang der Pipeline Aufstellung zu nehmen. Der Vollmond ermöglichte es, die in einer starren Helligkeit badenden Unebenheiten des Bodens zu sehen sowie die riesige Masse des Tanks, der sich scharf gegen den Sternenhimmel abzeichnete. Jimmy und der Scheich tranken Kaffee aus einer Thermosflasche, aus Papierbechern, die mit Paraffin beschichtet waren, und verzichteten in äußerster Vorsicht auf das Rauchen. Die Männer waren erregt in Erwartung eines Feuergefechts. Jimmy sagte dem Scheich, nun heiße es, einfach Geduld zu haben und schweigend zu warten.

Muzeim-Said führte die Karawane mit unglaublicher Energie und Geschicklichkeit durch die Wüste. Es herrschte schon tiefe Nacht, aber der Mond erhellte die Gegend mit einem gespenstischen Schein. Plötzlich, in einer großen, sandigen Senke, konnten sie die Ausläufer eines steilen, zerklüfteten Gebirges erkennen. Muzeim-Said sagte, da beginne das Gebiet der *nekhé*. Nach einer Weile wurde der Schritt der Tiere sicherer, und sie kamen schneller voran. Jaume Descarrega fühlte sich sanft hin und her gewiegt und vollbrachte übermenschliche Anstrengungen, um nicht einzuschlafen; dabei versuchte er stets an die Gefahr zu denken, die von einem Moment auf den anderen auftauchen konnte.

Im Gegensatz zu ihm litt Miss Dorothy in jener Nacht an Schlaflosigkeit. Sie zündete das Nachttischlämpchen an, setzte sich auf und lehnte sich in das Kissen zurück. Sie steckte sich eine Zigarette zwischen die Lippen, sah aber, daß ihr die Streichhölzer ausgegangen waren, und schleuderte sie verärgert weg. Darauf verschränkte sie die Hände hinter dem Kopf, und ihr Blick verlor sich nachdenklich im Halbdunkel.

Nachdem sie einen in den Fels gehauenen Tunnel durchquert hatten, langten sie in einem kleinen Tal an. Sie gingen noch ein wenig weiter und drangen in eine gewaltige Höhle ein. Dort sahen sie im Schummerlicht der Laterne Muzeim-Saids sechs Becken voll schwarzen und schmierigen Wassers. Tomàs erkannte sofort, daß es sich um raffiniertes Öl handelte, und füllte damit drei große Krüge, die sie zu den Pferden brachten. Daraufhin untersuchte er die Höhle gründlich und nahm verschiedene Gesteinsproben, die er sorgfältig einpackte. Muzeim-Said berichtete Tomàs, daß es im ganzen Gebiet an die vierzig Höhlen – wenn nicht mehr – mit ähnlichen Becken gebe. Sodann wollte er Jaume Descarrega die Wirkung vorführen und zündete, ohne daß Tomàs es hätte verhindern können, eine Schale voll der schmierigen Flüssigkeit an, die sofort aufloderte. Tomàs packte die beiden Männer am Arm und stieß sie hastig zum Ausgang, ohne jedoch die Pakete mit den Mineralproben zu vergessen. Gleich danach wurden sie von einer gewaltigen Explosion zu Boden geschleudert, ein heftiger Steinhagel ging nieder, und ein starkes, blendendes Licht erhellte die ganze Umgebung. Es war ein apokalyptisches Schauspiel, jene riesige, dumpf prasselnde Feuersbrunst.

Nach der ersten Überraschung, die ihn buchstäblich betäubt hatte, begann Jimmy Oliphant, sich von den Trümmern zu befreien, die auf ihn gestürzt waren. Er zog ein dickes Brett weg, das den Hals des Scheichs einklemmte und ihm wie durch ein Wunder nicht den Schädel zertrümmert hatte, und half ihm aufstehen. Sie alle waren voller Staub und Dreck, und ihre Kleider waren zerrissen. Jimmy Oliphant pfiff mit einer Trillerpfeife und begann mit der Luger auf die drei Schatten zu schießen, die gespensterhaft durch das Flammenmeer liefen. Bald gaben auch die Männer des Scheichs Lebenszeichen von sich, und es folgten einige überstürzte Salven, abgegeben auf einen Feind, der unverwundbar schien.

Auf allen vieren kriechend, waren Tomàs und seine Kameraden wieder an die Außenwelt gelangt. Beladen mit den Mineralproben erreichten sie die Pferde, während ringsum ein Hagel von Pfeilen und Geschossen aller Art niederging. Die fanatischen Krieger der Berge, die gefürchteten *nekhé*, stimmten nun gewiß das Lieblingslied des Propheten an und rüsteten sich, die unverschämten Eindringlinge gefangenzunehmen, die das heilige Gebiet verletzt und damit den Zorn des Feuergeistes erregt hatten. Muzeim-Said jedoch, der dieses unentwirrbare Labyrinth genau kannte, führte Tomàs und seinen Gefährten durch Tunnels und Höhlen und reißende unterirdische Flüsse zum Ausgang. Draußen erhob sich eine riesige Feuersäule zum Firmament.

Jimmy Oliphant und der Scheich waren bestürzt und wie gelähmt und wußten nicht so ganz, wie ihnen geschah. Noch hörte man ab und zu einen Schuß, aber die drei mutmaßlichen feindlichen Agenten hatten sich in Luft aufgelöst. Jimmy Oliphant stieß einen Fluch aus und setzte sich, zerknirscht wegen der Niederlage, auf einen leeren Kanister.

Das Feuer prasselte majestätisch und schrecklich.

5. Tomàs kehrt aufs Schiff zurück

Tomàs und Jaume Descarrega erreichten Jaffa verhältnismäßig schnell und ohne weitere Zwischenfälle, nach dem Abenteuer mit dem Brennenden Wasser; es war jedoch schon anderthalb Jahre her, seit sie Alexandria verlassen hatten. Der Kapitän Pere Llobet hatte Monat um Monat gewartet, bis der Tag kam, an dem er nicht mehr wußte, wie er das Ankern des Schiffes im Hafen rechtfertigen konnte. Gemäß dem Rat des Konsuls von Barcelona täuschte er die Abfahrt vor, kehrte aber sofort wieder zurück und verbreitete die Nachricht, das Schiff habe Schäden erlitten, was allerdings in den Augen der Genueser nicht sehr glaubwürdig wirkte. Diese begannen Verdacht zu schöpfen, und eine Frage folgte der anderen, so daß Pere Llobet in große Nöte kam. Andererseits war die Mannschaft in einen Schlendrian verfallen, der schwere Folgen für die Disziplin an Bord haben konnte. Der Kapitän sah sich schließlich gezwungen, der Lage – sozusagen heroisch – ins Gesicht zu sehen, und erlaubte seinen Männern, um ihnen Abwechslung zu verschaffen, ganz gleich, was die Genueser auch denken mochten, sich vorübergehend in Jaffa niederzulassen und sich dort der noblen Beschäftigung mit Ackerbau und Viehzucht zu widmen oder auch den Beruf des Barbiers, Schmieds, Schreiners oder irgendein anderes Handwerk auszuüben. Zur Kontrolle verpflichtete er jedoch seine Leute, täglich vor ihm zu erscheinen, wenn sich der Tag dem Abend zuneigte, und gemeinschaftlich für die Unkosten aufzukommen, die die Instandhaltung des Schiffes verursachte. Diese Maßnahme erwies sich, zumindest in dieser Hinsicht, als vortrefflich und löste die Geldprobleme so wirksam, daß man sagen kann, sie schwammen im Überfluß und aßen nur Kapaune und erlesenste Hühner; auf die Dauer jedoch weckte all das den Neid der Genueser, die sich in ihrem Stolz und ihrem Prestige verletzt sahen.

Tomàs sah sich mit dieser delikaten Situation konfrontiert und beschloß, sie nicht noch schwieriger zu machen. Der Kapitän hatte ihn und seinen Gefährten mit solcher Freude empfangen, daß ihm, nachdem er sie umarmt hatte, die Tränen kamen, und er gestand, er habe schon nicht mehr damit gerechnet, sie jemals wiederzusehen. Auch die Mannschaft war gerührt und stimmte als Zeichen des Dankes ein feierliches Tedeum an, dann gab es ein großes Fest, bei dem es an Branntwein nicht mangelte. Nachdem Tomàs Jaume Descarrega das strikteste Stillschweigen hatte schwören lassen über die außergewöhnlichen Abenteuer, die sie erlebt hatten, verwahrte er die märchenhaften Schätze und Wunderdinge, die er mit sich führte, in seiner Kabine hinter Schloß und Riegel. Auch brachte er sein Äußeres in Ordnung und zog sich um; vor allem aber nahm er ein Bad und rieb sich mit Kölnischwasser ein und erfüllte sich damit einen Wunsch, den er schon ein Jahr lang gehegt hatte. Als er fertig war, rief er Pere Llobet und erzählte ihm so viel von seiner Reise, wie ihm gestattet war zu erzählen, und gab ihm zu verstehen, daß Jaume Descarrega der einzige Überlebende der Eskorte sei. Ein Hauch von Melancholie mischte sich in das Erstaunen des tapferen Kapitäns.

Das war die Kehrseite der Medaille. Bei aller Freude gibt es immer einen Moment der Trauer, genauso wie in jeder Offenbarung von übermäßig gesundem Leben ein Keim des Todes schlummert. Das wußte auch der geliebte Ramon Serra, ganz zu schweigen von Monsieur Dupont, der in seinen Touristenbüros in Montpellier systematisch jegliche Berührung mit dem Leben und der Freude zu fliehen schien. Dennoch verlegte der große Freund von Tomàs Vater, Ramon Serra, seine Nachforschungen nach Barcelona, ins Archiv der Krone, und eines Tages machte er vor dem Haus Nummer 3 in der Straße Les Trompetes del Rei Jaume halt, einer Seitenstraße der Baixada de la Presó. Die alten Steine waren von der Patina der Zeit überzogen, golden und mittelalterlich.

Sofort wurde mit den Vorbereitungen zum Auslaufen begonnen, denn Tomàs wollte keine Zeit verlieren. Die Männer lösten ihre kleinen Geschäfte auf, ein bißchen betrübt, und die Galeere nahm wieder ihr kriegerisches Aussehen von einst an.

Eines Tages sagte Joan Vilamarí, der Konsul von Barcelona, zu Tomàs, er solle stets auf der Hut und wachsam sein, denn er habe aus geheimen Quellen erfahren, die Genueser führten etwas im Schilde, auch wenn er nicht genau wisse, was.

Die Genueser, fügte er hinzu, würden den gegenwärtigen Aufstieg der Seemacht des Hauses Aragonien nicht ertragen und setzten alles in Bewegung, um den Erfolg seiner Reise zu verhindern.

Die Sonne ging langsam unter, und das Meer nahm eine traurige und schläfrige Farbe an. Sie befanden sich auf einer kleinen Anhöhe, von der aus sie die Stadt und den wimmelnden Hafen Jaffas überblicken konnten.

Tomàs und der Konsul waren stehengeblieben, um das Weiß der Häuser und die feine Schlankheit der Minarette zu betrachten. Bald würden die Gläubigen die Stimme des Propheten vernehmen, die wie ein Dolch in ihre Brust eindringen und sie an die Allmacht Allahs und das stolze Elend all seiner Geschöpfe erinnern würde. Tomàs dachte an den Propheten und an jene Welt, die er bald verlassen würde. An den Propheten, der sich an der harmonischen Seligkeit der Musik erfreute, an den Gerüchen, an den Augen der Frauen und der den Wein verbot und das schändliche Schweinefleisch.

In dem ruhigen Gewässer, festgetäut an der westlichen Mole, holte das katalanische Schiff die glänzende Flagge ein. Tomàs empfand plötzlich ein großes Heimweh, er kam sich absurd und unverständlich vor, von komischer und unwirklicher Größe, und zum erstenmal spürte er einen Knoten im Hals. Er nahm den Ring ab, den ihm der Priester Johannes gegeben hatte, und drückte ihn lange und fest in der Faust.

Die Schatten begannen sich Jaffas zu bemächtigen. Die beiden Männer machten sich schweigend auf den Rückweg.

6. Der Frankenfriedhof

Am nächsten Morgen, während Pere Llobet die Vorbereitung für die Abfahrt des Schiffes abschloß, wollte Tomàs in Begleitung von Jaume Descarrega den Frankenfelsen besuchen, einen einsamen und steil aufragenden Ort nicht weit von Jaffa, wo sich Reste einer fränkischen Festung befanden. Sie brachen frühmorgens auf und folgten dem Strand aus feinstem Sand, der die Liebkosungen des Wassers empfing, auf dem sich keine einzige Welle kräuselte und das die Farbe geschmolzenen Silbers hatte. Das Meer schien eine riesige, schwach atmende Lunge, und über der flachen und wüsten, sich hinter dem Strand erstreckenden Landschaft erriet man eine verträumte, träge, fast stehende Luft.

Der Frankenfelsen war ein großes, gegen das Meer geneigtes Felsenmassiv mit runden und vom Wind polierten Formen, das sich majestätisch wie ein einzigartiger Grenzstein entlang der Küste erhob. Auf der Spitze ragten die Reste einer zerfallenen Burg aus der Zeit der Kreuzzüge auf, beinahe vollständig von Dornbüschen und Brennnesseln überwuchert.

Bevor sie den Aufstieg unternahmen, rasteten die beiden Ritter in der Nähe des Frankenfriedhofs, der stark einem Friedhof glich, den Tomàs auf den Cíes-Inseln in Galicien gesehen hatte. Er wirkte bescheiden, ohne Zaun oder Mauer, die ihn beschützt hätte; und die aus der sandigen Erde geschaufelten Gräber hatten einfache Eisenkreuze, vom Rost zerfressen und an der Stelle in einen kleinen Erdhaufen geschlagen, wo das Kopfende war. Aneinandergelegte Muscheln zeichneten die Konturen jedes Grabes nach oder formten Grabinschriften. Viele Gräber waren verschwunden, vom Sand verwischt, der den Friedhof nach und nach in Besitz nahm. Tomàs und sein Gefährte knieten auf einem Grab nieder, das anzuschwellen schien, üppig wie ein Leib, und das als Frucht Büschel eines rauhen, aschfarbenen Grases trug.

Sie setzten ihren Weg fort und stiegen zur Burg hinauf, die verlassen und halb zerfallen war. Die ganze Breitseite einer Mauer war eingestürzt, und eine dichte Vegetation wucherte zwischen den Steinplatten des Waffenhofes. Unter einem Gesims sahen sie ein Sperbernest mit den Jungen, die lauthals schrien, während die Mutter auf der Suche nach Nahrung hin- und herflog. Eine der Mauern der Burg erhob sich über dem Abgrund, und als Tomàs sich aus einem Fenster hinauslehnte, sah er ein großes Schiff der Genueser in der Nähe der Küste ankern. Ein Boot hatte das Schiff verlassen und näherte sich einer Gruppe Ritter, die in der Brandung warteten.

Tomàs wollte wissen, wer sie waren, und zusammen mit seinem Gefährten unternahm er den Abstieg über Schleichwege, auf denen sie nicht gesehen werden konnten. Auf halbem Weg flogen drei Raben von einem Aas auf und versuchten sich in die Lüfte zu schwingen, unter häßlichem und rauhem Krächzen.

Das Meer hatte beinahe die gleiche Farbe wie

der Himmel und die Augen Rosauras. Ein blasses Blau, auf dem man gern einen heraldischen Wahlspruch, Lilien oder auch Tränen eines Fräuleins verewigt hätte. Rosaura lehnte sich aus dem Fenster und starrte mit ihren himmelfarbenen Augen auf das Meer.

Hinter ein paar Felsen versteckt, sah Tomàs Andrea delle Rovere, den Konsul der Genueser, mit dem Kapitän des Schiffes sprechen. Auch erkannte er drei Händler der genuesischen Kolonie von Jaffa, die sich am Gespräch beteiligten. Tomàs konnte aber nicht verstehen, was sie sagten, denn es wäre unvorsichtig gewesen, zu versuchen, näher zu kommen.

Der Kapitän verabschiedete sich und stieg ins Boot, während der Konsul und die drei Händler in Richtung Jaffa ritten. Tomàs sah, wie sie sich entfernten.

Um den Frankenfelsen flogen bedächtig die drei Raben und warteten darauf, wieder allein zu sein, um sich aufs neue über das Aas hermachen zu können.

7. Ramon Llull in Famagusta

Die Sonne glitt über die Wasser der Rhone, streifte leicht die Pappeln am Ufer, belebte die Dahlienbeete neu und sprang anmutig über die zierlichen Wälle. Durch das zerklüftete Meer der Dächer umfing sie den grauen Palastbau.

Eveline konnte nicht mehr. Aus der Geldbörse hatte sie ein winziges parfümiertes Taschentuch genommen und atmete seinen Duft mit geschlossenen Augen ein. Diese Migräne! Ruinen und nochmals Ruinen; das war das Land der Ruinen und der Toten. Jedermann war wie versessen auf Ruinen. Außerdem war die Hitze unerträglich. Sie sehnte sich nach dem Strand und nach dem Genuß, den Badeanzug anzuziehen und die Blicke der Männer auf ihrem Körper zu spüren. Seit anderthalb Monaten war Tomàs schon weg, und Albert Pepratx besaß nicht genügend Einfühlungsvermögen, um mit einer Dame umzugehen. Sie fühlte sich sehr unglücklich, jawohl, sehr unglücklich.

Tomàs befand sich in Famagusta. Nachdem sie in Jaffa die Anker gelichtet hatten, war die Galeere nach Zypern gefahren, zur Insel der Königin Elionor, die im *Llibre de les dones* besungen wird.

Wie auf einem Miniaturgemälde schmückte ein hieroglyphischer Wald von Masten, Segeln und Tauen den Vordergrund der Stadt. Man sah auch das Gesicht des seligen, des großen Ramon mit weißem Bart und fest auf die Sarazenen gerichtetem Blick. Die Figuren der *Ars Magna* erschienen, die, kompliziert und perfekt, dem höheren Lob Gottes dienten. »Deus honorate. Domine gloriose qui es principium et finis omnium bonorum, ad tuam laudem gloria et honorem incipimus istam artem quae intitulatur Ars compendiosa inveniendi veritatem.« »Lobet Gott. Glorreicher Herr, der Du Anfang und Ende alles Guten bist, zu Deinem Lob, Ruhm und Deiner Ehre beginnen wir diese Kunst, welche die nutzbringende Kunst, die Wahrheit zu finden, genannt wird.« Die Figur Ramons drehte sich um die Bilder und Symbole, veräußerte ihren Geist in einem Mystizismus, der alle Fragen löste, weil

um Fragen zu lösen
und Irrtümer auszuschalten
keine Kunst geeigneter ist
als die der natürlichen Vernunft.

Man fing den Geist, ja, den Geist der Musik, auf und bemühte sich zu dichten, mit Lust und Poesie. Seit Jahren schon versuchte Don Blasco d'Alama es unter der geistigen Leitung des großen Ramon. Don Blasco d'Alama, ein kriegserprobter aragonesischer Ritter im Dienst des großen Königs und der Damen, hatte sich mit Tomàs auf dem Getreidemarkt angefreundet und mit ihm zusammen eines Tages, dank eines besonderen Privilegs, den Meister von Miramar im Kloster des heiligen Johannes Chrysostomos besucht, wo dieser seit mehr als einem halben Jahrhundert zwischen Ölbäumen und Rebstöcken lebte. Unterwegs erzählte Don Blasco Tomàs, der Paläologe Dimas sei der Despot von Akantos, ein mächtiger und reicher Herr, der mit der Prinzessin Maria Manzoukos verheiratet sei, einer byzantinischen Schönheit aus kaiserlichem Geschlecht. Don Blasco hatte in Morea unter der Fahne gedient; wundenbedeckt, aber mit einer reichlichen Beute versehen, hatte er das angenehme Leben in Zypern vorgezogen, in Gesellschaft der Damen und der Poesie, einer Kunst, die er mit Mühe und Disziplin erlernte.

Eveline nahm langsam die Farbe von Tabak an, eines köstlichen, leicht gebleichten Tabaks. Zuerst legte sie sich unter das Sonnendach und verteilte mit einem Finger die Sonnencreme. Sie verstrich sie auf den Schultern, vor allem am Ansatz des gebogenen Halses, im Nacken und auf der aufregenden Wölbung, die die Brust dort bildet, wo ihre Konturen sanft unter der Achsel verschwinden. Eveline hatte eine feine, empfindliche Haut. Danach streckte sie sich in der Sonne aus, mit einem großen Tuch um den Kopf, und wartete auf den Moment, bis sie sich ins Wasser stürzte, unter Gekreisch und Gespritze, und mit irgendeinem Lateinersegel am Horizont. Albert Pepratx eilte dann mit dem Boot herbei, und in solchen Augenblicken war der Junge richtig sympathisch und angenehm.

Der große Ramon erschien in all seiner Größe, von einer Aura des Ruhms und des Geheimnisses umgeben. In jenen Tagen war er damit beschäftigt, den christlichen Königen des Abendlandes einen leidenschaftlichen Brief zu schreiben, in dem er die Notwendigkeit eines letzten und abschließenden Kreuzzuges hervorhob. Sein Bild wurde umrahmt von zwei schlanken Lorbeerzweigen mit der Gischt des Meeres im Hintergrund. Er glaubte an den prophetischen Wahnsinn des Gotteswortes, und seine Augen und Ohren empfingen Signale noch von jenseits Armeniens, aus der Richtung der Großen Tatarei und den Ländern Indiens. Ramon lauschte in einer erleuchteten Entrückung den Neuigkeiten, die Tomàs ihm von jenen märchenhaften Orten berichtete. Eine Tür öffnete sich, und herein trat, nicht ganz greifbar, die magische Erscheinung des Priesterkönigs, des frommen, hochberühmten und allerchristlichsten Priesters Johannes, Führer eines riesigen und mächtigen Königreichs, des Landes der Dreifachen Tugend, das ebendeshalb so genannt wird, weil man es unter den drei theologischen Tugenden anrief und fürchtete, war es doch der Schrecken und die Not der Ungläubigen und der stetige Alptraum der diabolischen sarazenischen Monarchen.

Die Augen füllten sich mit Tränen. Tomàs und Don Blasco waren so erregt, daß sie in jener Stunde ihr Leben für den verehrungswürdigen Alten gegeben hätten, den Ruhm der Christenheit und Kataloniens. Ramon sagte ihnen so heilige Worte der Liebe und des Glaubens und segnete sie mit solch demütiger Würde, daß die beiden Ritter sich gereinigt und geadelt fühlten. Sie befanden sich in der Gegenwart eines echten Heiligen, eines großen Weisen und Dichters und wußten, daß dies ein nicht alltägliches Privileg war.

Der große Mallorquiner geleitete sie bis zur Pforte des Klosters. Er empfahl Don Blasco bei seiner mühsamen dichterischen Arbeit den häufigeren Gebrauch des freien Verses, der so abwechslungsreiche und schöne Wirkung erzeuge, und rief Tomàs dazu auf, seinem Schicksal treu zu bleiben.

»Ihr werdet es im Blut spüren. Seid ihm treu.«

Als sie nach Famagusta zurückkehrten, sagte Don Blasco zu Tomàs, er fühle sich gänzlich verändert und vom Wunsche beseelt, ihn nicht zu verlassen, wo er auch hingehe. Er fühle sich wie ein Wahlverwandter von Tomàs.

Aus der Erde stieg ein Geruch von Ginster und Abenteuer auf. Die ersten Häuser von Famagusta erschienen plötzlich hinter einer Wegbiegung. Ein Tropfen Regen fiel.

8. Genua greift an

Mit gehißten Segeln fuhr das Schiff in Richtung des katalanischen Griechenlands. Noch bevor er dem Despoten von Akantos, dem Paläologen Dimas, gegenübertreten würde, wollte Tomàs die notwendigen Auskünfte über die Angelegenheit dort zusammentragen, wo dieser die Krone betrogen hatte, also in den Prinzipaten Athen und Neopàtria oder was auch immer von diesen Gebieten noch geblieben war, da die Lage gemäß dem Urteil Don Blascos äußerst verwirrend war.

Don Blasco d'Alama hatte so sehr darauf bestanden, Tomàs auf seiner Seefahrt zu begleiten, daß dieser schließlich zugestimmt hatte. Die rauhe Offenheit und das gute Herz des Ritters hatten Tomàs für ihn eingenommen, außerdem war ihm Don Blasco sehr sympathisch. Darüber hinaus konnte der aragonesische Ritter, der diskreterweise noch nie nach dem genauen Anlaß der Reise gefragt hatte, sehr nützlich sein, da er das katalanische Griechenland wie seine Hosentasche kannte. An jenem Nachmittag brachte Don Blasco sein Gepäck aufs Schiff; es bestand aus einer sehr auffälligen, mit Emblemen und Federn verzierten Rüstung, einer Kiste voller Gedichte – die Früchte seines Aufenthalts in Zypern –, die in katalanisch und provenzalisch geschrieben waren, und einer Dichtmaschine eigener Erfindung. Diese Dichtmaschine liebte Don Blasco mehr als sein Augenlicht, gab sie ihm doch, nebst ihren anderen äußerst bemerkenswerten Eigentümlichkeiten, die ununterbrochene Kadenz der Verse an, die er schreiben wollte. Das war ein großer Vorteil für Don Blasco, dem jegliche Musikalität fehlte und der absolut unfähig war, auch nur ein Lied zu singen.

In ebendiesem Moment bestand großes Interesse, die Bearbeitung von *Bei mir bist du schön*, dem alten, fröhlichen jiddischen Lied, zu hören. Albert Pepratx hatte ein wenig Propaganda gemacht an jenem Nachmittag und ging jetzt, ganz mit den Platten beschäftigt, hin und her. Zum Auftakt spielte natürlich die Klarinette Benny Goodmans, welche die Melodie vorgab, sehr zart, vorsichtig und gefühlvoll schwebend, die sich dann aber nach und nach entfaltete und mit einem Rhythmus, der zeitweise heiter wurde, an Kraft und Impuls gewann. Danach kam das rasante Schlagzeug Gene Krupas, mit einem äußerst seltsamen Beat, der später noch von der wunderbaren Fingerfertigkeit Teddy Wilsons am Klavier unterstrichen wurde. Das Ganze endete in der reinsten Raserei, in einem abstrakten und in widersprüchlicher Weise packenden Jazz. Etwas pedantisch erklärte Albert Pepratx den Zuhörern, erwacht sei die Vorliebe für die Lieder der schottischen und irischen Folklore oder den jiddischen *hahlich* um 1938, in der Zeit des berühmten Konzerts in der Carnegie Hall. Eveline lächelte spöttisch.

Der Ausguckposten schrie vom höchsten Mast dem Kapitän Pere Llobet zu, eine Galeere nähere sich. Später meldete er, es sei eine große genuesische Galeere, gerüstet zum Kampf, und sie komme direkt auf das katalanische Schiff zu. Pere

Llobet sah Tomàs an. Dieser befahl, die Flucht zu ergreifen, wenn es möglich sei. Aber leider war es wegen der Überlegenheit des genuesischen Schiffes nicht möglich. Jedermann stellte sich für die Verteidigung auf, die Mannschaft verteilte sich auf dem Deck, vom Bug bis zum Heck, und die Armbrustschützen kletterten auf die Masten. Don Blasco stieg in seine Rüstung und zückte einen schweren Zweihänder.

Pere Llobet nutzte seine ganzen Manövrierkenntnisse und bemühte sich nach Kräften, dem genuesischen Schiff zu entkommen, das sich immer mehr näherte. Jetzt konnte man schon genau das Deck des Feindes erkennen mit der zum Entern bereiten Besatzung. Plötzlich hörte man ein fernes Donnern, und etwas fiel ganz nahe bei Steuerbord ins Wasser, wo kurz darauf eine kleine Wasserfontäne aufspritzte. Gleichzeitig stieg eine kleine Rauchfahne am Bug des Piratenschiffes auf. Pere Llobet fluchte fürchterlich. Der Feind hatte eine Bombarde abgefeuert, die neueste Waffe, die das Gleichgewicht der Kräfte schnell ins Wanken brachte. Die Besatzung wollte schon aufgeben. Tomàs war sich darüber im klaren, daß man alles aufs Spiel setzen müßte, und beschloß, die einzige Waffe in Anwendung zu bringen, die sie retten konnte. Er dürfe nicht in die Hände der Genueser fallen, sagte er sich – und das war es, was diese offensichtlich beabsichtigten –, weil der Erfolg des Unternehmens jetzt genau davon abhänge, der Wachsamkeit Genuas zu entschlüpfen, das in der Person Tomàs' eine Gefahr für seine Herrschaft sah.

Mit Hilfe von Jaume Descarrega holte Tomàs zwei der drei Gefäße mit Brennendem Wasser an Deck. Sie gossen den Inhalt in zwei sehr zerbrechliche Krüge um, und Tomàs ließ sie auf die Masten hochziehen. Dann warteten sie, daß die Piraten sich näherten. Den Anweisungen Tomàs' folgend, kletterte Don Blasco, der über unglaubliche Kräfte verfügte, zu den Gefäßen mit dem Brennenden Wasser hoch und maß den Abstand zwischen den beiden Schiffen. Von Deck zu Deck ging ein wahrer Regen von Pfeilen hin und her.

Die Genueser feuerten eine weitere Bombarde ab. Dann gab Tomàs nach Rücksprache mit Pere Llobet den Befehl. Die beiden Gefäße wurden auf eine Ladung Espartogras geworfen, das auf dem Deck des Feindes angehäuft war. Beim Aufprall zerbrachen sie natürlich, und das Brennende Wasser verteilte sich über die Handelsware und die Holzplanken des Schiffes. Die Genueser und unter ihnen auch der Kapitän, den Tomàs am Frankenfelsen gesehen hatte, lachten lauthals angesichts dieser Verteidigung, die sie lächerlich fanden. Das katalanische Schiff war kurz davor, ihnen in die Hände zu fallen.

Zwei Pfeile mit brennendem Werg fielen plötzlich auf die Genueser. Zur allgemeinen Verblüffung trafen die beiden das mit dem Brennenden Wasser getränkte Espartogras. Da geschah etwas Schreckliches. Eine Feuerzunge, riesig und lebendig, stieg die Masten hoch und erfaßte das ganze Segelzeug und Tauwerk. Danach breitete es sich übers Deck aus, und im Handumdrehen verwandelte sich das Ganze in eine Art schwimmendes

Feuerbecken. Die Genueser schrien, und viele von ihnen stürzten sich ins Wasser, in den sicheren Tod.

Die katalanische Besatzung war genauso überrascht wie die Genueser, wenn nicht noch mehr. Die Männer waren verstummt und beobachteten zum erstenmal die Wirkung des Brennenden Wassers. Sie hatten sich ein wenig entfernt, um den Flammen zu entgehen, und sahen jetzt ein höllisches Schiff, das dem Abgrund entgegenfuhr.

Ein Schaudern lief durch die Besatzung, und sie riefen im Geist die Heilige Jungfrau an.

9. Athen

Die Wetterfahne ist aus Schmiedeeisen und dreht sich, wie es der Wind will. Sie präsentiert sich immer in herausfordernder Haltung, mit erhobenem Schwert, bereit, es auf einen unsichtbaren Feind niederzuschmettern, denn sie hat die Gestalt eines heiligen Kriegers, der zum Beispiel der heilige Michael sein könnte. Wenn man sie aber aufmerksam oder mit Hilfe eines Feldstechers betrachtet, merkt man gleich, daß es der alte Theseus ist, als heiliger Georg verkleidet, mit dem sich windenden Drachen zu seinen Füßen. Manchmal, als ob ihr der Wind eine unvermutete Bewegung des Untiers verraten würde, dreht sie sich schnell und zeigt NORD; dann wieder flüstert der Wind dem Ritter sanft etwas ins Ohr, dieser macht einen anmutigen Tanzschritt und zeigt SÜD. An anderen Tagen – aber nur an wenigen, um bei der Wahrheit zu bleiben – ergreift ein schwindelerregender Wahnsinn den heiligen Georg, der sich dann kreischend im Kreise dreht wie ein Kreisel. Dann zeigt er NORD und SÜD, WEST und OST, völlig durcheinander.

Der erste Kontakt, den Tomàs unter Leitung und Rat von Don Blasco im katalanischen Griechenland knüpfte, war zu Bartomeu Despuig, einem ehemaligen Kapitän Joan de Llúrias und zu jener Zeit ein reicher Händler in Athen, wo er ein Haus besaß, das berühmt war für seine Wetterfahne. Die Leute sagten, wenn die Stadt von den Albanern bedroht sei oder von den Truppen Guy d'Enghiens oder den Venezianern, dann steige der heilige Georg vom Dach des Hauses von Bartomeu Despuig herunter und greife die Gegner mit dem Schrei »Wach auf, Eisen!« an.

Manchmal kam er bis zum Hafen und betrachtete die Schiffe, wie an jenem Morgen, als er Tomàs' Galeere einlaufen sah. Die Sonne lachte vom Himmel, und die Akropolis glänzte, umgeben von der stolzen Aura des Altertums. Die Männer auf Tomàs' Schiff freuten sich, weil sie sechs mit Holz beladene katalanische Schiffe sahen, die nahe bei den Werften ankerten; es gab ein großes Hallo, und Botschaften wurden zwischen den Schiffen ausgetauscht, weil alle hören wollten, ob es in Salou oder in Barcelona etwas Neues gab.

Bartomeu Despuig frühstückte auf der Terrasse seines Hauses, eine Platte frischgepflückter Feigen vor sich, von der Sorte, die man Damenhals nennt, und ein Glas kalter Milch. Ein Diener kam und kündigte den Besuch von Tomàs an, und Bartomeu Despuig schickte sich an, ihn äußerst liebenswürdig zu empfangen. Nach der ersten Begrüßung und in Kenntnis gesetzt über die Auskünfte, die Tomàs wünschte, sagte er, er kenne tatsächlich den Paläologen Dimas, oder besser gesagt, Joan Dimas, wie sein richtiger Name sei. Er halte ihn ohne Zweifel für einen großen Verräter, und dieser Meinung seien, so könne er versichern, alle Veteranen der Großen Kompanie.

Der Zorn blitzte in den Augen Bartomeu Despuigs. Er sagte außerdem, Joan Dimas sei Zahlmeister bei einem der katalanischen Heere gewesen, die sich damals in einem prekären Zustand befunden hätten, und es sei ihm bekannt – weil Dimas selbst es ihm gesagt habe –, daß dieser bedeutende Geldsummen aus Barcelona empfangen habe, um nicht nur das Heer, sondern alle katalanischen Interessen in Griechenland zu unterstützen; Summen, welche die Augen der Führer zum Leuchten brachten, die auf die Vereinigung der Gebiete und deren Angliederung an die Krone sehnlichst warteten und sogar schon mit der Anwerbung von Söldnern und dem Einkauf von neuem Kriegsgerät begonnen hatten.

Das Gesicht von Monsieur Dupont nahm, nach dem Schrecken, den ihm der Angriff der genuesischen Galeere eingejagt hatte, wieder ein normales Aussehen an. Jetzt lächelte er sogar wieder – ein trauriges, etwas düsteres Lächeln – und klemmte sich mit peinlichster Sorgfalt die Brille auf die Nase, um besser zu sehen und sich den Inhalt des Gesprächs nicht entgehen zu lassen. Es war zweifelsohne ein Gespräch, das ihn interessierte.

»Joan Dimas verschwand eines Tages mit der Kasse der Kompanie. Das geschah gerade zu der Zeit, als die Angriffe der Franzosen am heftigsten waren. Die Schlachtfelder erzitterten unter dem Ansturm der gepanzerten Kavallerie. Joan Dimas floh und mit ihm all unsere Hoffnung. Es war ein Wunder, daß nicht alles in einer allgemeinen Niederlage endete, in einer Katastrophe, denn die Lage war mehr als kritisch. Der heilige Georg aber wachte über uns, und wenn auch das Reich, das sich die Könige Aragoniens erträumten, nicht zustandekommen konnte –

und es ist zweifelhaft, ob es sich in der gegenwärtigen Lage realisieren ließe –, so hatte doch wenigstens nicht die Stunde des Todes geschlagen für die katalanischen Prinzipate.«

Tomàs, der mit äußerster Aufmerksamkeit der Erzählung gefolgt war, lehnte höflich die Feige ab, die ihm Bartomeu Despuig tief seufzend anbot. Nachdem er ein wenig Milch getrunken und die Tropfen abgewischt hatte, die in seinem Bart hängengeblieben waren, fuhr Bartomeu fort: »Die Franzosen belohnten Joan Dimas, indem sie ihm Akantos überantworteten, wo er sich zum Despoten aufgeschwungen hat. Mit seinen riesigen, der Krone gestohlenen Reichtümern konnte er die Hand der schönen Prinzessin Maria Manzoukos gewinnen, aus der kaiserlichen Familie, und voller Arroganz nahm er den Namen Paläologe an. Danach übte er Verrat an den Franzosen, verbündete sich mit den Venezianern, die ebenfalls unsere Todfeinde und die des Hauses Barcelona sind, und genießt jetzt das Leben und den Luxus eines Satrapen, angepaßt an die orientalischen Bräuche. Es wird gemunkelt, er halte in seiner Nähe und gegen ihren Willen eine Nichte seiner Frau gefangen, die Prinzessin Blanca de Salona, der er das Königreich Armenien entreißen will, das ihr nach dem Tod ihres Vaters, eines höchst christlichen Fürsten, zugefallen ist. Er hat sich gegen uns alle verschworen, und wenn ihm ein Katalane in die Hände fällt, läßt er ihn köpfen. Natürlich hätten die katalanischen Prinzipate die Frechheit des Verräters längst bestraft, aber heutzutage Krieg zu führen gegen den Paläologen

Dimas, bedeutete, Krieg zu führen mit Venedig, und das ist etwas anderes.«

Monsieur Dupont lächelte bitter.

10. Monsieur Dupont verlegt das Hauptquartier

Jean-Pierre, der ehemalige Gatte Evelines, rasierte sich im Badezimmer desselben Hotels, in dem diese wohnte. Vor dem Spiegel sagte sich Jean- Pierre, tatsächlich sei Eveline die einzige Frau, die ihn trotz ihrer Unbeständigkeit befriedige, und zwar – wie sollte er sagen? – völlig. Dies kam ihn teuer zu stehen, gewiß. Die Exzentritäten und der Lebenswandel Evelines kosteten viel. Sie war launisch, aber sie war es auf reizende Art. Jean-Pierre bereute es, in die Scheidung eingewilligt zu haben, und bereitete sich nun auf die Rückeroberung der Dame vor. Am Morgen war Eveline erstaunt gewesen, als sie ihn sah, im Grunde aber war sie angenehm geschmeichelt. Das wußte Jean-Pierre, der seine Exfrau wahrhaftig kannte, mit Sicherheit. Die erste Schlacht war also gewonnen. Im Moment hatte jener sportliche Junge, Albert Pepratx, diskret den Rückzug angetreten, trotz der Bemühungen Evelines, ihn zurückzuhalten. Jean-Pierre wußte, über kurz oder lang würde Eveline wieder in seine Arme fallen. Als Geschäftsmann hatte er für alles ein System. System und Mittel.

Nach dem Zusammentreffen mit Bartomeu Despuig besuchte Tomàs die katalanische Festung Brighia, die wenig später vom Türken Murad I. eingenommen werden sollte, den Hafen Livadostro und die Stadt Salona, auf der Suche nach

Informationen über den Paläologen Dimas. Alle antworteten ihm das gleiche: Der Paläologe Dimas sei ein Verräter, der die bedauerliche allgemeine Verwirrung ausgenutzt habe. Die Leute stießen Schmähungen gegen den Despoten von Akantos aus, während sein Bild in der Luft schwebte wie ein aufgeblasener und unerreichbarer Ballon. Tomàs sah, wie er einen Bogen beschrieb und hinter dem venezianischen Löwen auf einem Hügel verschwand.

Monsieur Dupont beschloß, sein Hauptquartier in die ferne Stadt Konstantinopel zu verlegen. Zuerst schickte er Hippolyte im Wagen dritter Klasse voraus, damit er eine Wohnung oder Räumlichkeiten miete, die gleichzeitig als Magazin benutzt werden könnten, und gab ihm die Adresse des Sepharden Ismael Cresques, Nachkomme des großen Kartographen. Dann brachte er in der Avenue Foch Nummer 16 in Montpellier ein kleines Schild in gotischer Schrift an: »Wegen Ferien geschlossen« und schrieb der Zweigstelle in Barcelona lange Briefe.

Es war neun Uhr, und die Glocken von Santa Maria del Mar läuteten. Im Büro an der Straße Les Trompetes del Rei Jaume entfaltete sich eine rege Betriebsamkeit. Die Gänge waren dunkel und zahlreich. Manchmal mußte man über einen Hof gehen und einige Treppen steigen, und der Gang ging in einem Nachbarhaus weiter. Von Zeit zu Zeit kam man an einem schwach erhellten Raum mit grünlicher Beleuchtung vorbei, wo undeutlich erkennbare Schreiber an den Pulten arbeiteten, die mit grünem Saffianleder bespannt waren. An dere Räume, voller Dokumente und Staub, wurden als Archive verwendet. Einen Raum gab es, der besonders ins Auge fiel, weil dort die Schreiber die Bögen mit den jeweils dafür vorgesehenen Siegeln verschlossen. Sie benutzten kleine, qualmende Stearinkerzen, und das Siegel hinterließ einen roten Abdruck: drei Eidechsen, die sich in den Schwanz bissen. Die Bögen waren an Chevreuil et Frères gerichtet, und man begann langsam, sich zu fragen, wer da wessen Zweigstelle war, angesichts der Wichtigkeit des geheimnisvollen Büros in Barcelona.

Tomàs dachte nach, auf die Reling der Galeere gestützt. Pere Llobet inspizierte die verschiedenen Teile des Schiffes und untersuchte jeden Winkel. Jaume Descarrega überprüfte die Waffen auf ihre Schärfe. Don Blasco schrieb mit seiner Dichtmaschine den Text für ein Lied:

Das Schiff fährt in die Ferne,
In Katalonien wär' ich so gerne . . .

VIERTER TEIL

1. Der Paläologe Dimas

Er ging drei Schritte vor und drehte sich mit pompöser Feierlichkeit um. Die drei Falten des Umhangs, die an den Schultern aufsprangen und in der Nähe der Absätze aufhörten, öffneten sich prunkvoll und legten sich wieder ineinander, wenn er majestätisch stillstand. Der Schneider nahm einige Nadeln aus dem Mund und steckte sie in den Ärmelaufschlag. Es war eine feine Arbeit, wirklich außergewöhnlich. Ein Umhang, würdig eines Kaisers.

Der Paläologe Dimas heischte mit dem Blick nach der Zustimmung Maria Manzoukos', die beim Fenster saß und Mastixharz kaute. Sie trug eine mit Silber- und Goldfäden bestickte Tunika, von Edelsteinen bedeckt. Gemächlich, mit einstudierter Langsamkeit, wandten sich die Augen Maria Manzoukos', das Gesicht und der Körper Maria Manzoukos' dem Raum zu – die gleichen Augen, das gleiche Gesicht und der gleiche Körper wie Eveline. Sie lächelte rätselhaft, während sie den Kopf Terfis, der Angorakatze, streichelte, und ließ einen winzigen Fuß sehen, in einer mit Seide gefütterten Sandale. Die Zehennägel waren mit einer dünnen Schicht karmesinroten Lacks bedeckt.

Der Schneider wartete mit einer gewissen Beklommenheit auf ein Wort des Lobes. Er sammelte die Schere ein, Nadelkissen und farbige Kreiden und verstaute alles in einer Holzkiste.

Seine Bewegungen waren sehr gemessen, von einer etwas femininen Eleganz.

Jetzt geruhte er, die Stadt zu betrachten. Der Despot betrachtete die Stadt. Er war ans Fenster getreten, und das durchdringende Parfüm Evelines stieg ihm in die Nase. Eine dünne Rauchfahne verlor sich im grauen Himmel über den Dächern; Maria Manzoukos rückte ihr Perlenkollier zurecht und wandte sich von Terfi ab, die gähnte und sich wohlig reckte.

Die Chronisten beschreiben das Leben der Stadt oder des Reiches. Jeder hat eine andere Meinung über die Tatsachen, aber immer ist es möglich, zu rechtfertigen, was nicht zu rechtfertigen scheint. Sie können einem selbstlosen Patriotismus gehorchen, gewiß, auch wenn häufig die Neigung, dem Herrscher zu schmeicheln, unwiderstehlich ist. Sie betrachten die weiten Gebiete Thrakiens und Makedoniens, die einst so fruchtbar und reich waren und heute armselig und verödet sind. Sie sehen die Fremden, die Romanen, die Türken, die Bulgaren, die Katalanen. Der Haß jedoch richtet sich gegen die Venezianer und Genueser, die so lange schon Herren des Landes sind, und es verdichtet sich das Bild der Basiliden, die zur Zielscheibe des Spotts werden. Das Reich ist nicht mehr, nur noch kleine, unabhängige Königreiche gibt es, in stetigem Krieg, mit der durch die Ungläubigen drohenden Gefahr auf der einen Seite und der Gleichgültigkeit des Abendlands auf der anderen. Aber dies ist das Land des Patriarchen und der Klöster von Athos, und geduldig werden sie ihre Chroniken fortführen, schwülstig, in mumifiziertem Stil und den Glanz der Antike beschwörend, aber tot und vertrocknet, abgetrennt vom Leben und von der Wirklichkeit.

Monsieur Dupont war von Konstantinopel entzückt. Jetzt war seine Arbeit äußerst heikel. Nicht etwa, daß er etwas gewußt hätte, aber er ahnte es und erwartete Anweisungen aus Barcelona. Die Vielzahl der Geschäftsviertel entzückte ihn sowie die Farbigkeit und Lebhaftigkeit der Menschen. Er kaufte Ansichtskarten der Hagia Sophia und eine Papiertüte türkischer, sehr süßer Bonbons, die aber beim Kauen an Kautschuk erinnerten. Hippolyte brachte die Wohnung in Ordnung, die ihm Ismael Cresques beschafft hatte, und baute einen Ölofen zum Kochherd um. Wenn es ihm einfiel, ging er morgens auf den Markt und kehrte beladen mit exotischen Lebensmitteln zurück. Monsieur Dupont ließ ihn gewähren. Nachmittags ging er am Goldenen Horn spazieren oder schnüffelte in den Geschäften der Juden herum. Er war schockiert von den Zeitungskiosken mit ihrem Angebot an schmieriger orientalischer Pornographie. An den heißen Nachmittagen trank er türkischen Kaffee und Zuckerwasser.

Rosaura hatte sich in Blanca de Salona verwandelt. Oder vielleicht umgekehrt. Blanca, die Nichte Maria Manzoukos', stickte auf einem Rahmen drei scharlachrote Eidechsen. Auch träumte sie von dem Ritter, der sie aus der Sklaverei befreien würde, in der sie sich befand. Blanca stickte und wischte sich hin und wieder eine Träne ab. Danach blickte sie aus dem Fenster und seufzte, die Hände sanft im Schoß gefaltet. Blanca oder

Rosaura träumte und wischte sich die Tränen mit einem Leinentaschentuch ab. Sie erinnerte sich an ihre Kindheit am Hof der Basiliden und wie ihr ein außergewöhnliches Abenteuer geweissagt worden war, das dereinst ihr Leben erfüllen würde. Das Abenteuer, der unglückliche Teil des Abenteuers, hatte begonnen, als sie gezwungen worden war, eingeschlossen in diesem Palast zu leben, fern ihrer Heimat und ihrer Untergebenen, die nun unfähig waren, ihr zu helfen. Aber wenn sie dem Orakel Glauben schenken sollte, würde bald der Ritter kommen, den sie schon aus ihren Träumen kannte. Sie sah ihn ganz nah, im Begriff, den verhaßten Paläologen anzugreifen mit rächender, unversöhnlicher Wut. Keine Spur würde bleiben von der falschen Größe des Despoten und von seiner ungetreuen Ehefrau Maria Manzoukos. Blanca stickte das Wappenzeichen des Königreiches ihres Schicksals, und die Tränen fielen auf den silbernen Rahmen. Aber Blanca de Salona wartete geduldig auf den Ritter.

Bald erschien eine Wolke am blauen Himmel. Eine Wolke, die bedrohlich und feierlich näher kam. Ein schwarzer Schatten bedeckte die Stadt wie ein riesiger, trauriger Flügel. Der Despot erbleichte. Als er in den Spiegel blickte, zerbrach dieser von oben bis unten, und zur gleichen Zeit grollte außerhalb des Palastes ein mächtiger Donnerschlag. Der Paläologe Dimas ergriff das emaillierte byzantinische Kreuz, als suche er Schutz. Terfi, die Angorakatze, huschte vorbei und verschwand miauend.

Es begann heftig zu regnen. Die Pflanzen öffneten sich gierig, und die Stämme der Bäume glänzten, lackiert vom Wasser. Durch die Regenwand sah man die düstere Masse des Palastes des Despoten von Akantos, des Paläologen Dimas.

2. Tomàs trifft zwei alte weibliche Bekannte wieder

Die beiden neuen Präzeptoren des kleinen Paläologen Joan, des Sohnes des Despoten von Akantos aus erster Ehe, schienen zwei anerkannte Persönlichkeiten. Einer der beiden, Tomàs Çafont, ein Provenzale und ehemaliger Erbauer von Palästen, war ein äußerst feinsinniger Gelehrter; der andere, Don Blasco d'Alama, ein Navarrer und ein großer Dichter, beherrschte die Regeln der Grammatik wie das Vaterunser. Der Paläologe Dimas war zufrieden mit der Wahl der neuen Präzeptoren, denn er wollte seinen Sohn im Geist des Abendlandes erziehen. Ihm schien, trotz der verfeinerten Zivilisation der Byzantiner, daß die Franken das wirklich schöpferische Wissen besaßen, waren sie es doch, die das Reich beherrschten. Ein Beispiel sah er in sich selbst. Er, Sohn von Franken, Despot von Akantos, war aus dem Nichts aufgestiegen. Die Zeiten der Großen Kompanie waren vorbei, das Elend und das Hundeleben lagen hinter ihm wie ein Alptraum, was blieb, war die Macht, die er mit eigenen Händen aufgebaut hatte, und die Möglichkeit, König Armeniens zu werden. Die Gelegenheit war da, ex professo gemacht für seinen Ehrgeiz. Er würde sich das Erbe seiner Nichte aneignen; das Erbe Blancas de Salona, deren gesetzlicher Vormund er war. Als Vormund gebührte ihm die Regentschaft, und er war bereit, sein Recht geltend zu machen und seinen treuen Feldherrn

Nikos zu entsenden, der sich mit Gewalt durchsetzen würde. Blanca de Salona würde nie Königin von Armenien, weil ein unseliger Unfall eine solche Möglichkeit zunichte machen würde, und er, der Paläologe Dimas, würde die Krone aufsetzen und so eine neue und illustre Dynastie auf den Thron bringen, die Dynastie der Dimas.

Das Gesicht des Despoten glänzte vor stolzer Eitelkeit. Es durchquerte Raum und Zeit und verweilte zerstreut und bruchstückhaft auf den steinernen Lippen eines Wasserspeiers, auf den Wangen, der Stirn und in den Augen einer Figur des Kapitells. Albert Pepratx hörte dem Führer zu und tat so, als bewundere er die stumme und anonyme Arbeit des Künstlers. Die Bögen schienen Brokat aus feinsten Spitzen, und der ganze Kreuzgang besaß eine bestimmte musikalische Bedeutung, wie ein deutscher Gelehrter nachgewiesen hatte. Sie gingen umher und blieben in einem geeigneten Winkel stehen, um die strenge Schönheit des Raumes zu betrachten. In die Wände waren Gräber eingelassen mit Ritterwappen und Inschriften, die nur von einem Spezialisten entziffert werden konnten. Drei sich windende Eidechsen saßen auf ein paar unleserlichen Buchstaben, und man glaubte, die Stimmen der Prälaten wahrzunehmen und den beißenden, süßen Duft des Weihrauchs unter dem Pallium. Draußen blieben die Finsternis, die Jahrhunderte des Eisens und des Blutes, geronnen in Caltabellota, die Troubadoure und die provenzalischen Dichter, die verheirateten Damen und die Ehebrecherinnen der höfischen Liebe, der Schweiß und der Geruch des Todes.

Albert Pepratx und die kleine Gruppe aus dem Hotel lauschten den Erklärungen des Führers. Wenn dieser ein paar Kommentare abgegeben hatte und weiterging, nutzten die Leute die Gelegenheit, sich zu räuspern, eine Zigarette zu drehen oder Frau Berta ins Ohr zu flüstern, wie schön sie heute sei, worauf Frau Berta die Augen verdrehte. Albert Pepratx dachte an das Parfüm Evelines, die verschwunden war, und fand ihre Gesichtszüge in der Dame auf dem Altaraufsatz wieder, auf die der Führer gerade hinwies.

In Maria Manzoukos und Blanca de Salona fand Tomàs am Hof des Despoten zwei alte weibliche Bekannte wieder. Jetzt sah er in Eveline oder Maria Manzoukos die Femme fatale, begierig auf neue Gefühle und von einer Sinnlichkeit, die zu der reinen und zarten Empfindsamkeit Rosauras im Kontrast stand. Tomàs hatte sich daran gewöhnt, Personen der verschiedenen Epochen zu erkennen, die er hatte durchqueren müssen. Die Personen wiederholten sich, nahmen aber gewissermaßen eine von ihrer physischen Realität abweichende und losgelöste Bedeutung an. Wie ungewöhnlich es auch sein mochte, Eveline oder Maria Manzoukos erschien ihm mit hellseherischer Gewißheit als das, was sich ihm in den Weg stellte, und er wußte jetzt und für immer, daß nichts wieder in den früheren Zustand zurückkehren könnte, den es einmal verlassen hatte. Etwas war geschehen, etwas Unverständliches und Widersprüchliches, wie ein gewaltiges, sinnloses Gelächter, wie eine absurde, wundersame groteske Rechtfertigung dessen, was nicht zu rechtfertigen war oder nicht gerechtfertigt werden mußte. Andererseits sah Tomàs in Rosaura oder Blanca de Salona die Frau, die bald in sein Leben treten würde wie etwas Schicksalhaftes und Unabwendbares, was schon vorgesehen war in der Zeit, als sie noch die Rolle des kleinen, süßen, zerbrechlichen und hilflosen Zimmermädchens spielte. Er wußte auf unbestimmte, aber gewisse Weise, daß Blanca de Salona die Zuflucht eines Schiffbrüchigen war, genauso wie Maria Manzoukos der fürchterlichen Sirene entsprach, die es zu umschiffen galt.

Die Sonne küßte sanft die Felder. An den Rändern wuchsen ein paar Weinreben, und der Rest waren Olivenwälder mit hier und da einem Mandelbaum. Ein Karren kam über den steinigen Weg gefahren und hinterließ tiefe Radspuren. Der Tag brach an. Vier oder fünf Frauen stiegen aus und ein Mann, der das Pferd festband. Es waren genau fünf Frauen und ein Mann, und sie stellten sich paarweise unter die Olivenbäume. Mit einfachen Leitern, aus unbearbeitetem Holz gefertigt, stiegen sie in die Krone jedes Olivenbaums und schüttelten auch die dünnsten Zweige, bis keine einzige Olive mehr oben war. Zuvor hatten sie weite Leintücher ausgebreitet, um die winzigen, kostbaren Früchte aufzufangen. Zur Mittagszeit unterbrachen sie die harte Arbeit und versammelten sich zum Essen. Sie aßen langsam, schwatzten und lachten. Am späten Nachmittag klaubten sie die Früchte ein, legten die Leitern auf den Karren und fuhren weg.

Die Sonne ging hinter Akantos unter. Man hörte ein Lied, das sich langsam in der welligen Ebene verlor. Bald schon fielen Schatten über die Stadt.

3. Die Prinzessin Maria Manzoukos, Gattin des Despoten

»Bei jeder Tragödie gibt es eine Knüpfung und eine Lösung. Die Knüpfung vollzieht sich meist außerhalb und nur teilweise innerhalb des Dramas. Alles übrige ist die Lösung. Ich nenne Knüpfung jenen Teil vom Anfang bis zu dem letzten Stück unmittelbar vor dem Übergang ins Glück oder ins Unglück, Lösung den Teil vom Beginn des Übergangs bis zum Ende. So ist im *Lynkeus* des Theodektes die Knüpfung die vorausgehende Handlung, die Ergreifung des Kindes, die Lösung reicht von der Beschuldigung des Mordes bis zum Ende.«

Don Blasco las Aristoteles, und ihm schwindelte, denn er entdeckte eine Welt, die er bislang kaum wahrgenommen hatte. Alles hatte damit begonnen, daß der kleine Paläologe Joan, den man auf keine Weise dazu bringen konnte, die Peitsche wegzulegen, mit der er unsichtbare Sklaven schlug, vor Don Blasco auswendig eine Passage aus den Reden des Lysias rezitierte. Don Blasco interessierte sich lebhaft für den Unterricht früherer Präzeptoren und fragte das Kind, wo die Texte aufbewahrt würden, in denen er so schöne Dinge gelesen hatte. Das Ergebnis war, daß Don Blasco an der Hand des Despotensohnes die Palastbibliothek entdeckte, wo mehr als fünfhundert Manuskripte mit Abschriften von Originalen aus der frühesten Antike aufbewahrt wurden. Neben Werken von Prokop, Sellos, Anna Komnenos und

Akominatos, byzantinischen Schriftstellern von nachgewiesener Bedeutung, fand er Aristoteles, Diodoros Siculos, Homer, Dionysios von Halikarnassos, Platon, Proklos, Theopompos und einen Katalog aus Patmos mit mehr als achthundert Titeln. Don Blasco suchte sich die Dichter aus, und sein Eindruck war so lebhaft, daß er, ohne es zu wissen, zu einem der ersten christlichen Humanisten wurde.

Die Ankunft der beiden Fremden und vor allem Maria Manzoukos' ständiges Verlangen nach Tomàs' Gesellschaft weckten im Gemüt des Feldherrn Nikos, des derzeitigen Liebhabers der Prinzessin, eine starke und nicht zu unterdrückende Eifersucht. Wütend ging er durch die Gänge des Palastes, spionierte dabei laufend Tomàs nach und warf der Frau des Despoten das Erkalten ihrer Liebe vor. Als Antwort erhielt Nikos jedoch immer ein spöttisches, zynisches Lächeln, das ihn zur Verzweiflung trieb.

Um sich Zutritt zum Palast des Paläologen Dimas zu verschaffen, hatte Tomàs die List ersonnen, sich und Don Blasco als Präzeptoren auszugeben. Da sie sich nicht auf ihre Eigenschaft als Untertanen des hochedlen Königs von Aragonien berufen konnten, weil die Gefahr zu groß gewesen wäre, gab sich der eine als Provenzale aus und der andere als Navarrer, wobei Tomàs eine gewisse Beklemmung befiel, weil er nicht sicher war, ob der Despot die Provenzalen nicht als Katalanen betrachten würde, wegen der vielen Gemeinsamkeiten. Ganz unerwartet interessierten sich die Frau des Paläologen und, auf ihr Betreiben, auch

Blanca de Salona für Naturwissenschaften, und sie ließen sich von Tomàs die Grundbegriffe der Botanik erklären. Das komplizierte die Lage ein wenig. Schon sehr bald wählte Maria Manzoukos als Schauplatz des Unterrichts die verstecktesten Winkel des großen Parks und suchte gebieterisch und unter beliebigen Vorwänden Blanca de Salona wegzuschicken, die mit großer Trauer gehorchte. Maria Manzoukos sammelte zarte und wohlriechende Pflanzen, die sie dann kokett in ihr Haar oder an den Busen steckte, und entfaltete alle Verführungskünste, deren sie fähig war.

Nikos versteckte sich hinter einem Baumstamm. Er spionierte dermaßen beharrlich, daß Maria Manzoukos beschloß, ihren ehemaligen Liebhaber loszuwerden, und einen Weg suchte, dies zu erreichen. Nikos verkroch sich unter Büschen oder versuchte sich hinter einer Säule zu verbergen. Um nicht entdeckt zu werden, nahm er den Helm ab, der einen auffälligen Federschmuck hatte, und schärfte Augen und Ohren. Nikos litt und schwor, sich für die Untreue zu rächen, deren Opfer er geworden war.

Andererseits gelang es Ramon Serra in Barcelona nicht, mit der geheimnisvollen Zweigstelle von Chevreuil et Frères Kontakt aufzunehmen. Als er die Nummer der Straße gefunden hatte, stellte sich heraus, daß sie falsch war; wenn die Haustür nicht verschlossen war, war es die Tür, die zum ersten Stock hinaufführte. Als er endlich in das Büro hineinkam – das alles andere zu sein schien als ein Büro –, sagte ihm das alte Männlein, das ihn empfing, es wisse nicht, wovon er rede. Später stellte sich heraus, daß der Alte schwachsinnig und nur in untergeordneter Stelle als Nachtwächter beschäftigt war. Der ihm das sagte, erklärte jedoch auch, daß der Geschäftsführer sich momentan nicht im Büro befinde und die Angelegenheiten von Chevreuil et Frères einzig ihm unterstünden; darüber hinaus habe die erwähnte Firma vorübergehend ihre Tätigkeiten unterbrochen, da ein äußerst wichtiges Geschäft Monsieur Dupont gezwungen habe, sich nach Konstantinopel zu begeben, so daß die Geschäftsleitung ihm wohl auch nicht dienen könnte, falls er sich dazu entschließen sollte, den Besuch zu wiederholen. Verzweifelt beschloß Ramon Serra, noch am gleichen Morgen nach El Voló zurückzufahren, wo er in seiner Fabrik gebraucht wurde.

Das Lächeln des Kanzlers zeigte sich wieder, nach so langer Zeit, und zeichnete sich diesmal auf Ramon Serras Uhrglas ab. Er lächelte mit gütiger Ironie und verschwand plötzlich. Ramon Serra dachte, dies sei eine Folge seiner Schwäche, und ihm fiel ein, daß er schon lange nichts mehr gegessen hatte.

Monsieur Serra aß im Restaurant Cal Roca, in Esponellà, zu Abend, das berühmt war für seinen Hasenpfeffer.

In Akantos lag etwas Seltsames in der Luft. Etwas, das immer schon den großen Ereignissen vorausgegangen war. Die Leute verriegelten in der Nacht wohlweislich die Türen und Fenster. Dann saßen sie ums Feuer und warteten.

4. Wie sich der Untergang des Paläologen Dimas abzeichnet

Um Nikos zu entfernen, überzeugte Maria Manzoukos ihren Mann davon, daß die Zeit gekommen sei, die Herrschaft über das Königreich Armenien zu übernehmen. Und da seine Autorität sicher nicht freiwillig angenommen würde – es gab viele Gründe, dies anzunehmen –, sei es nötig, Nikos den Feldherrn zu schicken. Stellvertretend für den Paläologen Dimas und mit den notwendigen Truppen würde er die Stadt besetzen und die Stellung halten, bis der Despot, nachdem das Königreich befriedet und die Treue der Vasallen gesichert wäre, geruhen würde, in einem triumphalen Einzug den frei gewordenen Thron in Besitz zu nehmen. Dem Paläologen Dimas schien der Plan seiner Gattin ausgezeichnet, vor allem, was seine persönliche Sicherheit betraf, und er beglückwünschte sich dazu, eine Prinzessin zur Frau gewählt zu haben, dank der er nicht nur mit den Basiliden verschwägert war, sondern die auch noch über einen so hervorragenden politischen Verstand verfügte.

Der Despot befahl Nikos, mit den zwei Galeeren, über die Akantos im Augenblick verfügte, sofort nach Armenien aufzubrechen und es in seinem Namen einzunehmen, und er empfahl ihm, hart gegen die Verräter vorzugehen, die seine Autorität nicht anerkennen sollten. Nikos erbleichte. Davon abgesehen, daß das Unternehmen außergewöhnlich riskant war – in Anbetracht der Mittel, die ihm zur Verfügung standen, und des Empfanges, der in Armenien zu erwarten war, sollte er mit solchen Forderungen aufwarten –, hatte Nikos den Verdacht, daß die Hand der Frau des Paläologen im Spiel war, und er fragte sich, ob die Expedition nicht ein Vorwand sei, den Maria Manzoukos vorgeschoben habe, um ihn zu entfernen und, mit ein wenig Glück, zu eliminieren.

Der Paläologe erklärte ihm genau, was zu tun sei und wie er sich gegenüber den Würdenträgern und Notabeln Armeniens verhalten solle. Vor allem wünsche er, daß das Land vollständig befriedet würde, und wenn ein Exempel statuiert werden müsse, so lege er ihm keine Hindernisse in den Weg. Um die Expedition auszuführen, könne der Feldherr mit allen Soldaten des Despoten rechnen, ausgenommen die Leibwache. Das bedeute, daß seinem Befehl ein halbes Tausend Männer unterstünden, mehr als genug, sagte der Despot, um alle Schwierigkeiten zu lösen.

Nikos erschauerte. Er wagte nicht, dem Despoten hinsichtlich der mangelnden Truppenstärke zu widersprechen, da er wußte, daß es den Tod bedeutete für den, der es wagte, dem Despoten zu widersprechen. Er verbeugte sich feierlich und ging ab, sein trauriges und gefährliches Schicksal beklagend.

Rosaura, das Zimmermädchen, verschwand wenige Tage nach der Abreise von Eveline Nikopoulos und ihrem Ex-Mann. Ihr Verschwinden war mysteriös, und die Direktion des Hotels wußte wirklich nicht, was sie davon halten sollte.

Rosaura hatte alle ihre Sachen oben im Zimmer gelassen und offensichtlich nur die Kleider gewechselt und die Dienstkleidung sorgfältig gefaltet auf einen Stuhl gelegt. Man ging sogar so weit, an eine Entführung zu denken, und die Sache wurde der örtlichen Polizei gemeldet. Aber Rosaura war ein anständiges Mädchen, und niemand wußte zu sagen, daß sie irgendwelche Schwierigkeiten gehabt hätte. Trotzdem teilten ihre Kolleginnen mit, Rosaura sei schon seit geraumer Zeit immer traurig gewesen, sie habe keinen Appetit gehabt und oft auf ihren freien Tag verzichtet, was bei einem Dienstmädchen außergewöhnlich ist, wie die Direktion wohl wußte. Der Kommissar schloß das Notizbuch, in dem er die Aussagen notierte, und sagte ein wenig verunsichert, er werde den Präfekten benachrichtigen und dieser würde die nötigen Schritte einleiten. Er fügte außerdem hinzu, sie sollten beruhigt sein, denn man werde alles Menschenmögliche tun, um Rosaura wiederzufinden, und sie sollten der Polizei vertrauen, deren Effizienz, wie sie ja wüßten, groß sei.

Das war etwas, was Monsieur Dupont zutiefst befriedigte und ihn auf seine Organisation stolz sein ließ. Die Brillengläser waren ein wenig beschlagen, und er sah sich gezwungen, sie mit dem Taschentuch abzuwischen. Ohne Brille wirkte Monsieur Dupont verloren, mit den kurzsichtigen Augen und den verirrten Brauen. Danach versuchte er den Rock anzuziehen, den Ali Agha, der türkische Schneider des Viertels, ihm vor wenigen Tagen genäht hatte. Er war ein sehr geschickter

Schneider, wie geschaffen, die Schäden zu beheben, die jene verteufelten Termiten angerichtet hatten, und er besaß den großen Vorzug, daß er nie Fragen stellte, ganz im Gegensatz zu den Schneidern in Montpellier, die allmählich neugierig wurden angesichts der systematischen Zerstörung von Monsieur Duponts Anzügen. Nun rückte er den Zelluloidkragen zurecht, der ihm unter dem Perlmuttknopf hervorgerutscht war, und verlangte von Hippolyte den Regenschirm. In diesem Augenblick zersprang laut eine Fliese im Eßzimmer, in dem Monsieur Dupont sich für gewöhnlich aufhielt, und machte den Weg frei für tiefschwarze Efeutriebe, die an den Wänden emporschossen, bis sie sich an der Decke festklammern konnten und so eine Art pflanzliches Gitter bildeten. Monsieur Dupont steckte den Schirm zwischen die Triebe, zertrennte sie und ging durch die Öffnung hinaus.

Draußen, genau hinter der Efeuwand, bewunderte der Paläologe Dimas seinen Garten und verdaute, in einer Hängematte liegend, sein Essen. Er pflegte ein friedliches Mittagsschläfchen zu machen, aber an jenem Tag war er erregt wegen des Entschlusses, den er getroffen hatte. Er sah sich schon als König von Armenien und überlegte, welche Veränderungen er am Hof einführen sollte. Er würde mehr Wert auf Details legen, er ließe sich betreffs des Zeremoniells beraten und würde strikte Normen erlassen, wie man, was die Kleidung und den Kniefall anging, vor dem Herrscher zu erscheinen hätte. Was die bittere Seite der Angelegenheit beträfe, das heißt jene unglückliche Blanca de Salona, so würde er sie einer nie endenden Minderjährigkeit unterwerfen, denn im Grunde genommen stieß es ihn ab, sich die Hände mit dem Blut Unschuldiger zu beschmutzen. Aber wenn sich die Dinge komplizieren sollten, so würde es keinen anderen Ausweg geben, als einen unglücklichen Unfall zu erfinden, wie es schon vorgesehen war, und danach eine strikte Trauer einzuhalten. Er würde auch strenge Normen für das Trauerzeremoniell erlassen.

Der Fächer entglitt seiner Hand. Terfi näherte sich vorsichtig, um ihn zu beschnuppern. Sie sprang aber zurück und entfloh eiligst. In der süßen Glückseligkeit des Traumes hatte der Paläologe Dimas einen mächtigen kaiserlichen Schnarcher von sich gegeben.

5. Tomàs' Befehle

An jenem Morgen schiffte Nikos mit fünfhundert Soldaten auf den zwei Galeeren ein, um nach Armenien zu fahren. Ihm wurde ein prunkvoller Abschied bereitet. Der ganze Hafen war mit Fähnchen geschmückt, und zwei Schauspieler des Theaters von Akantos besangen die Heldentaten des großen Feldherrn und spielten dazu auf goldenen Harfen. Der Paläologe Dimas hielt von einer Tribüne aus eine Rede und spornte die Expeditionstruppe an, alle Hindernisse um des höheren Ruhmes von Akantos willen zu überwinden und, vor allem, siegreich zurückzukehren. Maria Manzoukos saß ungerührt an seiner Seite.

Indem er den Federbusch seines Helmes wippen ließ, nahm Nikos Abschied vom Despoten und von den Staatsdienern, die sich im Hafen eingefunden hatten. Vom Achterdeck aus sprach sich der kühne Feldherr Mut zu und führte ein Schauspiel vor, mit der Absicht, die kaum vorhandene kriegerische Hochstimmung des Heeres neu zu beleben. Die zwei Galeeren stachen in See, ohne daß man Begeisterungsschreie oder ein anfeuerndes Lied hörte, wie das sonst der Brauch ist. Die Galeeren erreichten die Landzunge von Columnes und verschwanden bald mit gehißten Segeln am Horizont.

Dies war der Moment, um zu handeln. Tomàs befahl Don Blasco, sofort zu dem Ort aufzubrechen, wo Pere Llobet das Schiff hatte vor Anker gehen lassen, in einer versteckten Bucht an der Küste von Akantos, damit dieser die Segel hisse und Kurs auf die Stadt nehme, wo er dann nachts eintreffen solle. Jaume Descarrega würde es übernehmen, die Stadt mit zweihundert Mann zu erobern und eine strenge Wache aufzustellen, damit niemand, weder zu Wasser noch zu Land, sie verlassen könne, um die Venezianer zu warnen. Sie würden dann sofort weitere Befehle von Tomàs erhalten. Don Blasco müsse noch vor Pere Llobet wieder in Akantos zurück sein, um Tomàs bei den Vorbereitungen der Erstürmung des königlichen Palastes zu helfen. Don Blasco müsse schnell und unbeirrt handeln.

Blanca de Salona kämmte ihr langes seidiges Haar und weinte bitterlich. Eine Tür öffnete sich, und ohne um Erlaubnis zu bitten, trat Tomàs ein und bedeutete der Prinzessin, sich ruhig zu verhalten. Diese reagierte ein wenig ungehalten, wandte ihm den Rücken zu und sagte, während sie die Tränen trocknete: »Ihr habt Euch im Zimmer geirrt. Ich bin nicht Maria Manzoukos. Oder habt Ihr Euch verlaufen?«

Tomàs näherte sich Blanca und sagte, es sei jetzt keine Zeit zu verlieren. Er sei kein richtiger Präzeptor, sondern der Gesandte des hochedlen Königs von Aragonien, von diesem beauftragt, den ehemaligen Soldaten der Katalanischen Kompanie zu bestrafen, und deshalb müsse sie in ihm einen Freund sehen, der bereit sei, ihr zu helfen. Die große Stunde sei gekommen, und der Paläologe Dimas würde nun für all den Schaden zahlen, den er angerichtet habe. Wenn er auf so wenig rücksichtsvolle Weise in ihr Zimmer eingedrungen sei, so sei es nicht in der Absicht geschehen, sie zu beleidigen, sondern unter dem Zwang der Ereignisse, denn was er, Tomàs, wolle, sei, ihr die Hoffnung wiederzugeben. Die Rolle, die er bei Maria Manzoukos gespielt habe, hätten ihm allein die Umstände diktiert, im Hinblick auf eine größere Bewegungsfreiheit.

Blanca stürzte sich in die Arme von Tomàs, verbarg ihr Gesicht an seiner Brust und begann erneut zu weinen, diesmal vor Freude. Tomàs streichelte ihr Haar und schob sie dann sanft und zärtlich von sich. Weiches Licht drang in den Raum, und eine Taube setzte sich flügelschlagend auf das Fenstersims.

Auf einem weißen Roß ritt Don Blasco über die welligen, mit Pinien bestandenen Hügel in Richtung Galeere. Kaum hatte er mit Pere Llobet gesprochen und ihm die Befehle Tomàs' übermittelt, schickte sich der Kapitän an, die Anker zu lichten, zur großen Freude der Besatzung. Immer noch schwer atmend kehrte Don Blasco in wildem Ritt zurück nach Akantos.

Es entstand eine Pause, während sich die Abenddämmerung herabsenkte. Maria Manzoukos, die Byzantinerin von kaiserlichem Blut, betrachtete ihre betörende Nacktheit in einem Spiegel, den ihr eine Negersklavin vorhielt. Ein Perlenkollier und ein Brillantdiadem schimmerten. Sie lächelte zufrieden. Danach schüttelte sie einen Flakon und parfümierte sich mit dem winzigen Stöpsel hinter den Ohren, am Hals und im Nacken.

Die Wolken zogen über den Himmel und verdichteten sich ein weiteres Mal über Akantos. Sie nahmen ungeheuerliche Formen an und veränderten laufend ihre Gestalt vor dem Hintergrund einer gespenstischen Helligkeit. Langsam brach der Abend herein, und die Sonne versteckte sich hinter den Bergen am Horizont.

Der Paläologe Dimas aß zum Vesper einen Teller Drosseln mit Olivensauce. Er ergriff eine um die andere an einem Bein und steckte sie ganz in den Mund. Er kaute mit Genuß, und von Zeit zu Zeit sah man, wie er sich Mühe gab, einen besonders widerspenstigen und rebellischen Knochen zu knacken. Seine Finger waren verklebt vom Fett und vom Speichel, und er wischte sie an einem zerknitterten, schmutzigen Tuch ab.

Die Galeere erschien in der Einfahrt des Hafens. Sie glitt sanft über das spiegelglatte Meer. Es wirkte gespenstisch, wie sie aus dem ungewissen Licht der Abenddämmerung auftauchte. Es würde nicht mehr lange dauern bis zum Einbruch der Dunkelheit, und Stille und Frieden würden sich der Straßen und Häuser von Akantos bemächtigen.

Don Blasco betrat den Palast und traf sich mit Tomàs, der ihn ungeduldig erwartete. Nur noch eine kurze Frist, eine ganz kurze Frist, und die Gerechtigkeit des hochedlen Königs von Aragonien würde sich unwiderruflich erfüllen und den Übeltäter Dimas ins Verderben stürzen. Don Blasco legte die Präzeptorenverkleidung ab und bewaffnete sich bis an die Zähne, während draußen die Schatten der Nacht sich auf die Stadt senkten.

In gerade jenem Moment legte die Galeere mit gehißter Flagge an der Mole an, ohne das geringste Geräusch.

6. Einnahme von Akantos

Die Stadt wurde ohne die geringste militärische Gegenwehr eingenommen. Die Männer verließen die Galeere und wurden von Jaume Descarrega an den Eingangs- und Ausgangstoren verteilt, ohne daß sie auch nur die Spur einer Wache vorgefunden hätten. Die Stadt schien verlassen, und die Einwohner blieben in ihren verschlossenen und verriegelten Häusern, als hätten sie geahnt, was geschehen würde. Nur ab und zu durchbrach das Geräusch von Schritten oder das unvermeidliche Klirren der Waffen die beängstigende Stille auf den Straßen.

Jaume Descarrega ließ Patrouillen aufziehen und wandte sich mit dem Rest seiner Männer zum Palast des Despoten, der sich wie ein Gebirge in der Dunkelheit abhob. Sie rückten ohne Fackeln oder Windleuchten vor und vermieden jede Unvorsichtigkeit, die die Wachen hätte warnen können. Manchmal huschte eine Katze über die Straße oder sprang auf eine Mauer und blieb dort still sitzen, um den Vormarsch der kleinen Truppe zu beobachten. Ihre Augen leuchteten in der tiefen Dunkelheit der Nacht, und ihr Blick folgte geheimnisvoll, gelassen, sakral den Bewegungen der bewaffneten Männer, die sich vorsichtig entfernten.

Als er auf dem Platz der Maße und Gewichte ankam, sah Jaume Descarrega Tomàs und Don Blasco, die unter einem Pfefferbaum warteten, und näherte sich, um ihre Befehle zu empfangen.

Blanca de Salona betete kniend am Kopfende

des Bettes. Ihr seidiges Haar fiel über das lange Nachthemd. Sie hatte die Hände gefaltet, in betender Haltung die Augen geschlossen, und nur die Lippen bewegten sich stumm. Von Zeit zu Zeit erhob sie sich, öffnete die Tür und lauschte. Der Palast schien in tiefem Schlaf. Ein Balken knackte, und Blanca wandte sich erschreckt um. Als sie vor der Flamme eines Kandelabers vorbeiging, zeichnete sich ihre grazile Silhouette auf der Wand ab. Alles blieb jedoch ruhig. Die Prinzessin kniete erneut nieder und versenkte sich wieder ins Gebet.

Es ging eine erfrischende Brise. Tomàs teilte seine Streitkräfte in zwei Gruppen. Eine, die unter dem Befehl Jaume Descarregas stand, nahm Stellung vor den Toren des Palastes, um jedwede Flucht zu verhindern; die andere, angeführt von Tomàs und Don Blasco, richtete ihre Schritte zu einem Hintereingang, der nur von den Dienstboten benutzt wurde und den die beiden Ex-Präzeptoren offengelassen hatten, als sie aufbrachen, um sich mit Jaume Descarrega zu treffen. Sie drangen vorsichtig ein, ohne das geringste Geräusch zu machen, und durchquerten, geführt von Tomàs, den Palast in Richtung des Haupteingangs, wo sie sechs schlafende Wachen überraschten. Nachdem diese aus dem Weg geschafft waren, öffneten sie die schweren Bronzetüren, und Jaume Descarrega trat mit dem von ihm befehligten Trupp ein. Alle zusammen gingen sie dann zum Schlafsaal, wo der Rest der Leibwache des Despoten ruhte, und entwaffneten diese ohne die geringste Gewaltanwendung. Noch im Halbschlaf, rieben sich die Männer des Despoten die Augen und konnten kaum glauben, was sie sahen.

Dann verteilte Tomàs seine Leute auf den ganzen Palast und stellte Wachen vor den Zimmern des Paläologen und Maria Manzoukos' auf sowie vor denen der servilen Staatsdiener, die ihre Tage damit zubrachten, den beiden zu schmeicheln. Er hielt mit Mühe und Not seine Männer davon ab, in das Zimmer des Despoten einzudringen und ihm die Gurgel abzuschneiden, und sagte ihnen, der Akt der Gerechtigkeit würde auf den folgenden Tag verschoben. Tomàs wollte vermeiden, daß der Paläologe umgebracht würde, und vertraute darauf, daß seine Leute zur Vernunft kämen, wenn er ihnen nur Zeit ließe. Er dachte an Gerechtigkeit, nicht an Rache. Und er war sicher, dies sei auch der unausgesprochene, geheimnisvolle königliche Wille.

Monsieur Dupont schnitt trotz seiner großen Befriedigung eine Grimasse. Vielleicht hätte er eine schnelle Liquidierung des Paläologen vorgezogen, ohne Umschweife, aber das war nicht so vorgesehen. Die Instruktionen sagten nichts zu diesem Punkt, möglicherweise, weil man im Grunde nicht daran geglaubt hatte, daß alles so gut ablaufen würde. Er bereitete sich darauf vor, die Entwicklung des Geschehens weiterhin aufmerksam zu verfolgen.

Nikos segelte in Richtung Armenien. Auf der Höhe von Chios schnitten katalanische Seeräuber den Galeeren des Despoten den Weg ab, aber Nikos verhinderte die Gefangennahme, indem er die venezianische Flagge hißte, denn er wußte, daß der Frieden zwischen Venedig und dem Haus Barcelona äußerst zerbrechlich war und daß beide Seiten im Moment große Anstrengungen unternahmen, um Zwischenfälle zu vermeiden, die den so brüchigen Frieden hätten gefährden können. Nikos atmete tief auf, als er sah, wie die katalanischen Schiffe sich entfernten. Er fragte sich aber gleich darauf, wie zur Hölle er es anstellen solle, die Stadt und das Königreich Armenien zu erobern, und verfluchte ein weiteres Mal sein Unglück. Delphine sprangen über die Wellen und tauchten wieder ein, mit der Schwanzflosse eine Kurve beschreibend. Das Meer war tiefblau, von einer intensiven und undurchdringlichen Bläue.

Die Morgendämmerung begann sich am Himmel von Akantos anzukündigen. Wie auf dem Hintergrund einer Bühne erschien ein grauer Streifen, der sich Stück um Stück ausbreitete und die ganze riesige Kuppel einnahm. Das Grau verwandelte sich in Perlmutt mit etwas Rosa, und ein Hahn krähte in der Ferne, als sei er eine Kriegstrompete. Sofort antworteten ihm andere Hähne von den verschiedensten Orten der Stadt, und bald stieg langsam die Sonnenscheibe auf. Aus den Kaminen stieg nun in anmutigen Kringeln Rauch auf, und hie und da öffnete sich ein Fenster dem Licht.

An den Toren der Stadt und auf den Wehrtürmen der Mauer flatterte das Wahrzeichen des Hauses Aragonien. Die ersten Passanten blieben verwirrt stehen, und die Leute, die langsam auf die Straße hinausgingen, begannen sich in Gruppen zusammenzudrängen, um die erstaunliche

Tatsache zu besprechen. Die Gegenwart einer katalanischen Patrouille erschreckte sie jedoch, und sie schlossen sich schnell wieder in ihren Häusern ein.

7. Das Ende des Despoten

Der Paläologe Dimas gähnte und rief nach dem Barbier. Er war eben erst aufgestanden und trug ein mit bizarren geometrischen Blumen bedrucktes Seidenhemd. Er setzte sich vor den Spiegel, schloß genüßlich die Augen und legte den Kopf auf die Lehne des Sessels. Er wartete auf das bulgarische Rosenwasser, das Bart und Hals so erfrischte, und auf die sanften Hände und den Duft der Seife. Welche Wonnen bereiteten doch die Düfte und die Barbiere von Byzanz.

Nachdem Jaume Descarrega sorgfältig das Rasiermesser geschliffen hatte und sich heimlich schon auf die Reaktion freute, die er gleich bewirken würde, rief er plötzlich mit schrecklicher Stimme: »Wo soll ich beginnen, du Hurensohn, du elender Verräter, Speichellecker der Venezianer, du Schwein, das ich jetzt schinden will?«

Der Paläologe Dimas fuhr im Sessel hoch. Er sprang eine Handbreit in die Luft. Dann folgten rasch hintereinander verschiedene Gemütsbewegungen, wobei eine aus der anderen hervorging, genauso wie bei einem Zauberkünstler, der grellbunte Taschentücher aus dem Zylinder zieht: Schrecken, Wut, Überraschung, Verwirrung, Ungläubigkeit, Furcht, Panik und schließlich: Entsetzen. Als der Paläologe Dimas die Augen öffnete, bemerkte er, daß dieses Gesicht nicht das seines Barbiers war. Es war etwas Wildes, was sich im Spiegel zeigte, und er sah auch das Messer, zwei

Fingerbreit von seinem Adamsapfel entfernt, das immer näher kam. Mit erstickter Stimme schrie er: »Zu mir her, rettet mich, Wachen! Ein Verrückter anstelle des Barbiers! Hilfe! Rettet mich!«

Die Tür flog heftig auf, aber anstatt der Wache des Despoten traten Tomàs und Don Blasco mit ihren Soldaten ein. Außer Tomàs hatten alle die großen Zweihänder gezückt, reckten sie empor und riefen: »Aragonien, Aragonien!«

Der Paläologe schloß erneut die Augen. Er sah, auch noch bei geschlossenen Lidern, wie die Wände sich schwindelerregend im Kreis drehten. Er verstand überhaupt nichts mehr. Er wurde ohnmächtig.

Sie gossen ihm den Inhalt des Rasierbeckens ins Gesicht. Jaume Descarrega bereitete es ein besonderes Vergnügen, ihn einzuweichen. Ein Stöhnen kam über die Lippen des Despoten. Er fiel auf die Knie.

»Gnade! Vergebung! Erbarmen!« Er küßte die Füße von Tomàs, von Jaume Descarrega und die des letzten Mannes des Trupps. Er kroch wie ein Wahnsinniger herum und bat um Milde. Sie mußten ihn mit Gewalt auf die Beine stellen und ihn zur Ader lassen.

Tomàs sagte sich, all dies sei äußerst unerfreulich. Er füllte ein Glas mit Wasser und trank gierig.

Währenddessen beobachtete Ramon Serra in Esponellà die lärmende Kinderschar und trank Kaffee. Sie hatten ein Kartenspiel bei sich, zerrissen und schmutzig, und bückten sich über den Randstein.

Die Drei.
Drei Schwindel, drei Spindeln,
die essen Johannisbrot.
Das Stroh des Esels.
catatric, catatruc.

Ein Autobus fuhr vorbei und wirbelte eine große Staubwolke auf, die sich langsam wieder verzog. Jeder sang, wenn die Reihe an ihn kam, diese Art Beschwörungsformel:

Die Vier.
Es lebe der König der Fregatte.
Die Fünf.
Birulet, ich hab' dich schon.
Die Sechs.
Sisó, dein Vater sitzt im Gefängnis.

Er bestellte einen Kognak. Der Kellner rauchte eine billige Zigarette und trug eine Serviette über die Schulter geworfen. Er schob die Kaffeetasse ein Stück zur Seite und stellte dafür ein Tellerchen mit einem Kognakglas hin. Dann schenkte er aus der Kognakflasche ein, bis das Glas überlief und die Flüssigkeit auf den Teller schwappte. Die Jungen sangen jetzt:

Die Sieben.
Die Sieben von Miquelet.
Trägt Strümpfe und Barett.
Es lebe der König der Fregatte.
Ein Ring am Fingerspitz,
Es lebe Spanien und Montjüic.

Ramon Serra erhob sich. Er fühlte, daß etwas endete, zum Abschluß kam.

Um elf
stürzt die Kathedrale ein.

Maria Manzoukos benahm sich so, wie es ihrem Wesen entsprach: wie eine beleidigte, stolze und distanzierte Prinzessin. Sie verschanzte sich hinter einem kaiserlichen Schweigen. Sie so zu sehen, betrübte Tomàs, und er spürte ein lebhaftes Mitleid für die Frau des Paläologen.

Am Nachmittag kamen rätselhafterweise die katalanischen Seeräuber in Akantos an, die beinahe Nikos gefangengenommen hätten. Sie kamen, um sich dem Befehl von Tomàs zu unterstellen, in allem, was die Verteidigung von Akantos gegen die Venezianer anbelangte. Auf diese Weise würden die Venezianer, angesichts der gut befestigten Stadt, keine andere Wahl haben, als die vollendete Tatsache zu akzeptieren oder den Krieg zu erklären, wobei letzteres sehr unwahrscheinlich war. In alldem hatte Monsieur Dupont die Hand im Spiel, der jenseits der Gischt und des Windes lächelte.

Tomàs ernannte Don Blasco zum Statthalter von Akantos. Das Amt kam diesem wie gerufen, denn Don Blasco fühlte sich wohl, umgeben von den Manuskripten des Altertums. Er hegte ehrgeizige Pläne, was seine Dichtkunst anbetraf.

Es wurde ein Inventar aufgenommen von den riesigen Summen des Staatsschatzes, das Don Blasco unterzeichnete und Tomàs aushändigte. Dieser befahl in einer letzten Staatshandlung, getragen von einem Gefühl des Mitleids für den Despoten und seine Familie, als Strafe solle der Paläologe Dimas, nachdem er zugunsten des Königs von Aragonien eine offizielle Verzichtserklärung auf Akantos abgegeben habe, aus dem Land vertrieben und verbannt werden, mit dem strikten Verbot, etwas gegen die Herrschaft des Hauses Barcelona zu unternehmen. Sollte er trotz dieses Verbotes irgend etwas tun, bei dem die Möglichkeit bestünde, daß es zum Nachteil besagter Herrschaft ausfalle, so würde er, wo immer er sich befinde, sofern das Gebiet der Gerichtsbarkeit und Herrschaft des Königs unterstünde, geköpft und gevierteilt werden, und seine Glieder würden verstreut in die vier Himmelsrichtungen, als Abschreckung und zur Erinnerung für spätere Zeiten.

Blanca de Salona küßte Tomàs die Hände. Während Eveline sich in der Dunkelheit von Zeit und Raum entfernte, behauptete sich Rosauras Erscheinung, und sie erschien wunderschön, zart und demütig. Tomàs beugte sich über das sanfte Gesicht Blancas de Salona. Ein Duft von Lilien und Narden stieg auf, wie von einem Brautkranz.

Am nächsten Tag würde Tomàs mit der Prinzessin aufbrechen, um Nikos zu schlagen, den einzigen und letzten Überlebenden der Macht des Paläologen, und würde in einer triumphalen Apotheose Blanca de Salona auf den Thron des Königreiches Armenien heben. Ein Königreich, erfüllt von Träumen und Abenteuern.

Das Meer wurde blaßblau, nahm die Farbe des Himmels an, die Farbe von Rosauras Augen. Man verwechselte das Blau des Meeres mit dem Blau eines Leinentuchs, das zarte Hände mit Freude und Hoffnung bestickten. Die Nadel durchstach das Gewebe des Stoffes und vervollständigte das Wappen zusammen mit Buchstaben, die sich liebevoll ineinander verschlangen. Noch sah man die fertige Arbeit nicht, aber es fehlte nur noch wenig, sehr wenig. Ein Stoff mit einem Wappenzeichen.

Tomàs blickte aufs Meer hinaus. Ein kräftiger Wind schüttelte die Blätter eines Eukalyptusbaumes und verlor sich heiter in der Ebene.

8. Das Königreich Armenien

Nachdem er in Armenien angekommen war, belagerte Nikos die Hauptstadt, die sich weigerte, ihn, den Vertreter des verhaßten Paläologen, zu empfangen. Da er nicht wagte, die Stadt zu stürmen, weil sie mit Mauern geschützt war, die er für uneinnehmbar hielt, entschloß er sich, sie durch Hunger zu bezwingen. Er errichtete ein Lager und verteilte seine kleine Truppe um die befestigten Mauern herum. Sie hatten die Galeeren in der kleinen Bucht gelassen, die sie von oben sehen konnten, zusammen mit dem ganzen Küstenstreifen. Nikos ließ sich unter dem Zeltdach erfrischende Getränke reichen; dabei hatte er seinen Adjutanten stets neben sich, der ihm mit einem Fächer Luft zufächelte, während Nikos eine Landkarte Armeniens studierte, die ziemlich ungenau war.

Begleitet von Blanca de Salona, schiffte sich Tomàs auf der Galeere Pere Llobets ein. Jaume Descarrega wählte die kampferprobten Soldaten aus, die den Feldzug gegen Nikos mitmachen sollten. Sie liefen am Tag nach der Gefangennahme des Despoten aus und segelten Richtung Armenien. Sie hatten günstigen Wind und erblickten bald die Küste Kleinasiens.

Monsieur Dupont sagte Hippolyte, er solle seine Koffer packen, denn in ein paar Tagen müsse er eine wichtige Reise antreten. Er könne nicht sicher sagen, wie lange er fort sein werde. Auf alle

Fälle solle er sich keine Sorgen machen, er werde in direktem Kontakt mit Konstantinopel bleiben und ihm regelmäßig melden, was er brauche. Vor allem solle er daran denken, den Gärtner zu rufen, und dieser solle ein für allemal den Efeu im Eßzimmer entfernen; wenn er auch am Anfang ganz hübsch gewesen sei, so sei er jetzt fehl am Platz und lächerlich. Monsieur Dupont nahm seinen Zylinder und ging.

Sie kamen der Küste Armeniens immer näher. Plötzlich meldete Pere Llobet mit lauter Stimme die Position der belagerten Stadt. Bald sahen sie die beiden in der Bucht vor Anker liegenden Galeeren Nikos' und oben auf den Klippen, auf halbem Weg zu den befestigten Mauern, das Lager des Feldherrn. Mit geblähten Segeln steuerte das Schiff Pere Llobets die Küste an, während die Leute sich auf den Kampf vorbereiteten. Die Männer brachen in lautes Geschrei aus und riefen den heiligen Georg an, den Patron des Landes, und Mut und Kraft eines jeden Armes schienen sich zu verdoppeln, als Blanca de Salona an Deck stieg. Ihr Auftritt verursachte allgemeine Begeisterung, und alle brachten der Prinzessin stürmische Ehrbezeigungen dar.

Pere Llobet enterte die Schiffe von Nikos. Ein Trupp erfahrener Männer sprang auf die Decks und legte mit brennenden Fackeln Feuer. Es kam zu nahezu keinem Widerstand, weil nur die allernotwendigste Besatzung zurückgeblieben war, um die Schiffe seetüchtig zu halten. Dann drangen sie in die Bucht ein. Einmal mehr war das Feuer zu Tomàs' Verbündeten geworden.

Die drei scharlachroten Eidechsen prangen nun am Banner der Prinzessin. Das Tuch ist von makellosem Weiß, in der Mitte der lebendige, leuchtende Blutfleck. Sie prangen stolz, angetrieben von der spielerischen Kraft des Windes. Das Banner nähert sich und gewinnt siegreich an Höhe. Es sticht prunkvoll von den Wolken ab.

Als Nikos bemerkte, daß seine Schiffe in einer dichten Rauchwolke brannten und ein Heer von Bewaffneten mit dem Ruf »Heiliger Georg und Aragonien!« den Berg hinaufmarschierte, hielt er seine Lage für mehr als heikel und dachte sich, es wäre keinesfalls günstig für ihn, zwischen zwei Fronten gefangen zu werden, ohne Hoffnung auf eine Flucht über das Meer. Er sattelte ein Pferd, und, gefolgt von seinem Adjutanten, ließ er seine Leute im Stich, die ihn beschimpften und verfluchten. Bald verschwand er Hals über Kopf landeinwärts.

Das war das Zeichen zum Rückzug. Die einen warfen die Waffen weg und suchten ihr Heil in der Flucht, die anderen ergaben sich den Truppen von Tomàs oder denen der Stadt, die, als sie unverhofft Hilfe kommen sahen, einen stürmischen Ausfall gemacht hatten. Die Niederlage war eine der größten, die je in der Geschichte verzeichnet wurden.

Als der Statthalter, der verehrungswürdige Herzog de la Porta de Ferre, mit Tomàs verhandelte und erfuhr, daß zugleich mit dieser unerwarteten und entscheidenden Hilfe auch Blanca de Salona eingetroffen war, die er in der Hand des Paläologen Dimas glaubte, und daß die göttliche Vorsehung, durch die Gerechtigkeit des hochedlen Königs von Aragonien, die Herrschaft des Despoten zunichte gemacht hatte, war er so gerührt, daß seine Augen sich mit Tränen füllten; und an Ort und Stelle, auf dem Schlachtfeld, dankten er und seine Männer Gott dem Herrn mit lauter und starker Stimme. Die Rückkehr der Prinzessin und die Niederlage des Feindes brachten dem mit Unglück geschlagenen Land das Leben zurück.

Blanca de Salona erschien vor ihren Untertanen mit der Pracht und der Majestät, welche die Lage erforderte. Sie stieg in Begleitung von Tomàs vom Schiff, und ihr Gesicht strahlte vor Freude. Der Herzog de la Porta de Ferre kniete vor ihr nieder und hieß sie mit vielen edlen und schönen Worten willkommen. Das ganze Volk versammelte sich, um die Prinzessin zu empfangen, und eine Vielzahl Männer, Frauen und Kinder mengten sich unter die rauhen Krieger und stimmten Freudenhymnen an.

Das Stadttor wurde weit geöffnet. Die Glocken aller Kirchen läuteten freudig, und ein Blumenteppich säumte den Weg der Prinzessin.

Die Flagge der sanften Blanca de Salona wurde, zusammen mit der des Hauses Aragonien, auf der Burg gehißt. Die Stadt erlebte einen ihrer entscheidendsten und bedeutendsten Augenblikke. Die berühmte Dynastie, die bis dahin so bedroht gewesen war, bürgte nun wieder für die Freiheit des allerchristlichsten Königreiches.

Nikos floh durch Staub und Hitze, verwirrt und desorientiert, und ritt, ohne es zu wissen, geradewegs auf das furchtbare osmanische Reich zu.

9. Blanca de Salona

Tomàs hatte die Befehle des geheimnisvollen königlichen Willens erfüllt. Alle, ohne Ausnahme, waren zu einem glücklichen Ende gebracht worden, mit viel Mühen und Not. Nun, nachdem Frieden herrschte, schrieb er einen langen Bericht und erinnerte sich an die zwei Jahre voller Abenteuer, die er geteilt hatte mit seinen Getreuen, mit Jaume Descarrega, Pere Llobet und Don Blasco, der in Akantos von einer rastlosen humanistischen Glut entflammt worden war. Die fremdartigen Landschaften tauchten auf, die unter freiem Himmel verbrachten Nächte, die langsame und schwierige Seefahrt, die Hindernisse aller Art, die er hatte überwinden müssen. All dies war vorbei. Tomàs fühlte sich traurig und empfand ein seltsames Gefühl von Verlassenheit.

Eines Tages jedoch erhielt er unvermutet und auf unbekannten und verwirrenden Wegen den nebelhaften Besuch Monsieur Duponts. Er kam mit denselben alten Stiefeln, dem verblichenen Jackett und dem ungewöhnlichen Zylinder. Sein Gesicht strahlte höchste Zufriedenheit aus. Er umarmte Tomàs sichtlich gerührt und sagte: »Zuerst gestattet mir, daß ich Euch zum außergewöhnlichen, wirklich unübertrefflichen Erfolg Eurer äußerst schwierigen Unternehmungen beglückwünsche. Der Aufsichtsrat von Chevreuil et Frères und Euer untertänigster Diener als Geschäftsführer des Unternehmens, wir wußten von Anfang an, daß Ihr den Umständen gewachsen sein und all Eure Kraft und Euren Willen darauf verwenden würdet, zu erfüllen, was auf so ungewöhnliche Weise von Euch verlangt wurde. Wir bedanken uns von ganzem Herzen. Ihr habt uns einen großen Dienst erwiesen, einen größeren, als Ihr Euch in Eurer Bescheidenheit vorstellen könnt, und ich bin äußerst glücklich, Euch sagen zu können, daß man an Euch mit einer Anteilnahme und Zuneigung denkt, die ich wagen würde, väterlich zu nennen, und daß man auch intensiv über die angemessenste Art nachgedacht hat, Euch in konkreter Weise den geschuldeten Dank zu erweisen.«

Monsieur Dupont machte eine jener Pausen, die er für höchst wirkungsvoll hielt. Er räusperte sich ein wenig, um jede Art von Heiserkeit zu vermeiden, die bei solchen Gelegenheiten die Rede in hohem Maße stört, und fuhr fort: »Andererseits wissen wir genau, welcher Art Euer Gemütszustand ist, nach diesem gefahrvollen Leben, das zu führen Ihr Euch in letzter Zeit gezwungen saht. Wir wissen wohl, daß dies tiefe Spuren hinterlassen hat und Ihr in gewisser Weise nicht derselbe seid, der Ihr wart, als ich die Ehre und das Vergnügen hatte, Euch das erstemal zu besuchen. Doch rechneten Chevreuil et Frères vom ersten Augenblick an mit dieser Möglichkeit, und bevor Euch noch der Vorschlag gemacht wurde, war überlegt worden, wie diesem unvermeidlichen und möglicherweise bedauerlichen Umstand Einhalt zu gebieten sei. Glücklicherweise hat alles sich wie vorausgesehen entwickelt, und wir können versichern, daß heute in dieser Hinsicht keine Schwierigkeit besteht. Ich bin befugt, Euch von einer äußerst wichtigen Sache zu sprechen, etwas, was wirklich phantastisch, aber nur recht und billig ist und was Euch direkt angeht, auf eine – wie soll ich sagen? – verwirrende Weise.«

Monsieur Dupont hielt wieder inne. Seine Augen wandten sich zur Tür, als erwarte er die Zustimmung von jemandem, der sich im Augenblick aus dem Gespräch heraushielt. Es lag etwas Verheißungsvolles in seinem traurigen und gütigen Blick. Dann erhob er sich, und mit förmlicher und würdiger Miene sagte er: »Ich habe die Ehre, um Eure Hand zu bitten für die Prinzessin Blanca de Salona, auch Rosaura genannt, am Hof der Basiliden, Herrscherin des allerchristlichsten Königreiches Armenien. Ich hoffe, angesichts der Gefühle, die Ihr für die Prinzessin hegt und die auch sie für Euch hegt, davon ausgehen zu dürfen, daß Ihr gerne bereit sein werdet, mir die nötige Zustimmung nach den Normen der strengsten Etikette zu gewähren, und daß Ihr, von Eurer natürlichen Bescheidenheit absehend, die Freude zeigen werdet, die eine so hohe Auszeichnung in Euch erweckt, damit ich meine heikle Aufgabe treu erledigen kann und der liebenswürdigen und erhabenen Person den glücklichen Ausgang dieses Abenteuers melden kann, das als einzigartig zu bezeichnen ich nicht die geringsten Zweifel habe.«

In diesem Augenblick öffnete sich die Tür, und die Prinzessin erschien. Sie erstrahlte in ihrer ganzen blendenden Schönheit und wandte sich an Tomàs mit einem zarten, gefügigen Lächeln.

Nun war der Augenblick für die Glocken und das Feuerwerk gekommen. Tomàs schlug das

Herz in der Brust wie ein durchgehendes Rennpferd. Alles vollzog sich jetzt wie in einer Ballade oder in einem fernen und unglaublichen Märchen. Dies war das Finale.

Don Blasco hatte in seiner humanistischen Begeisterung in Akantos eben das erste Sonett geschrieben und trug zu dem Märchen bei, indem er es dem verdutzten Tomàs sandte. Er schrieb es in nachstehender Form:

Sonett, in dem Don Blasco die Hochzeit von Tomàs mit der vortrefflichen Blanca de Salona besingt

Du umschiffst die Bahn der Sterne,
Entkommst zu Wasser und zu Land,
Reitest in vielen Sätteln gerne,
Hast wie Odysseus viele Kniffs zur Hand.

Viel Wunder wird von dir, du tapfrer Dolmetsch,
lernen
Das Reich von Aragonien, stolzes Heimatland
Ich widme dir die Verse aus der Ferne,
Aristoteles ist der Meister, den ich fand.

Auf Meereswellen die Delphine springen.
Marmor, Lorbeer und Liebe werden nicht
vergehn.
Die schöne Blanca will ich hier besingen,

Und für immer wird bestehn
die Liebe, die wir Katalanen bringen,
dem edlen Land Armenien, das wir von ferne
sehn.

Die Glocken läuteten freudig. In der Ferne lächelte das Gesicht des Kanzlers, der nun endlich zufrieden ruhen durfte.

10. Auf Wiedersehen, Monsieur Dupont

Am folgenden Tag nahm Monsieur Dupont den märchenhaften Schatz an sich, bestehend aus dem Arm der heiligen Eufrigis, der Königskrone aus Juwelen, den wundersamen mechanischen Vögeln, die nicht aufhörten zu singen, und dem versiegelten Krug mit dem Brennenden Wasser. Tomàs übergab Monsieur Dupont auch das Inventar der Staatskasse von Akantos, deren getreuer Verwahrer der hochedle Ritter Don Blasco d'Alama war, der gegenwärtige Statthalter. Monsieur Dupont rieb sich die Hände und berechnete im Geiste den Betrag der Versicherungsprämie, die er, auf der Basis der offiziellen Tarife, in Konstantinopel würde festsetzen müssen.

Jaume Descarrega weigerte sich, seinen Herrn zu verlassen. Er sagte, solange er lebe, werde er dem Geschick von Tomàs folgen und sich nie von ihm trennen. Pere Llobet, der kühne Kapitän der Galeere, brach in Tränen aus und erinnerte sich, eine nach der anderen, all der Gefahren, die er mit Tomàs geteilt hatte. Er fand erst Trost, als er sich sagte, möglicherweise würde er ihn ja wiedersehen auf einer seiner unzähligen Reisen im Auftrag der Krone. Außerdem stand es fest, daß Aragonien, in Anbetracht der gegenwärtigen Lage, regelmäßigen Kontakt mit dem Königreich Armenien pflegen würde.

Hippolyte erhielt ein Telegramm, in dem ihm

der Geschäftsführer von Chevreuil et Frères befahl, sich umgehend in den Büros von Lloyd's einzufinden, um dort eine Police für Schiffahrtsrisiken in Empfang zu nehmen, die ihm von einem gewissen Mr. Durante ausgehändigt würde. Außerdem wurde ihm aufgetragen, die Koffer zu packen und darauf zu achten, nichts liegenzulassen (speziell wurde ihm ans Herz gelegt, die Anzüge aus dem Geschäft Ali Aghas, des Schneiders, nicht zu vergessen), und alles so schnell wie möglich aufzugeben an die Avenue Foch Nummer 16, Montpellier. Monsieur Dupont rechne damit, Hippolyte spätestens in einer Woche wiederzusehen. Wenn er in Montpellier eintreffe, wolle er das Geschäft von Chevreuil et Frères gewischt und gefegt vorfinden – Ausreden würden nicht akzeptiert – und gesäubert von jedweden Spuren des Sägemehls, das die Termiten, die in der Zwischenzeit wohl so einiges angerichtet haben würden, hinterlassen haben mochten.

Tomàs empfing den Besuch des verehrungswürdigen Herzogs de la Porta de Ferre, der als Überbringer des Ehevertrages kam, um zu erfahren, ob Tomàs irgendwelche Bedenken hege. Dieser unterschrieb all die Dokumente, die der Herzog ihm vorlegte, und freundete sich mit dem verehrungswürdigen Heerführer an. Er lauschte auch aufmerksam den weisen Worten, die dieser an ihn richtete, und bemerkte bald, daß man von ihm eine Politik erwartete, die darauf abzielte, die immer stärker werdende türkische Bedrohung einzudämmen. Tomàs erinnerte sich der schon lange zurückliegenden Gespräche mit Muzeim-

Said, dem Händler in Gúria, und mit Ramon Llull, dem großen Erleuchteten. Für einen Augenblick sah er auch sein Haus in Banyoles, das leichte und sinnlose Leben an der Riviera, die Langeweile, das neueste Modell von Citroën, das man an der Place de L'Opéra aufzustellen pflegte, Ecke Rue de la Paix. Das alles lag schon weit zurück und schien ihm fremd. Es war wie ein Traum oder etwas sehr Unwirkliches, das sich in Luft auflöste. Er griff sich mit der Hand an die Stirn, und es gelang ihm, alles zu vergessen.

Nachdem er sich von Tomàs verabschiedet hatte, bestieg Monsieur Dupont zögernd die Galeere. Er balancierte mühsam über den hölzernen Steg, lehnte aber würdevoll die Hilfe ab, die zwei Seeleute ihm anboten. Er verschwand einen Moment unter Deck, um kurz darauf, mit Anzeichen großer Neugier, auf dem Achterdeck und in Gesellschaft Pere Llobets wieder aufzutauchen. Eine leichte Brise ging, die die Haare zerzauste. Die Galeere entfaltete das Segelwerk und begann langsam Fahrt aufzunehmen. Monsieur Dupont nahm den Zylinder ab und schwenkte ihn heftig hin und her. Tomàs verharrte unbeweglich, und die Augen wurden ihm feucht. Auch er hob den Arm, um sich von Monsieur Dupont zu verabschieden. Er wußte, er würde die alte, sich in Raum und Zeit auflösende Gestalt nie mehr wiedersehen. Monsieur Dupont, die Galeere. Wohin kehrten sie zurück? Wozu kehrten sie zurück? Die verschwommene Gestalt des geheimnisvollen Geschäftsführers, des unwahrscheinlichen, hinfälligen Monsieur Dupont, wurde stetig kleiner, in dem Maße, wie die Galeere kleiner wurde. Oben auf dem Mast flatterte die Fahne des Hauses Aragonien im Wind. Sie flatterte stolz und heiter.

In ebendem Moment empfingen Ramon Serra in El Voló und Magdalena Huarte, die alte Dienerin von Tomàs, einen Brief des Notars in Banyoles, der sie aufforderte, sein Büro aufzusuchen in einer wirklich wichtigen Angelegenheit von größter Dringlichkeit. Magdalena war zutiefst beunruhigt und spendete dem heiligen Martirià, dem Patron der Stadt, ein Öllichtlein. Ramon Serra holte tief Luft und streichelte den Kopf Lleós, der die Augen schloß, glücklich und dankbar. Draußen wurde es plötzlich dunkel, und Ramon Serra dachte, ein Sturm nähere sich.

Tatsächlich, der Himmel verdüsterte sich. Schwarze Wolken ritten durch die Lüfte und bedeckten die ganze Ebene. Von Zeit zu Zeit erleuchtete ein Blitz die düstere Himmelskuppel, und wenig später folgte ihm ein heftiger Donnerschlag, der zwischen den Wolkenburgen grollte. Das war nur der Anfang, denn bald fielen dicke Tropfen auf den Staub der Wege. Ein heftiger Regen begann herniederzugehen und peitschte gegen jeden Strauch, jeden Stein. Sturzbäche flossen hinab, voll mit einem rötlichen trüben Wasser, das über die Ufer trat und seltsame, launische Rinnsale bildete. Zwei Stunden lang regnete es mit unverminderter Heftigkeit.

Dann nahm der Regen langsam ab. Eine wundersame Stille entstand, und die Schwalben begannen zu zwitschern. Ein Regenbogen erschien, mit seltener, rätselhafter Intensität. Alles zeichnete sich scharf ab, mit lebhaften Kanten, und die Umrisse der Pflanzen schnitten wie gewetzte Messer.

Tomàs betrachtete die Dinge mit neuen Augen. Alles war wirklich neu nach dem Regen. Er beugte sich ein wenig vor und riß einige Blätter Basilikum aus.

Dann begab er sich auf den Rückweg. Blanca de Salona – oder Rosaura? – lächelte am Fenster.

Inhalt

Erster Teil

Zweiter Teil

Dritter Teil

Vierter Teil

Joan Perucho
Der Nachtkauz
Roman
Aus dem Katalanischen von Sabine Ehrhardt
1990. 284 Seiten

»Von manchen Romanen kann man sich, hat man erst einmal die Lektüre begonnen, kaum noch losreißen. Daß dies vielen Lesern mit Joan Peruchos ungewöhnlichem Erzählwerk *Der Nachtkauz* passieren wird, ist ziemlich sicher. Die spannende Handlung des zuerst 1960 in Barcelona erschienenen Romans findet im Katalonien der Karlistenkriege des 19. Jahrhunderts statt: Klerikale Royalisten und Liberale ringen um die Vorherrschaft. Hauptfigur ist jedoch der progressive Wissenschaftler Antoni de Montpalau, der sich der Aufgabe verschrieben hat, Land und Leute von furchtbaren Plagen zu erlösen. Die muß ein adliger Untoter, der als Hochzeitwerber vor siebenhundert Jahren in den Karpaten von einer wollüstigen Schönheit ›angesteckt‹ wurde, beständig anrichten, da er keinen Frieden finden kann. Über den Greueln und den Kuriositäten [. . .] schwebt der Wohlklang geheimnisvoller Sphärenwesen, beben die Schrecken der Geisterwelt und walten die Zauberkräfte der Liebe. Ein ungewöhnlich wohltuendes und erfrischendes, ein einfach schönes Buch.«
Die Weltwoche, Zürich

»Das eigentliche Thema des Romans ist das Mit- und Gegeneinander von unterschiedlichen Welten, verschiedenen Jahrhunderten, Rationalismus und Phantasie. Perucho spielt mit seinem enormen Wissen wie auch mit der Literatur und führt den Leser mit leichter Ironie. Er [. . .] reißt den Leser aus seiner alltäglichen, vertrauten Welt und stellt ihm eine reichere vor: jene, in der irrationale Kräfte, Magie und Poesie spürbar sind. Das macht den Zauber seiner Literatur aus.« *Die Zeit*